欧洲足球成功的秘密
The Secrets Of European Football Success

丹尼尔·菲尔德森德　著
Daniel Fieldsend

李久全　高捷　译

人民体育出版社

图书在版编目(CIP)数据

欧洲足球成功的秘密 /（英）丹尼尔·菲尔德森德著；李久全，高捷译. - 北京：人民体育出版社，2018
书名原文：The Secrets Of European Football Success
ISBN 978-7-5009-5402-6

Ⅰ.①欧⋯ Ⅱ.①丹⋯ ②李⋯ ③高⋯ Ⅲ.①足球运动-研究-欧洲 Ⅳ.①G843.95

中国版本图书馆 CIP 数据核字（2018）第 162845 号

*

人民体育出版社出版发行
三河紫恒印装有限公司印刷
新 华 书 店 经 销

*

787×960　16 开本　18.5 印张　225 千字
2018 年 10 月第 1 版　2018 年 10 月第 1 次印刷
印数：1—3,000 册

*

ISBN 978-7-5009-5402-6
定价：65.00 元

社址：北京市东城区体育馆路 8 号（天坛公园东门）
电话：67151482（发行部）　　邮编：100061
传真：67151483　　　　　　　邮购：67118491
网址：www.sportspublish.cn
（购买本社图书，如遇有缺损页可与邮购部联系）

前　言

欧洲足球在世界足球版图中占据重要地位，欧洲的"五大联赛"在全球也有着广泛的影响力。2018年6月7日国际足联最新排名显示，前50位中29个国家来自欧洲，前10位中则有7个欧洲国家。参加2018年俄罗斯世界杯的全部736名球员中，在"五大联赛"效力的球员几乎占据半壁江山，其中来自曼城、皇马、巴萨、热刺、曼联、切尔西、拜仁、大巴黎、尤文图斯等俱乐部的球员均达10人以上。欧洲足球的成功经验非常值得我们学习和借鉴。

《欧洲足球成功的秘密》这本书，通过作者对大巴黎、里昂、毕尔巴鄂、波尔图、里斯本竞技、本菲卡、巴萨等各具特色的俱乐部与部分青训中心的实地考察，以及对俱乐部投资人、主教练、球探等足球相关人士的访谈，从不同的侧面解读欧洲足球是如何取得成功的。全书每一篇文章都相当于一份独立的调研报告，从政治、经济、社会、文化等多个角度分析欧洲足球成功的秘密。

欧洲足球经过100多年的发展，形成了深厚的足球文化底蕴。各俱乐部的成功之路并非千篇一律，而是与其所处的环境、所经历的历史和所拥有的文化有着密切关系，各有特色、各有所长。正如本书作者所发现的，一个俱乐部的成功与其所处环境有着明显的关联。当地的环境塑造了人们的信仰体系，而当地的人也塑造了其所在的环境。

欧洲足球成功的秘密

　　中国足球正处在深化改革的过程之中，加强和完善中国特色足球文化，不断地满足人民日益增长的美好生活需要，更好地推动人的全面发展、社会全面进步，是足球人义不容辞的责任。繁荣和发展中国足球文化，要求我们既要注重继承中华优秀传统文化，又要加强借鉴域外文明，坚守中华文化立场，立足当代现实，结合当今时代条件，不忘本来、吸收外来、面向未来，更好地构筑中国精神、中国价值、中国力量，通过扎扎实实的努力，久久为功，逐步提高中国足球水平，让积极向上的足球文化成为中国人民实现中国梦的正能量。

作者的话

欧洲足球曾经保持着一定的神秘感。足球享受着阳光灿烂的日子，尤文图斯的埃德加·戴维斯和国际米兰的罗纳尔多足以使一代欧洲拥趸心驰神往，他们那些眩目的比赛镜头使人着迷。随着全球化时代的到来，神秘的面纱将被逐步揭开，因为社会肆意享受着视觉消费，将足球曾经充满诱惑的神秘感剥得一丝不挂。我们这一代看到的这种神秘感已所剩无几，留下的是对这块大陆上足球的无尽怀念，像巴塞罗那、拜仁慕尼黑和阿贾克斯这样的名字以及他们曾经所象征的事物。

后来我从事足球工作，可以给自己创造机会访问一些足球俱乐部。我用几个月的时间发送了上百封邮件，根据收到的回复精心安排了路线。我的目的是探寻这些俱乐部是否保持着曾经给他们带来辉煌的独特文化，还是通信极其发达的时代已经使他们不幸被融合成千人一面了。

我本来没打算把这些经历写成书，而只是把这当成一种探索，一种个人的嗜好。然而由于发现成果的规格较高而且内容丰富，我问相关人员他们是否介意我把他们的方法正式汇编成书，他们并不介意，反而还很支持。和他们在一起的时候，我问的都是我个人感兴趣的问题。回来重新梳理我的记录后，很明显本书的内容涉及三个领域。

首先，本书探究了不同足球从业人员的角色，包括俱乐部所有者、教练、球探和经纪人等。其次，在不同环境里工作的员工

欧洲足球成功的秘密

讲述了他们成功的方法，更准确地说是使他们的俱乐部成功的方法。再次，我所访问的俱乐部的形象以及他们的构成要素是怎样成就了他们的特别之处。读者可以根据自己的兴趣随意挑选从米兰到阿姆斯特丹的任意章节阅读，但我建议跟随我的行程顺序。由于本书涵盖以上三个特别的领域，我希望这一多样性能成为本书的特点。每个章节中都包括一些小的研究发现：有关于旅行的，有关于社会的，也有关于个性特征和情感依恋的，内容涉及球迷、战术、教练、球探、政治、财经、领导力以及欧洲的日常生活等方方面面。

在法国中部某地的一列火车上，我翻阅着一份插在前面座椅口袋里带有咖啡渍的免费杂志。杂志大部分内容是法语，但我还是浏览着那些美丽的图片和奇怪的广告以打发无聊的时光。在那些陌生文字当中，我发现了一篇英语文章。文章是关于一位女士旅途的经历、她所去过的地方、当地的环境如何塑造了当地人们的信仰体系，以及当地的人们如何塑造了环境。她提到了"心理地理学"这一术语："关于人和地域之间相互影响的研究"。我喜欢这个观点并将其记在心间，后来将其重新定义以适合足球的视角。这点在很多章节中都有所体现，因为我发现一个俱乐部的成功和他们与所处环境的关系有着明显的关联。比如您将读到的，在毕尔巴鄂，竞技队在学校里会告诉年轻人这一地区历史上曾经遭受的压迫以激励他们的自尊；在费耶诺德，他们要求球员保持当地鹿特丹人的坚韧和刚毅，会在大雨和冰雹中坚持训练。所有俱乐部都应该向内看看他们当地的环境，发现是什么形成了他们独特的文化，并籍此保持独特的个性。

最后，说明一下我的方法，要有深入的洞察就必须与俱乐部见面并花时间去感受。当我决定写此书时，本可以在家里完成其

作者的话

中一些章节，但我并没有那样做，因为只有到过那里，我才能把所有的事情写得更完整。

我也沉浸于我所选择的浪漫的旅行方式。从一地飞到另一地有点欺骗的感觉，只有通过火车旅行，穿过山区和乡村，才能体会到持续几小时的美的享受。波尔多懒散的葡萄园、西班牙北部坚韧的地形，以及波光粼粼的蓝色地中海都会给人带来灵感，我尽可能抓住这些灵感。飞行可以把你从一个普通的玻璃建筑或金属大厦带到另一个建筑，但其间所有的内容都将错过。在火车上，我看到了这些国家的变化。

希望您能喜欢这本书，相信您会分享本书字里行间充满的足球的激情。感谢您能成为这个事业的一部分。

丹尼尔·菲尔德森德
2017年2月

注1：本书的书名在英国脱欧之前很久就已经确定。本书没有包含英国俱乐部不代表任何政治观点，那是一个独特的市场。

注2：我在书中用"他们"而不是"它"来指俱乐部。我相信俱乐部是由人组成的社会，而不仅仅是一个机构，因此需要人格化的温情。例如，"尤文图斯很伟大（Juventus are magnificent）"中用的是复数的"are"而不是单数的"is"。

免责声明：各章节中俱乐部员工所表达的观点大多是个人的理论、意见、想法和工作方式，对提升俱乐部的效率和成功发挥着积极作用，但并不从整体上代表其所在俱乐部的观点。例如，有些员工已经离职到了新的俱乐部并把他们的信仰一起带去。不管怎样，各章所提的俱乐部都为我们探索这一现代运动的成功模式提供了非常好的背景。

Order of Contents

AFC Ajax
Amsterdam, Netherlands

Feyenoord
Rotterdam, Netherlands

Borussia Dortmund
Dortmund, Germany

Paris Saint-Germain F.C.
Paris, France

FC Bayern Munich
Munich, Germany

FK Austria Wien
Vienna, Austria

FC Red Bull Salzburg
Salzburg, Austria

Budapest Honvéd F
Budapest, Hungary

Olympique Lyonnais
Lyon, France

A.C. Milan
Milan, Italy

Juventus F.C.
Turin, Italy

FC Porto
Porto, Portugal

Athletic Bilbao
Bilbao, Spain

Olympique de Marseille
Marseille, France

Rayo Vallecano
Madrid, Spain

FC Barcelona
Barcelona, Spain

Sporting Clube de Portugal & S.L. Benfica
Lisbon, Portugal

目　录

1 创造一个超级俱乐部：巴黎的足球经济学……………（ 1 ）

2 留给未来的遗产：奥拉的里昂…………………………（ 24 ）

3 巴斯克的辉煌：毕尔巴鄂竞技和个性的力量……（ 39 ）

4 大师和学徒：波尔图的战术创新者…………………（ 55 ）

5 创造C罗：里斯本竞技的超级明星…………………（ 71 ）

6 通往欧洲的门户：本菲卡飞鹰………………………（ 81 ）

7 巨人阴影下的亮光：帕克、巴列卡诺和抵抗哲学

　　　　　　　　　　　　　　　　　　　　　　（ 89 ）

8 巴萨：帝国的调色板……………………………………（107）

9 砍价高手、商人和地中海梦：马赛的经纪人……（117）

10 球探的秘密：尤文图斯如何一统意大利…………（127）

11 风格、历史、声望、米兰………………………………（144）

12 城堡、国王和童话：巴伐利亚的拜仁………………（158）

13 变革的翅膀：萨尔茨堡红牛 …………………… （170）

14 间歇阅读：投资于潜力及欧洲转会 …………… （179）

15 多瑙河上的挑战（一）：维也纳和对某地之爱… （200）

16 多瑙河上的挑战（二）：汉维特的历史 ………… （209）

17 黄色骑士：北莱茵-威斯特法伦 ………………… （222）

18 金矿效应：鹿特丹的费耶诺德 ………………… （236）

19 了解阿姆斯特丹的阿贾克斯：文献 …………… （250）

20 可口可乐的配方 ………………………………… （265）

参考书目 ……………………………………………… （276）

1 创造一个超级俱乐部：巴黎的足球经济学

　　一天之内乘欧洲之星从起点到终点，伦敦和巴黎的相似之处显而易见。似乎每个城市都有其两面性，一面是游客见到的——教堂、地标建筑和博物馆，一面是大多数人所生活的——被赋予文化而又变得经济萧条的城市周边区域。居住在这里的人们穿着考究、谈吐文雅，他们创造着两个首都城市的繁忙，在残酷的竞争中追求着繁荣，每个人的神态几乎没有不同。他们很安静，并且行为得体、礼貌谦恭。巴黎环线内地铁的氛围和伦敦的很相像，几乎很少有人交谈。然而巴黎这个城市独特之处在于它不断地在各个地铁站展现各类新式的精美建筑。世界上没有任何地方能如此精心地装饰自己。在景致和声音当中可以感受到劳伦斯·达雷尔描述为"好生活的温柔"的看不见的永恒。这是唯一一个对各种形式的艺术都足够敏感的城市，很多有理想的年轻人期待着有朝一日他们的街头作品能被挂在卢浮宫。好在这座精致的城市也有一支足球队值得当地人夸耀。

　　然而事情也不总是这样。巴黎圣日耳曼的标识曾经很普通，并不高雅时髦，连巴黎的纪念品店都看不上。世界著名球星瑞典人伊布拉希莫维奇（通常称"伊布"，海报中会用"兹拉坦"）从米兰转会来以后，俱乐部开始获得巴黎社会的青睐。他穿着雪白的衬衫，微笑着站在埃菲尔铁塔前，手中拿着巴黎圣日耳曼的球衣，被崇拜的球迷包围着，这是一个足球俱乐部获得新生的突出的象征。伊布说："我的梦想变成了现实"，但紧接着他又补充道："我对法国联赛了解的不多"。

他也不会了解很多。2009年伊布出现在坐了55000名巴塞罗那球迷的诺坎普球场时，法国第一级联赛（法甲，Ligue1）正处于下滑阶段。那个赛季，巴黎圣日耳曼场均33266人，里昂场均34767人，摩纳哥的球迷基础似乎更不好，只有7894人。8年的时间一晃而过，从2012年伊布来到法国，带来商业投资者，提高关注度，到他离开，他留下的关注余波依然未褪去。2016年，巴黎圣日耳曼场均44433人（五次联赛冠军使现场观众增加了33.5%），里昂38113人（提高9.6%，如果不是新体育场在城外这一数字可能会更高），摩纳哥9752（提高23.5%，对于盛产香槟的南部海岸球队来说是很可观的数字）。

巴黎圣日耳曼和法甲的崛起很大程度上要感谢来自波斯湾的资金，以及城市化的发展和观众。阿拉伯半岛的沙漠国家卡塔尔在历史上主要依靠采珍珠和出口宝石获得稳定的经济收入。1971年，在卡塔尔海岸发现世界上最大的自然油田——北部穹隆凝析气田后，卡塔尔逐步发展成为现今的金融大国。虽然卡塔尔有很好的经济潜力，但在位的酋长哈利法·本·哈马德·阿勒萨尼却没能进行投资。他的儿子哈马德·本·哈利法·阿勒萨尼和其他家庭成员在他赴瑞士日内瓦度假时发动不流血的宫廷政变而将其废黜。

哈马德酋长在1995年到2013年间对卡塔尔进行改造，卡塔尔从一个自然赐福却没有任何成就的沙漠之地变为新千年之后最大的石油和天然气输出国。他们不再依赖采珍珠生活。哈马德酋长首先采取的行动就是为北部穹隆气田开通快速通道。之后，卡塔尔GDP激增，国家财富迅速积累到1700亿美元。哈马德酋长很聪明地将从自然资源中获取的收入作为各种对冲基金。他于2003年创立了卡塔尔投资局并收购了西方的哈罗德、保时捷、大众等。即使将来油井采干，这些资金也是安全的。

1 创造一个超级俱乐部：巴黎的足球经济学

哈马德酋长的儿子塔米姆酋长，曾在英国哈罗公学接受教育。年轻的酋长在那里亲眼目睹了足球对西方文化的影响并开始喜欢这项运动。卡塔尔投资局于2005年设立了体育分部即卡塔尔体育投资（QSi），由塔米姆酋长的密友纳塞尔·阿尔-赫莱菲管理。2011年，按照他们一贯的融入西方意识的战略，卡塔尔体育投资以7000万欧元的价格买下了年轻又遇到困难的巴黎圣日耳曼足球俱乐部（PSG）。

大巴黎当时正处于水深火热之中。2008年俱乐部位列法甲第19名，《卫报》曾在头版以"即使球队获胜，球迷的失礼也注定使大巴黎失败"为标题进行报道。[i]球迷们在法国联赛杯决赛上拉出了贬损朗斯的横幅，把这支北方球队说得极为不堪，这也激起了整个国家的愤怒。但卡塔尔代表在2011年与米歇尔·普拉蒂尼和萨科齐总统的一次午餐会上决定投资巴黎圣日耳曼也是有原因的。大巴黎是这个拥有1200万人口的城市里唯一的一个大俱乐部。球迷们有些暴力因素、上座率低也不是什么大问题。这是巴黎，优雅的欧洲精神之都，资产阶级的家：艺术、时尚、食物和好生活。这种集中性的和著名的地标城市比世界上的任何地方都更吸引游客。而且，这是现代足球，对当地球迷的依赖性已经不再是问题。卡塔尔政府制订了一份商业计划来垄断西方机构，正如支持巴黎圣日耳曼的萨科齐所推荐的，拥有这个俱乐部会是这一计划的延续。塔米姆酋长和纳塞尔·阿尔-赫莱菲喜欢这个项目——巴黎圣日耳曼和他们20世纪80年代所生活的卡塔尔在很多方面都有相似之处——一个小小的沉睡的巨人，于是他们决定投资巴黎圣日耳曼并不惜代价使之成为"超级俱乐部"。卡塔尔体育投资在官方网站上解释说："投资产生的收入将重新投入到卡塔尔。"[ii]

超级俱乐部傲视群雄

马特·安德鲁斯2015年在哈佛大学发表的一篇论文中把超级俱

乐部比作跨国公司。文章说这些俱乐部拥有"比普通俱乐部高得多的收入，（有潜力）赢得更多比赛和冠军，更可能对他们的经济状况产生积极影响。"[①]当前的超级俱乐部（不包括英国的俱乐部）是：皇家马德里（2016年收入6.201亿欧元，数据来自德勤）、巴塞罗那（6.202亿欧元）、拜仁慕尼黑（5.92亿欧元）、巴黎圣日耳曼（5.209亿欧元）和尤文图斯（3.411亿欧元）。他们被定义为超级俱乐部是因为他们巨额的收入和垄断国内财富的能力。例如，2016年尤文图斯比排名第二的那不勒斯收入高出1.59亿欧元，拜仁慕尼黑比多特蒙德高出约1.94亿欧元。

超级俱乐部最突出的应该是他们对胜利的把握，并在之后的每个赛季逐渐加强。"成功的俱乐部获得更多的电视收入，这样他们可以购买和留住更好的球员，这也使他们能够持续取得胜利。"[iii]加布·马尔科蒂在ESPN这样描述这个永恒的循环。巴黎圣日耳曼和拜仁从2012年到2016年分别在法国和德国连续获得4次联赛冠军，尤文图斯获得意甲五连冠。西甲已经超越意甲成为足球超级巨星的家园，巴塞罗那和皇家马德里在1986年到2016年的30年间共拿下了25个联赛冠军。

哈佛的这篇论文解释说，历史上，超级俱乐部要通过很多年才能树立起品牌。他们的成功来自于找到投资者，并通过广告和媒体活动为他们提供新产品。随着社会的发展，超级俱乐部比他们的竞争对手更早地实现了从对当地依赖和门票销售向国际化的转变。例如，曼联比利物浦更早注意到足球的商业化，或者至少在这方面开始投资，拜仁慕尼黑也同样早于多特蒙德，皇家马德里早于瓦伦西亚。新的金融模式不断涌现，推动他们吸引赞助商、电视转播和新球迷的历史的发展。[iv]

然而这些超级俱乐部（拜仁、尤文图斯、皇家马德里和巴塞罗那）都有着悠久的历史，他们的地位是建立在多年成功的基础之上。

[①] Andrews, M（2015）. 'Being Special: The Rise of Super Clubs in European Football.' Working Papers - Harvard. 229（1）, 2-43.

1 创造一个超级俱乐部：巴黎的足球经济学

例如拜仁慕尼黑，因为二战以及共产主义东德的产生，类似西门子这样的大企业搬到了慕尼黑。在1963年德甲联赛成立之前，奥迪和宝马也搬到了这个城市，城市人口迅速膨胀。因为拜仁20世纪70年代在国内取得的成功，这些公司选择支持拜仁而不是同城的竞争对手慕尼黑1860。在同样的环境下，如果慕尼黑1860当时说服盖德·穆勒（来自讷德林根）和弗朗茨·贝肯鲍尔（来自吉辛）加入他们而不是加入同城对手（贝肯鲍尔小时候在与慕尼黑1860的比赛中被扇到脸，长大后选择为拜仁效力），慕尼黑1860本来可以比拜仁更可能成为一个超级俱乐部。

拜仁于1972年迁入可容纳7万观众的奥林匹克体育场，1974年得到德国公司阿迪达斯的支持。从此，他们坐稳了德国最富有俱乐部的位子，后来也进入了雄心勃勃的欧洲超级俱乐部阵营。与此相似，哈佛的文章也说明了皇家马德里和巴塞罗那的成功及其早期国际化为他们的品牌推广和超级俱乐部地位所打下的坚实基础。文章还引用了1953年皇马从哥伦比亚引入阿尔弗雷多·迪·斯蒂法诺和1973年巴塞罗那从荷兰引入约翰·克鲁伊夫的事例，文章写道："皇家马德里非常擅长在打造历史遗产的同时创造品牌，这点可以追溯到西班牙弗朗哥时代的民族主义认同。"

进入超级俱乐部阵营

然而，随着全球化和即时通信的发展，俱乐部不需要国内多年的成功历史也能成为"超级俱乐部"。巴黎圣日耳曼就是鲜活的例子。"现在的世界是数字的，即时的。皇家马德里用了50年才成为一个伟大的世界级的俱乐部，而现在只要5年就可以做到。"俱乐部总经理吉恩·克劳德·布兰科对《财经时报》的西蒙库伯说。[v]

在我访问巴黎期间，大巴黎给我看了一份通常给潜在商业投资人看的报告。报告很精美，从那些夸耀其近期所取得的成就的字里行间，可以看出巴黎圣日耳曼和卡塔尔体育投资认为哪些是主要的投资领域，即那些他们认为能使俱乐部保持超级俱乐部辉煌所要重点投入的领域。巴黎足球俱乐部和圣日耳曼体育场于1970年开始合作，逐渐从一个有足球流氓问题、没钱、一直没什么吸引力的首都俱乐部变成世界上最富有、赞助最多的足球俱乐部之一，巴黎圣日耳曼的演变是前无古人的。根据这份报告，他们能有如此成就，是因为发展俱乐部设施、优先发展青训学院、创造球迷喜爱的比赛风格、利用媒体的力量，以及投资买入著名球员。

第一步：设施

以前，巴黎的社会名流不会梦想着自己在足球场上出现。但随着传统的、通常又较任性的球迷的中产阶级化以及名人（肯达尔·詹娜、吉吉·哈迪德、蕾哈娜、杰斯和碧昂丝）的不断增加（出现在体育场），王子公园体育场取代了市立剧院成为时尚。我到的那天下午，球员入口外面的标牌上用非常完美的英语写着"Dream Bigger（让梦想更远大）"，明显的消费主义口吻。标牌下方是曾经有球迷围绕的红色地毯和天鹅绒绳。显然，巴黎圣日耳曼已经梦想成真。

塞德里克是一位来自巴黎的学生，也是巴黎圣日耳曼的终身支持者。周二，天气比较阴沉，我们在王子公园体育场外见面。这是一个建在A13高速公路上的灰色混凝土砖结构建筑。带着黄色硬安全帽的建筑工人环绕着体育场，电钻的噪音下根本听不清他们讲话。"他们在为欧洲锦标赛对体育场进行美化。"塞德里克喊道。

体育场是一个俱乐部的脸面。王子公园体育场位于两个不同的巴黎中间，与环路内生活优裕的200万人和在郊区生活境况稍差的1000万人都足够近。（凭感觉选出的）"俱乐部传奇球星"的照片挂在体育场内，塞德里克对此感到不满："贝克汉姆的照片比拉伊或保莱塔这样的真正的球星还多。"事实上，大卫·贝克汉姆的照片有4张，是他在巴黎圣日耳曼短短的5个月中拍摄的，这期间他在联赛共出场

10次。与之相比,曾经创下巴黎圣日耳曼进球纪录的保莱塔只有两张,而拉伊只有一张。

塞德里克感到遗憾的是他觉得俱乐部在试图忘记他们的历史。贝克汉姆的出现吸引了名人、商人、客户和富有的社会名流来到王子公园体育场,而体育场也为迎合他们进行了改造。"巴黎圣日耳曼的款待计划也吸引了相当数量的企业客户。"这从他们的报告中可以看出。"他们被吸引来到王子公园体育场超乎寻常的14个豪华包房,享受着不同级别的优质服务。"2011年到2016年间,俱乐部的款待计划收入增加了6倍,达到2460万欧元。

他们在报告中写到:"由于VIP坐席数量的增加、公园的重新安排、茶点区的改善和新产品的创新,巴黎圣日耳曼实现了世界足球领域最具竞争力的票房政策。"然而塞德里克抱怨说,巴黎圣日耳曼具有竞争力的票价更追随剧院而不是足球。季票平均价格从2011年的460欧元涨到2015年的938欧元,由此导致球迷的绅士化和俱乐部对中产阶级的吸引力增加。那份报告最后写道:"巴黎圣日耳曼现在拥有一座与其雄心相匹配的体育场。"

哈佛大学的那篇文章认为超级俱乐部会创造新产品以保持其精英地位。很符合这个规则,巴黎圣日耳曼为美国运通提供了专人服务。商务总监弗莱德里克·隆基皮说:"这个合作符合我们三年前启动的战略,将使俱乐部重新定位为优质品牌。"他们会开车带客户参观"欢乐巴黎",带他们去看冠军联赛的比赛,然后邀请他们和球员一起聚会。伊布拉希莫维奇说:"我们代表巴黎、法国和卡塔尔。"而伊布曾是来自瑞典马尔默贫民区的一个孩子。

第二步:青训学院

巴塞罗那和拜仁慕尼黑分别于2013年和2015年赢得欧冠冠军,他们对如何比赛有着清晰的构想,使年轻球员更容易地完成从低级别队到一队的转换。巴塞罗那队伍中有7名自己培养的年轻球员

（2013），而拜仁则有4名首发上场（2015）。一直以来人们对巴黎圣日耳曼的指责是他们总是对鼻子底下的当地人才视而不见。塞德里克在我们后来乘火车去里昂的路上（那个周末有巴黎圣日耳曼对奥林匹克里昂的比赛）告诉我说："曾经当地有最好的球员玛玛杜·萨科。他18岁时曾经是我们的队长，本可能成为我们的保罗·马尔蒂尼，但我们把他卖了。"

"我们对当地球员漠不关心，我们的青训学院一直不好，但现在开始有所改善。"2015年金童奖（欧洲U21最佳球员）获得者安东尼·马夏尔是巴黎培养的前锋，但被里昂签约。金斯利·科曼当年是金童奖第二名，是另一个允许离开巴黎圣日耳曼的天才球员。其他被巴黎圣日耳曼忽视的来自大巴黎区的球星还有里亚德·马赫雷斯、拉斯·迪亚拉、坎特、阿布·迪亚比、帕特里斯·埃弗拉、哈特姆·本·阿尔法和世界上最贵的球员保罗·博格巴。甚至迪迪埃·德罗巴在性格形成期也生活在这个城市，但却没被巴黎圣日耳曼签约。

有些球员默默无闻，需要多年时间来证明自己，如德罗巴、坎特和马赫雷斯，而有些天才球员很早就脱颖而出，蒂埃里·亨利和大卫·特雷泽盖就是实例。20岁时，他们就随法国队获得世界杯冠军，22岁获得欧洲锦标赛冠军。两人虽然都生活在巴黎郊区，年轻时却都被巴黎圣日耳曼所忽视。

特雷泽盖在法国出生但在布宜诺斯艾利斯长大。1995年他搬到巴黎，在巴黎圣日耳曼试训时他要求给他的家人安排一套公寓，但俱乐部拒绝了。后来他加入了摩纳哥俱乐部，与同样背井离乡的亨利组成搭档。"我的梦想是巴黎！试训期间，路易·费尔南德斯告诉我：'大卫，你将会留在这儿。'协议里我唯一想要的就是俱乐部能给我的家人安排一套公寓。当时以为俱乐部同意了，但最终我的要求没被接受。两天后，我被迫离开巴黎。"vi

巴黎的郊区是足球人才的温床。虽然巴黎圣日耳曼长期以来一直没有认识到这一点，但其他俱乐部却没有这样。大约有25%的法国职业球员来自郊区。巴黎西部的一个业余俱乐部——团结俱乐

1 创造一个超级俱乐部：巴黎的足球经济学

部，虽然仅位于法国足球第六级联赛，却打算投资巴黎圣日耳曼所忽略的人才。团结俱乐部吸引并培养了帕特里斯·埃弗拉、亚亚·萨诺戈和蒂埃里·亨利，这些球员后来被职业俱乐部青训学院选走。安东尼·马夏尔也曾经效力于团结俱乐部，他加盟曼联时俱乐部收入27万英镑。

"巴黎圣日耳曼过去曾满足于他们的青训学院，他们放走了阿内尔卡，亨利和埃弗拉也都漏网了。"ESPN和beIN的乔纳森·约翰逊在晚饭时说："特雷泽盖也渴望签约巴黎圣日耳曼，但俱乐部那时不重视年轻球员。现在他们已经吸取了经验，虽然他们失去了金斯利·科曼，但他们在竭尽全力地将阿德里安·拉比奥特留在俱乐部。他们想提早与年轻球员签长期协议，并不顾一切地留住普雷斯内尔·金彭贝。"

这份报告自豪地描述了俱乐部青训方面所取得的进展："巴黎圣日耳曼青训学院致力于传递俱乐部的哲学以及以控球为基础的足球价值观。"以他们的资源潜力，巴黎圣日耳曼有能力拥有世界上最好的青训学院，卡塔尔体育投资会帮助他们实现这点。

第三步：比赛风格

在签约的众多国外大牌球星之中，巴黎圣日耳曼投资了一个来自意大利二级联赛佩斯卡拉足球俱乐部的年轻球员，而且马上准备把他作为打造他们"比赛风格"的招牌选手。马尔科·维拉蒂，大巴黎的中场核心，成为践行球队控球哲学的主力球员。报告中骄傲地宣称："这位年轻的意大利球员逐渐成为欧洲最好的中场球员之一，场均触球102.8次、传球86.2次，高居全国数据榜首。"塞德里克认为，巴黎圣日耳曼希望创造那种"以控球为基础的哲学"，这也是洛朗·布兰克被解雇而选用西班牙教练乌奈·埃梅里的部分原因——他没能创造出值得尊敬的比赛风格。

卡塔尔体育投资的成功，不仅在于随之而来的财富，而是社会对他们的看法。他们渴望大巴黎能成为艺术的守护者，成为巴黎的丰碑，所以2017年再次输给巴塞罗那（巴萨也由卡塔尔体育投资赞助，正处于足球巅峰）使他们感受到切肤之痛。使巴黎人感到不悦的不是比分（主场4-0获得优势，而客场6-1溃败），而是他们那种平庸的表现。虽然球队在巴黎获胜，但在他们的赞助商和VIP面前，巴萨的控球率达到57%，这更像一个大俱乐部的表现，虽然巴黎圣日耳曼认为他们也可以做到。纳赛尔·阿尔赫莱菲在接下来的6-1惨败后说："大家都很恼火。"那场比赛中巴塞罗那的控球率达到71%。

虽然控球率高不一定总能带来成功，但却使人感觉技高一筹。积极的比赛方式是大俱乐部和小俱乐部的区别所在，大俱乐部掌控比赛和对手，而小俱乐部根据能力做出反应。阿里戈·萨基曾经说："伟大的球队都有同样的特点，那就是想要控制比赛和球。"巴黎圣日耳曼一直渴望呈现的就是控制球，进而控制比赛结果。正因如此，他们请了前巴萨教练卡莱斯·罗马格萨作为技术总监，帮助他们发展这种比赛风格。

基本说来，为了成功打好控制足球，俱乐部在惨败给巴萨之后决定，全体球员需要提高比赛时的决策能力。他们要知道球应该传给谁、什么时候、为什么、传球的力度以及角度等。他们也需要有更广的视野，从而调动对方球员以在其他位置创造可以利用的空间。

卡莱斯·罗马格萨在维多利亚大学时研究的就是发展运动员决策能力。《巴黎人》在罗马格萨上任时的报道中写到："卡莱斯·罗马格萨和他的同事们将使用'艾克诺'法，一种新型的训练方法，重点提高球员的认知能力。"这种方法分为4个特殊领域：比赛、认知、提问和概念。例如，在"比赛"阶段，罗马格萨认为按照足球比赛来设计训练是很重要的，这样球员能够将训练的内容转化到真正的比赛当中。在"提问"阶段，这位前巴萨教练认为要在场上和场下给球员提出问题，而不是直接给他们解决方案。

巴黎圣日耳曼的青训中心（Camp des Loges）坐落在圣日耳曼国家森林公园内，位于路易十四夏日庄园旁边。青训中心将按照巴塞罗那的风格实施以控球为基础的战术哲学。各年龄组的所有年轻人都将接受"要有信心控球，轻松应对场上任何位置"的培训。哈佛的文章也写道："这样，他们将打造一个适合他们超级俱乐部的更受喜爱的形象。"

第四步：媒体控制

奥尔德斯·赫胥黎在伊顿公学执教阶段（乔治·奥威尔是他的学生之一）开始思索媒体对民众意识的潜在影响。1963年临终时，他已经成为该领域的伟大思想家。他在《美丽新世界》一书中写道："一个社会的绝大多数成员如果大部分时间不是活在当下和可预测的未来，而是生活在虚无缥缈的运动、肥皂剧、神话构建的奇幻迷离的世界里时，将很难抵挡想要操纵他们的人一步步的侵蚀。"[1]

如果赫胥黎现在还活着，操纵媒体影响决策和体育迷尤其是足球迷这一大众群体的情绪，将会是非常吸引他的事情。赫胥黎话中说的"当下"，对于我们来说是指这个超级通信的年代。吉恩·克劳德·布兰科也认为足球的自由流动性比以往任何时代都强，巴黎圣日耳曼可以在5年内实现皇家马德里用50年所实现的。有相当数量的球迷渴望支持一个俱乐部，他们的热情对各个俱乐部都是开放的，和他们所在的地点无关。通过媒体，俱乐部可以超越地域在全球范围吸引球迷。

拉夫堡大学的理查德·朱利亚诺蒂教授是研究全球化和足球之间复杂关系的领先的学术专家之一。他2002年的题为《支持者、追随者、球迷和游荡者：足球观众身份分类》的论文是众多关于不同球迷类型研究中最有见解的文章之一。文章中，他介绍了精英足球俱乐部

---

[1] Huxley, A（1946）. Brave New World. New York: Harper & Bros.

所列的重点考虑的潜在客户。朱利亚诺蒂把足球"观众"的身份分为4个不同类别，描述了每种观众对他所感兴趣的俱乐部的兴趣类型。"传统型"观众对足球俱乐部有最深的情感投入，其关系近似于家庭成员之间的关系。第二种观众类型是"追随者"，他/她并未与某一个俱乐部有情感纽带，而是持续关心他/她喜欢的多支俱乐部和足球人的发展。第三种观众类型是消费型"球迷"，通常不被某一俱乐部的地域所限，"球迷"会通过消费相关产品展示与俱乐部和他们的球员的认同关系，证实他/她的归属感。最后一种类型的观众，也许是最重要的，是"游荡者"。

文章将"游荡者"描述为追求足球经历多样性的中产阶级，他们是不受某一地域限制的消费者。因为他们的资源潜力，足球俱乐部为他们提供了特别受欢迎的橱窗供他们观看，创造了世界性的准社区。"游荡者"是现代都市闲游者：男性，典型的成年人，会在大街上和市场里散步闲逛。他们对足球俱乐部，甚至他们喜欢的俱乐部，持有一种超然的态度。真正的足球"游荡者"只属于对不同俱乐部进行橱窗消费的虚拟社区。

"游荡者"是给19世纪在巴黎街头浪费时间看橱窗的那些人的一个很合适的称呼。城市中心居住的是富有的社会名流，他们的个性使得他们形成了一个相互的个人利己主义群体。很长一段时间，巴黎的"游荡者"最大的理想就是在人群中能够被看到，他们发现足球不是很时髦。有身份的男人和女人应该去市立剧院或加尼叶歌剧院，而不是去看足球比赛，足球赛是市郊的流氓聚会打架的地方。卡塔尔人接手巴黎圣日耳曼碰巧赶上大规模禁止足球流氓观赛，俱乐部可以转型吸引巴黎城里富有的群体和全球有财力的人。

报告显示，"作为世界前十位的足球俱乐部，巴黎圣日耳曼的品牌具有全球地位。这首先与其大规模境外媒体覆盖有关——国际电视转播占俱乐部电视收视率的70%。"2013年巴黎圣日耳曼与巴塞罗那的比赛有280万人收看。赛后，巴黎圣日耳曼教练卡尔洛·安切洛蒂被媒体问到是否因为这场比赛在全球的商业意义而用大卫·贝克汉姆而不是年轻的马尔科·维拉蒂。安切洛蒂否认卡塔尔财团对他的决策有影响。

报告宣称:"我们的官方网站(www.psg.fr)目前有8种语言,在不断吸引着更多的球迷。本赛季,访问量超过3000万,其中1/3以上来自国外。"亚洲和美洲的年轻"游荡者"的思想可能会被巴黎圣日耳曼这样的超级俱乐部所征服,尤其是俱乐部正在瞄准目标吸引这群人。

第五步:投资人才

有了强势的媒体、更好的体育场和杰出的青训学院,大巴黎还不足以成为一个超级俱乐部。成就他们目前地位的催化剂是对足球名人的高姿态的投资——无论是球员还是工作人员。在他们的球场前面,红地毯的上方,与"更大的梦想"交替出现的是巴黎圣日耳曼球星的巨幅照片。俱乐部在这一方面做的事似乎比其他任何事情都更能确立这个现代巨人的地位。照片上有穿着蓝红球衣的安格尔·迪玛利亚、蒂亚戈·席尔瓦和埃丁森·卡瓦尼,之前也曾有过大卫·贝克汉姆和兹拉坦·伊布拉希莫维奇。从2011年5月到2016年8月,巴黎圣日耳曼为了突出自己,在球员身上花费了5.0948亿英镑。离他们最近的竞争对手奥林匹克里昂同期在球员转会方面只花费了5800万英镑(少4.51亿英镑)。从欧洲大陆的角度来对比巴黎圣日耳曼的过度消费,另一个追求"超级"的俱乐部——多特蒙德,同期在转会方面花费2.19亿英镑,但收入1.79亿英镑[①]。

塞德里克是剩下的为数不多的、幸运的"传统"季票持有者,他抱怨说俱乐部这种巨额的支出是不必要的:"他们(卡塔尔投资者)花钱时好像在说'看我们,我们是在做生意',但也有些球员选择了较低的转会费,像去了英格兰的菲利佩·库蒂尼奥和卡洛

---

① 本书所有财务数据(除非另有标明)均来自转会市场网站transfermarkt.com。

斯·特维斯。"他单独提到了两笔交易。在同一个转会窗，大巴黎以3000万英镑签下卢卡斯·莫拉，而菲利佩·库蒂尼奥以900万英镑加盟利物浦。同样，大巴黎在英俊的（有市场的）埃丁森·卡瓦尼身上花费4800万英镑，而很多方面与卡瓦尼都很相似的阿根廷球员卡洛斯·特维斯[①]，则以675万英镑加入尤文图斯，他还两次获得意甲年度最佳球员。转会比较容易成为回顾历史的亮点，但塞德里克主要抱怨的是由球迷承担了大开销的名声，"你知道吗？我们从来不信任伊布拉希莫维奇，相反，我们希望留下凯文·加梅罗。"

巴黎圣日耳曼和足球经济学

足球的财富等级就是这样。虽然莱斯特城以弱胜强出人意料获得成功，面临超级俱乐部来挖人也得想尽办法留住人才。《金融时报》记者和《反对敌人的足球》与《足球经济学》的作者西蒙·库珀，在2016年2月，也就是莱斯特城获得英超冠军前几个月，就预测了俱乐部间的竞争："莱斯特城最好的球员将被富有的俱乐部买走，他们的优势会被拉平。他们未来也许会大幅地提升，但他们会一直保持成功，成为另一个诺丁汉森林队吗？"他耸耸肩说："他们会逐渐失去光泽，但也许不是现在。"当地球员恩戈洛·坎特签约去了切尔西，这也证实了西蒙的预测。

那个秋天的一个早晨，我们在富纳比尔咖啡馆共进早餐。西蒙一边回答着问题，一边搅着他的咖啡，身后灰色的街道上穿梭着滑板车。多年居住在巴黎，西蒙同意讨论从2009年他的《足球经济学》一书出版以来当地足球的发展变化。"这个地方有1200万

[①]2016年12月以1100万欧元转会中国上海绿地申花足球俱乐部，又于2018年1月离队回到博卡青年。——译者注

居民，俱乐部从来没有进入欧冠联赛和欧联杯。如果与伦敦相比，伦敦有800万人，有6支相当好的俱乐部，这是很大的差距。卡塔尔人带着钱来的时候，他们想马上签约高水平球员。第一赛季他们仅签下了哈维尔·帕斯托雷。然后米兰开始失守，他们签下了伊布拉希莫维奇和蒂亚戈·席尔瓦。从此，他们的项目迅速成功。"

要仔细研究巴黎圣日耳曼在转会市场上早期的几个决定，《足球经济学》可以用来作为帮助。在书的开篇几章，库珀和共同作者史蒂芬·西曼斯基分析了转会市场中4个普遍存在的低效率以及精英俱乐部不断犯的错误。这些不是个人错误，而是"偏离理性"，与巴黎圣日耳曼有着不同形式的关系。

第一，新教练浪费金钱

"通常，新教练会带来新的标志。所以他会买他自己的球员，然后他还要'清除'他的前任买来的球员，而且通常会打折处理。"

卡塔尔足球投资不是直接把钱给到教练，而是先给到足球主任李奥纳多。"他将负责俱乐部的发展。"纳赛尔·阿尔赫莱菲告诉媒体。[vii] 布莱斯·马图伊迪（800万欧元）取代38岁的克劳德·马克莱莱、边锋杰雷米·梅内（800万欧元）接替鲁德维奇·久利看起来都是比较合适的选择。凯文·加梅罗（1100万欧元）前一年进了22个球，但穆罕默德·西索科（700万欧元）、迭戈·卢加诺（300万欧元）、米兰·比塞瓦奇（320欧元）和萨尔瓦托雷·西里古（390万欧元）都比原来队中的其他球员收入更高。哈维尔·帕斯托雷（4200万欧元）是宣布俱乐部到来的惊爆眼球的签约。

根据《足球经济学》的研究结果，这个转会窗证明了是李奥纳多和教练安东尼·孔鲍尔的失败（一个被解雇，一个辞职）。蒙彼利埃最终赢得了那个赛季的冠军。新教练卡尔洛·安切洛蒂把比塞瓦奇卖给了里昂（270万欧元），西索科获得自由转会，卢加诺去了西布罗姆维奇（自由转会），加梅罗去了塞维利亚（700万欧元），梅内去了AC米兰（自由转会）。俱乐部总体损失超过2200万欧元。

第二，最近的世界杯或欧洲杯使得球星估值过高

"签球员最不利的时间是球员刚在大赛中有了突出表现之后的夏季窗口。转会市场中人人都看到了他优异的表现。"

转会市场的整体气候比巴黎圣日耳曼的要更有征兆。球员通常在有较好表现后被签约，尤其是他们的表现被持续曝光后。以往，球员只有通过世界杯和欧洲杯这样的大赛得以展示，但在全球化的时代，球员全年的表现都会被分析，进而导致更多的球员转会。在四年一次的大赛之外，那些有精彩表现的球员可以在其他地方展示自己。2016年欧洲杯决赛约3亿人观看，而2016年欧冠联赛决赛观赛人数约3.8亿。"球星"可能会在年度大赛和四年一度的国际比赛中出现。

根据鲁珀特·弗莱尔的研究，现在转会市场符合劳伦斯·J.彼得的商业理论——"彼得原理"。"一个组织的每个人都不断得到晋升，直到达到他们无法胜任的水平。到那一点后他们不会再被晋升。"[viii]换句话说，球员是在不断发现他自己的水平。转会已经不是球员理想的反映，球员在表现良好后即被签约应该是俱乐部的错。为了保持领先，有突出表现的球员一出现大俱乐部就希望把他们签下来。有同样声誉的俱乐部都争相与球员签约，导致球员价值水涨船高。巴塞罗那和曼联的出现使大巴黎给马尔基尼奥斯的出价达到2669万英镑；与尤文图斯竞争马尔科·维拉蒂和与阿森纳争夺约翰·卡巴耶同样如此。签约卡巴耶是"彼得原理"关于不称职的一个非常好的例子：在纽卡斯尔表现良好的一个赛季之后，以2100万

英镑的价格签约，但一个赛季后以1000万英镑卖掉。卡巴耶后来对《每日电讯报》说："我是在一个大俱乐部，但作为板凳队员我还是很失望的。"[ix]

第三，某些国籍被高估

"转会市场最流行的国籍是巴西。"

卡塔尔体育投资接手巴黎圣日耳曼后，将巴西人李奥纳多从国际米兰挖来，任命为足球主任。他于2013年离职，但那时"更偏爱签约巴西球员"这个过程已经开始。到2015年，大巴黎已经在7个巴西球员身上花了1.37亿英镑。为了创造一个具有市场竞争力的品牌，巴黎圣日耳曼需要令人激动的球员，而从贝利到罗纳尔多，巴西球员一直被认为是技术最炫丽、最吸引人的。西蒙在《足球经济学》中写到："这一国籍代表了权威，似乎他们天生就适合这个工作，无论他们的自然能力如何。"

蒂亚戈·席尔瓦以3500万英镑的价格加入巴黎圣日耳曼，成为当时最贵的后卫；马尔基尼奥斯以2900万英镑的价格从罗马转会而来，成为最贵的20岁以下年轻后卫。19岁的马尔基尼奥斯在签约时说："我很高兴加入巴黎圣日耳曼，很多巴西球员在这儿踢球，创造着俱乐部的历史。"留着爆炸头的巴西后卫大卫·路易斯（脸书上粉丝数量2660万）于2014年以5000万英镑转入巴黎圣日耳曼时，取代了席尔瓦最贵后卫的头衔。两个赛季后，他又以3400万英镑的价格被卖回切尔西，这也许证明了这个国籍的球员虽然看起来吸引人，但价值可能被高估。

第四，先生喜欢金发

"球探看球员时会选择'看起来'好的。也许在足球圈，金发被认为看上去更像超级球星。"

足球界最著名的金发超级球星是大卫·贝克汉姆。他是全球偶像，名人妻子和金发的孩子也都很有名气。伦敦营销学校给他评估的价值是5.08亿英镑。巴黎圣日耳曼和他签约主要是为了吸引法国以外的球迷（贝克汉姆的名字是市场能力的代名词，尤其在亚洲和美洲）。虽然贝克汉姆加入时已经是法甲年龄最大的球员，但他给巴黎圣日耳曼品牌推广带来无形的吸引力。卡尔洛·安切洛蒂说："他很聪明，他当然知道，以他的资历，他很可能是因为足球以外的原因强加给教练的。"[x]

2011年以前，贝克汉姆对巴黎圣日耳曼没有任何兴趣，因为他比这一俱乐部要更有名气。但离开洛杉矶银河俱乐部后，他的家庭可以搬到巴黎这个大都市。妻子维多利亚曾根植于当地的时尚产业，而儿子布鲁克林也能加入巴黎圣日耳曼的青训学院。所以很显然贝克汉姆和巴黎圣日耳曼的关系是单方面的，他没有接受工资，而是把他每周17万英镑的薪水捐给了当地的慈善机构（作为世界上最富有的足球运动员，他的工资仅占收入的5%）。无论如何，签下这位金发选手似乎是一个商业决定（而不是因为足球本身）。贝克汉姆参加与巴塞罗那比赛的后一天，《队报》对他的场上表现只打出了3分（满分10分），还认为他的中场伙伴布莱斯·马图伊迪不得不"以一当二"。

*

足球经济学的演变

《足球经济学》认为历史上省级俱乐部比首都俱乐部获得了更多的成功（法西斯独裁使马德里和里斯本成为例外）。1960—2005

1 创造一个超级俱乐部：巴黎的足球经济学

年，利物浦和曼联统治了英国足球，而不是阿森纳和热刺。在德国，拜仁、汉堡、多特蒙德和沙尔克都比柏林赫塔保持着更强的成功优势。生产型城市的米兰和都灵把罗马的俱乐部甩在后面。海牙（荷兰的政治首都）在荷兰足球甲级联赛中有ADO海牙俱乐部，但他们从来不会去挑战鹿特丹和埃因霍温。格拉斯哥会碾压爱丁堡的两支球队，而巴黎只是现在才开始追赶马赛和圣埃蒂安。推动这些省级城市拥有成功俱乐部的是工业逃避现实时代他们所在社区的忠诚和依赖。

2009年《足球经济学》刚刚出版时，切尔西还没有赢得欧冠联赛，巴黎圣日耳曼还没有被收购。所以当时西蒙写的是："伦敦人不会唱着他们城市的歌到处走，他们不认为切尔西或阿森纳的奖杯会提高伦敦的地位。足球在巴黎更不重要，人们可以根本不知道足球的存在。巴黎圣日耳曼的场地并不完全在环城大道里，很难成为巴黎人骄傲的主要焦点。"

随着时间的流逝，这些都在逐渐改变。在巴黎，卢浮宫外的货摊上卖着假的巴黎圣日耳曼球衣和传统的贝雷帽。而英国旅游局研究发现，每5名到英国的旅游者中就有2人的行程中有体育内容。西蒙认为："伦敦的俱乐部用了很长时间来创造一种传统和历史，但他们现在正在实现目标。"

在巴黎，59.9%的旅游者观光日程是参观名胜古迹和标志性建筑，有9.4%是因为参加活动，其中足球在这一大类中也仅占较少的比例。考虑到来巴黎观光的旅游者大多数来自美国和中国（两个国家的足球都处于发展中），可以说巴黎圣日耳曼不会取代城市的标志性建筑。但是，俱乐部已经成长了。为了证明这一点，巴黎圣日耳曼提到了他们的报告。在报告中，他们称赞了卡塔尔体育投资接手后的5年里门票收入提高了165%，而且会员数倍增至10000人，季票持有者达到37000人。即使巴黎圣日耳曼不是巴黎骄傲的焦点，但现在人们已经意识到了俱乐部的存在。

中产阶级化

目前足球强队已经发生了一些变化，从统治欧洲的传统的省级工人阶级地区——鹿特丹、格拉斯哥、利物浦、诺丁汉、门兴格拉德巴赫、埃因霍温、布鲁日、伯明翰，逐渐转移到伦敦和巴黎这样更富有的地区。巴黎圣日耳曼的崛起就是一个标志。对西蒙来说，实力转移更深层的原因是足球整体的中产阶级化，而不在于对首都的青睐。事实上，足球人现在会选择在更好的环境中进行他们的工作。法国足球已经从矿区城镇圣埃蒂安、朗斯以及港口城市马赛（3个工人阶级地区）的辉煌时代，转向以中产阶级为主的奥林匹克里昂和巴黎圣日耳曼时代。西蒙告诉我说："去工业化对这些地区影响很大。北方现在非常可怜。法国富有的地区是具有高科技和较好服务业的区域，如里昂、巴黎和图卢兹，那里的橄榄球也很好。虽然电视版权收入比英国要低，但这些地区的赞助商基础更好。他们依赖球迷付费，而在这些地区他们可以提高收费标准。多年前，工人阶级地区的足球比较成功，但现在各地都很流行，所以富有的城市会做得比较好。"

千禧年以来，在足球领域大获成功的多是中产阶级人口较多的富有环境中的俱乐部，例如都灵的尤文图斯、米兰的AC米兰和国际米兰、阿姆斯特丹的阿贾克斯、慕尼黑的拜仁、里昂和巴塞罗那，还有正在试水的波尔图和塞维利亚。2012年吉尔维·西古德森和克林特·邓普西选择托特纳姆而非利物浦，这说明了球员选择大都市的倾向。富有的投资人也更倾向于接手上流社会所在地区的俱乐部，这样有利于他们进入当地社会。罗曼·阿布拉莫维奇就是这样。他在多切斯特与肯·贝茨共进午餐时买下了切尔西足球俱乐部，而几周前他刚刚乘私人直升机从斯坦福桥体育场上空飞过。像布莱克本流浪者足球俱乐部（杰克·沃克）和沃尔夫汉普顿俱乐部（杰克·海沃德）这样的当地球迷老板愿意亏损经营的年代一去不复返了。通常一个国家最具中产阶级特点的地区是首都。2000年以来，在这个世界性大都市不断崛起的年代，巴黎圣日耳曼、切尔西、阿森纳、皇家马德里和马德里竞技已经赢得68次冠军（柏林赫塔2016/17赛季场均观众51000人，不久将会证明是另一个崛起的首都。对德国球员来说，柏林赫塔比那些莱茵河的工厂俱乐部更有吸引力）。如果首都和其他中产阶级地区富有的市民对足球感兴趣，投资人则会选择在那里投资，那么相对贫穷的地区将面临困境。

欧洲的竞赛

最后的观点可能会是这样：像巴黎圣日耳曼这样的俱乐部，通过砸钱去赢得欧联杯，既没什么新鲜的，也不具有可持续性。曾经，比赛是不可预测的，也曾有布加勒斯特星队、PSV埃因霍温、贝尔格莱德红星、马赛和多特蒙德重金打造的球队夺得桂冠，但大多数处于劣势的俱乐部已不可能在"联赛"体系的赛事中保持高水平表现。从这个角度说，巴黎圣日耳曼应该有机会。

然而，成功永远不会是万无一失的。如果我们分析一下近10年的欧冠冠军，只有两次是赛前热门球队最终获得了冠军（利物浦和波尔图在2006年以前赢得欧冠联赛时也是大黑马）。巴黎圣日耳曼不仅要意识到比赛的不确定性，他们也要了解，最近夺冠次数较多的巴塞罗那是通过长期的青训学院建设而取得成功，而非旺盛的消费。

赛季	热门球队	赔率（来源）	胜队	赔率（来源）
2015/16	巴塞罗那	4/1（SkyBet）	皇家马德里	11/2（SkyBet）
2014/15	皇家马德里	4/1（ibtimes）	巴塞罗那	5/1（ibtimes）
2013/14	拜仁慕尼黑	平局（888）	皇家马德里	5/1（888）
2012/13	巴塞罗那	9/4（Ladbrokes）	拜仁慕尼黑	16/1（Ladbrokes）
2011/12	巴塞罗那	2/1（Totesport）	切尔西	12/1（Bet365）

欧洲足球成功的秘密

（续表）

赛季	热门球队	赔率（来源）	胜队	赔率（来源）
2010/11	巴塞罗那	11/4（Ladbrokes）	巴塞罗那	—
2009/10	巴塞罗那	4/1（PaddyPower）	国际米兰	12/1（Paddypower）
2008/09	巴塞罗那	5/2（Soccerlens）	巴塞罗那	—
2007/08	巴塞罗那	7/2（Ladbrokes）	曼联	5/1（Ladbrokes）
2006/07	切尔西	3/1（Betfair）	AC米兰	10/1（Fiso）

通常赔率是以卫冕冠军来确定的，因为庄家希望把损失控制到最小。然而，巴黎圣日耳曼面临过去（卡塔尔人接手巴黎圣日耳曼前7个赛季）里昂面临的同样的问题：竞赛。没有具有竞争力的国内联赛，一个球队很难获得欧冠联赛冠军。前圣埃蒂安主任达米安·科莫里于2011年卡塔尔人接手巴黎圣日耳曼时证实了这一问题："你必须要问法国联赛是否具有足够的竞争性，能给巴黎圣日耳曼足够的挑战，使他们能在欧冠联赛中竞争？"[xi]

塞维利亚雄霸欧联杯部分原因在于定期与皇家马德里、巴塞罗那和马德里竞技比赛，他们于2016年第三次赢得赛事冠军。巴黎圣日耳曼在那个赛季以31分的优势领先于位居第二的里昂。这一理论也适用于凯尔特人、巴塞尔和阿贾克斯这些"两队联赛"所造成的俱乐部的停滞——周六与罗斯郡、温特图尔和兹沃勒俱乐部比赛，而下周三要与拜仁慕尼黑和尤文图斯这样的超级俱乐部比赛，战术和心理上的差距对他们来说都太大了。

《福布斯》对法甲联赛的描述是一个"挖来大量球星、失去竞争、不能鼓励球员上进或激励斗志"的联赛。有人可能会想，这是否与卡塔尔体育投资有关？竞争会来的。现在，赞助商大量涌入，球衣销量大增，对投资者最重要的是，卡塔尔的形象在西方得到支持。加布·马尔科蒂描写到我们处于1%阵营占据主导地位的时代，"而且，坦白讲，这不会改变，除非是某种深层次的监管改革。超级俱乐部的强大力量只会继续增长。"这是巴黎圣日耳曼喜欢见到的。哈佛大学的文章最后也有类似的表述:"人们怀疑足球是否还会在公平的环境下进行?"

对于那些从歌剧院到托尔比亚克回家路上看《队报》的当地人来说,这些问题与他们无关。几个世纪以来,这个城市一直都有优越的情结。拿破仑曾对他的将军们说:"嫉妒的牙齿在这里是无力的,这些成就是永恒的。"波拿巴,这个法国骄傲的有形象征,肯定会重视巴黎圣日耳曼的雄心壮志。如果有哪里可以配得上一个超级俱乐部,那一定是巴黎。

2 留给未来的遗产：奥拉的里昂

里昂的妈妈们，也就是那些最高水准的恭顺的女佣们，在19世纪吸引了整个欧洲大陆富有的鉴赏家来到这里，鉴赏家期待品尝她们著名的美食。原料都是当地采购的——橄榄、葡萄酒、奶酪和油，当然烹饪的水准也相当高，这些妈妈们甚至激发了创造米其林指南的灵感[1]。在性别压迫的年代，这些普通的质朴妇女们展现了里昂的性格。她们相信里昂拥有世界上最好的原料，并证明了这一点。后代的孩子们由这些妈妈们带大，也理解卓越的要求。现如今，这座城市的人们保留着一种骄傲，那就是做到最好的欲望。所以他们的俱乐部奥林匹克里昂这么久没有取得辉煌也很令人吃惊。作为那一代的孩子，让·米歇尔·奥拉，出生在郊区的一个小村庄拉尔布雷勒，吃着丰富的美食长大，他把里昂妈妈们的精神带到了足球，给里昂带出了一支冠军球队。女佣们会说："努力做到最好；创造一些值得仔细品味的东西；对当地的原料要有信心。"奥拉的里昂俱乐部强化了这些理念，给予俱乐部的青训学院和教练团队坚定不移的信任。

一大片平原乡村隔开了巴黎和里昂。零星出现的小镇、常见的教

---

[1] 安德鲁和爱德华德·米其林创造了这些指南，希望激发人们开车去这些餐厅，从而磨损他们的轮胎。

2 留给未来的遗产：奥拉的里昂

堂和一些小房子使开阔的绿地上偶尔有些变化。在这些小村庄里，生活就是气泡，这和英国很多城市之间纯粹的无人区的感觉完全不同。离里昂越近，这些小镇也越来越多，直到橘色瓦的屋顶逐渐形成了城市。这是一座精致的城市。在5世纪时，路易十一把里昂建成丝绸和商业之乡，并把丝绸卖到海外。丝绸带来的财富保留了下来，体现在那些新古典和巴洛克建筑上。

然而，和巴黎很相像，里昂也有其两面性。城市中心区比较富庶，而郊区则较贫穷。老城区的精美建筑位于索恩河和罗纳河之间。但向东步行5分钟，夜幕降临后，老城街上那些只逛不买的中产阶级变成了身穿帽衫的年轻团伙。从这个角度看，里昂完全成了另一个地方。这个城市令人惊奇的一点是两个团体（拥有财富的和没有资产的）从来不会跨越无形的门槛，他们就像来自不同的世界。正是对这种社会差距的理解才使里昂成为反映人类结构的一面棱镜。

城镇里较贫穷区域的年轻阿拉伯青年们对足球很疯狂。他们会穿戴那不勒斯、米兰、阿森纳或者是皇家马德里的队服和帽子，甚至会穿巴黎圣日耳曼的球服，但就是不会穿奥林匹克里昂的。在法国，对社会不抱任何幻想是一个大问题。阿拉伯人把他们自己看作是自己城市的外来人，和富有历史感的里昂特征形成鲜明对比的是他们对当地几乎没有任何自豪感。在巴黎时，西蒙·库珀曾从足球的角度解释了这个问题。"在1998年那个时期，有一些乡村长大的孩子，如迪迪埃·德尚、比森特·利扎拉祖、劳伦特·布兰克和法比安·巴特兹等。现在已经少得多了，他们大多数不是白人，而且多数来自郊区。这是法国足球的问题。这些孩子（阿拉伯人）被法兰西民族所忽略和歧视，而突然间他们又成了富有的职业球员。很多法国球迷不喜欢这点。"这种紧张状态最突出的事例就是2010年南非世界杯期间国家队发生的罢工。《法国足球》发现2014年调查的人中只有20%支持这支球队。《纽约时报》也讨论了潜在的种族

主义问题。[xii]

街头足球

一个傍晚，落日的余晖洒落在罗恩河畔，我坐在岸边的台阶上。当地的阿拉伯人和孩子们一起在吉欧蒂耶尔桥下的一块场地上踢着足球。坐在我旁边的是几个家庭，男人们抽着烟，女人们聊着天，看着他们的孩子踢球。音响里缓缓流出法国说唱音乐。这是一个非常好的周日傍晚的氛围，而场上孩子们所表现出的天赋也令人吃惊。有一个孩子，胳膊上打着石膏，像风一样不断地左躲右闪晃过比他大些的孩子。他在场上做出的穿裆球最多，成了场上的球王。很多好的球员就是在这种松散的"街头"环境中成长起来的。所需要的只不过是一块平地和一个球——这也是足球在全球广泛流行的因素之一。创造性、执着、勇敢、独特的风格和进攻性在街头得到锻炼，这方面的典型代表就是伊布拉希莫维奇和齐达内。"神童"韦恩·鲁尼在埃弗顿结束训练后，还会和伙伴们在利物浦的街上一起踢球。

对球员来说，这是一种逃避，因为他们可能永远也找不到这个街区之外的世界。和传统的足球不同，这个游戏有两个得分体系：一个是传统的进球破网得分，另一个是每次穿裆球算一次进球。这个小场地群体中，球星应该是那些能够以最具创造性的方式突破对手的孩子。齐达内的马赛回旋就出自马赛街头的土场。同样，里约街头诞生了小罗纳尔多的牛摆尾。可惜的是欧洲的街头足球正在消失。总体而言孩子们比以前更富裕，也有了很多替代活动①。

经济贫困的环境会持续地形成。里昂的年轻人不愿意错过小场地的比赛，并期待发现谁能做出最具创新性的动作。因为场上球员年龄差距比较大，通常10岁到20岁之间的都有，年轻的球员需要努力在

---

①Gentin, S (2011). 'Outdoor recreation and ethnicity in Europe—A review.' Urban Forestry & Urban Greening. 10 (3), 153–61.

2 留给未来的遗产：奥拉的里昂

语言方面和技术方面都能和大些的孩子同样优秀。看了10分钟的小场地比赛，我明白了卡里姆·本泽马为什么会有那样的风采。

在城市里，标准的草皮足球场是较难遇到的，当然这也不是街头足球景致的一部分。因此，很多未经雕琢的天才球员最初并不理解足球的战术安排，他们通常位置感较差，在试训过程中会感觉有些不适应。但是战术是可以教会的。自然的技术与内在的获胜的愿望，才是大多数俱乐部渴望得到的无形的财富。教练拿着标志盘和哨子是无法像街头足球那样教会孩子空间感的。街头足球中球员通常要通过控制球使球穿过长凳、秋千、跷跷板和移动的车辆。传球的力量和角度必须非常完美，球才能从垃圾桶和汽车中间的缝隙穿过，正好赶上跑过来的队友。街头足球也在个性形成的年龄树立和培养孩子的领导能力。安排比赛需要民主，通常由那些伶牙俐齿的孩子决定。伊布在巴黎踢球时，当地的孩子非常崇拜他，他们把他当做街头足球成功的典范。

作家亚历山大·黑蒙把街头足球选手描写成艺术家——他那飘忽不定的动作是充满活力的本性的表现，"这可以被称作是新浪漫主义足球美学。"[1]黑蒙指出街头足球选手在场上也会继续他们的特立独行和不可预知，例如加林查、斯托伊奇科夫、哈吉、加斯科因和里克尔梅等。足球艺术典范迭戈·马拉多纳似乎一生都致力于给人留下深刻印象，他的行为也非常公开，但他还保留着一份神秘，还没有把他充满灵感的技术传递下去，这点让人感到失望。一个真正的街头足球选手拥有其他人无法学习的天赋，因为只有在他们那些自然的环境中才能学得会。

重建街头足球是所有西方足球学院现在面临的一个挑战。随着社会的变化，年轻球员根本就没有足够的时间进行训练，俱乐部认为自己有责任来改变这一点。费耶诺德，后面也会提到，在训练前一小时开门，在场地上放上50个球，他们会告诉年轻人"去好好玩吧"，这

---

[1] Hemon, A (Sep 2013). The Blizzard - The Football Quarterly. Sunderland: Blizzard Media Ltd. 98.

提供了社会发展中所必要的非结构化时间。同样，里斯本竞技也采用放任政策来教基础年龄的孩子，一个教练告诉我说："我们就让他们去玩儿"。

如果在吉欧蒂耶尔桥的台阶上安排一个球探，让他坐在那儿观察，那么他会在奥林匹克里昂的河岸上发现很多宝藏。他们是很幸运的。有些球员太过"街头"，通常需要努力适应青训学院要求规则和结构的环境，其他像奇才卡里姆·本泽马这样出生在里昂阿尔及利亚家庭的孩子则是听话的学生。本泽马是一个完美的学生，对工作人员彬彬有礼，但却具备街头踢球时练就的坚韧的一面。17岁时，在一次队会上，他被要求向大家做自我介绍。他看到那些国际球星在朝他笑，他突然说道："我不会笑，我来这儿是替代你们的！"[xiii]

"努力做到最好；创造一些值得仔细品味的东西；对当地的原料要有信心。"

1987年，IT企业家让·米歇尔·奥拉收购了奥林匹克里昂俱乐部。当时里昂在二级联赛，他计划（名为"OL-欧洲"）是在四年内将里昂打造成法甲强队。这次收购体现了奥拉从情绪化的主席向深思熟虑的企业主的转变。起初，里昂并不追求个人荣誉，而仅仅是个凑合过的公司，根本配不上这个法国第二富有的城市。作为电影之都，百代电影公司于1999年购买了俱乐部股权，加速了俱乐部发展。里昂的崛起不是像2011年巴黎圣日耳曼那样，取决于俱乐部老板投巨资引入球员，而更重要的是一份严谨内行的战略计划。

奥拉来后一直对俱乐部缺乏历史和球迷感到惋惜。朗斯、南特和欧塞尔这些小城镇的俱乐部都比他们更追求成功。然而正是因为期望值较低，奥拉才能耐心地投资新涌现的天才球员。他们采用的是环法自行车赛的模式——"你可以超过你前面的一名选手"，他说。弗洛伦特·马卢达（以300万英镑从甘冈引进，以1425万英镑转给切

2 留给未来的遗产：奥拉的里昂

尔西）、迈克尔·埃辛（以878万英镑从巴斯蒂亚引进，以2850万英镑转给切尔西）、埃里克·阿比达尔（以638万英镑从里尔引入，以1150万英镑转给巴塞罗那）和穆罕默德·迪亚拉（以293万英镑从维特斯引入，以1950万英镑转给皇家马德里）都被认为是非常稳健的投资，而卡里姆·本泽马（青训学院培养，以2625万英镑卖给皇家马德里）则是本地培养的。

里昂在2002到2008年间连续七年获得联赛冠军，但在艰苦地追寻八连冠的过程中，奥拉犯错了。塞德里克在我们乘火车出发去里昂时回忆说："他们处于绝对的领先，他们获得七连冠时，我们（PSG）仅比降级球队高出3分（实际上排名第16，和里昂差36分），然后他们又花更多钱，我们觉得这根本就不会结束。"奥林匹克里昂从2008年开始下滑，胸怀征服欧洲的雄心，他们在一些不合标准的球员身上花费过多。以7300万英镑引入利桑德罗·洛佩斯、米歇尔·巴斯托斯、阿利·西索科、埃德森、吉恩·马库恩和卡德尔·凯塔，球员表现不佳后离开，俱乐部仅收回2600万英镑。奥拉面临两个选择：要么加大投资继续赌，希望里昂有一天会赢；要么削减开支，对俱乐部进行有机重建。他决定："我们该财政紧缩、改善经济管理了。这意味着我们在未来几年中要减少赤字。"[xiv]从2011年起，奥拉卖出了里昂收入最高的球员，以青训中心培养的球员填补球队。

法国媒体把这称为"疯狂的夏天"。里昂因转卖了19名一队球员而被嘲笑。被转卖的球员中包括那个年代非常具有天分的雨果·洛里斯。"2011/12赛季不是很好，但我们却花费了近1.35亿英镑引入新球员。考虑到俱乐部当时的排名，这显然有些多了。"奥拉解释说："所以，我们决定彻底改变我们的竞技政策，集中精力加强青训学院建设。"[xv]受"里昂妈妈"的启发，现在的里昂，球队核心都来自自己的青训学院，一队队员都是当地人才。这就是我在2016年春天访问里昂俱乐部时的状况。一位里昂的老球迷在车厢的另一边一直盯着我们，颇有诗意地提醒我们火车已经到站："巴黎圣日耳曼太有钱，他们就像是黑暗。我们现在和他们对抗，我们是光明。"

现代古典

老城有很多小巷，这些小巷是建筑之间狭窄的通道。二战时期当地武装人员通过这些小巷避开德国军队。法国抵抗军战士将德国冲锋队诱入狭窄的街道然后消失得无影无踪，而这时可能恰恰会赶上家庭妇女从高处将脏水倒下来。这就是当年的城市游击战。一个周二的下午，作为客队的巴黎人（我是和他们一起来的），我们快速地从小巷中穿过以避免被里昂的Bad Gones铁杆球迷认出。塞德里克为了里昂对巴黎圣日耳曼的比赛来到这里，这是一场非常有象征意义的比赛，他也很担心被认出来。这将是曾经的冠军和新科状元之间的战斗；是精心投资的俱乐部和一掷千金的俱乐部之间的战斗；也是联赛第一名和第二名之间的比赛。

乘坐一段地铁、一段电车和公共汽车才能来到里昂新建的奥林匹克里昂公园体育场。随着夜幕降临，两队的球迷都因长途奔波开始变得沮丧。因其位置靠近德西尼斯，一个巴黎球迷开玩笑说："他们应该更名为奥林匹克德西尼斯队。"体育场是社区的一部分，为现场观赛球迷创造一种基于各自经历的仪式感。在学术界，这被称作"场所依赖"。斯卡内尔和·吉福德于2010年创造了三元模式这一概念框架。他们通过"3P"来定义场所依赖，即人（Person）、过程（Process）和场所（Place）。在"人"方面依恋可以是个人的也可以是基于共同经历的集合体的一部分；"过程"会在定期观看比赛这一维度发生；而"场所"则是这一群体聚集的体育场[1]。简单地说，里昂的老体育场——热尔兰球场——保留着球迷已

---

[1] Scannell, L & Gifford, R (2010). 'Defining place attachment: A tripartite organizing framework'. Journal of Environmental Psychology. 30 (1), 1-10.

2 留给未来的遗产：奥拉的里昂

形成的场地依恋，即恋地情结；而新的奥林匹克里昂公园体育场还没有形成这种恋地情结。场地依恋可能需要多年才能形成，而且更多取决于"人"的方面的成功。

奥林匹克里昂公园是由阿森纳酋长体育场的设计师设计的。在奥林匹克里昂公园落成仪式上，建筑评论家艾克·宜嘉评价说："从很多方面来说，一些欧洲足球场从概念上相当于欧洲大陆喜欢的马蹄形议会厅，至少从理论上他们认为能培养礼貌、形成共识并达成合作。而英国的体育场设计则更像针锋相对的众议院，倾向于采用更具攻击性的方式。"[xvi]英国体育场以其强度和设计隐含的压迫而闻名于欧洲——更陡峭的看台、环形屋顶以及没有田径跑道，据说是为了促进观众和场上更充满激情的比赛连接互动。宜嘉说明了奥林匹克里昂公园是受到了英国影响。奥拉，作为一个永久的崇英派，把阿森纳度过艰苦岁月的过程当成一种激励。"他们确实经历了一段困难时期，很多怀疑的人说：'你不可能同时既建设这些设施又保持队伍强大，这样俱乐部会死的。'所以这两个俱乐部确实有很多相似之处。"阿森纳在经济和建筑方面都为奥林匹克里昂这支新军提供了灵感和动力。[xvii]

建设奥林匹克里昂公园有着明显的经济原因和遗产原因。建筑是历史的永恒标志。里昂之前的主场——热尔兰球场，变得破败不堪，需要现代化改造，同时代表着奥拉之前的60年。"我们开始这个项目时就告诉自己，一个大俱乐部不仅通过场上表现来定义自己，也通过场外表现来定义。"奥林匹克里昂公园是胜利、财富、力量和地位的宣言，更重要的是向一个人的梦想致敬，奥拉通过投资里昂改变了一个没有理想和球迷的俱乐部。二月，在我访问期间，56000人来到现场观看当地孩子们与富足的首都俱乐部的比赛。好的建筑流露着绝对主义，体现着行为方式的正确性。奥林匹克里昂公园证实着奥拉毕生工作的正确性：这是一座可以使他流芳百世的神殿。他曾经说："在法国，有一个文化的问题，就是胜者并不受欢迎。"

奥拉是受人崇拜的，对俱乐部所有者来说这是很少见的。他在里昂俱乐部实行紧缩政策时，球迷是接受的。如果这意味着俱乐部是青训学院的一个平台，那也没什么问题。不管怎样，最好的材料是当地的。90年代弗雷德里克·卡努特、斯蒂德·马尔布兰克和鲁多维奇·久利的成功成就了里昂的伟大。后来青训学院培养出来的希德尼·戈武和哈特姆·本·阿尔法进一步巩固了这一地位。

那天晚上，里昂以多数本地球员组成的队伍击败了巴黎圣日耳曼，结束了大巴黎36场不败的纪录。这里说多数，实际里昂全队有9名青训学院的球员，如果克莱门特·格勒尼耶、纳比尔·费基尔和即将到巴塞罗那的萨穆埃尔·乌姆蒂蒂都在的话，这一数字会是12。甚至他们的主教练布鲁诺·杰内肖也曾经效力于里昂，杰内肖出生在这个城市，2015年从青训学院升到主教练——这方面也保持了奥拉的观念。

里昂的铁杆球迷会Bad Gones头目挥舞着他们的旗帜，从始至终唱着歌。大多数是冲着阿德里安·拉比奥特去的，因为他是当晚巴黎圣日耳曼最好的球员，还有一些是献给守门员安东尼·洛佩斯的。在最近的一次超级球迷会上，虽然邀请方对所有人开放，但洛佩斯是唯一一个现身的球员（成为职业球员前，他是铁杆球迷Bad Gones成员之一）。北看台负责上半场、南看台负责下半场，大声呼喊向洛佩斯表示敬意。"不需要后卫"，光着上身的球迷们冲着他呼喊着。这个曲调后来在北爱尔兰战胜乌克兰时被用于威尔·格里格斯，这也成了奥林匹克里昂公园熟悉的曲调。重新来说说这个二月，奥拉给每个球迷提供了代金券，中场时可以买啤酒。比赛结束后，在回市中心的公交车、电车和接下来的地铁上，球迷们评价说这个新体育场现在有家的感觉了。恋地情结有时可以是一种变幻无常的爱的形式。

2 留给未来的遗产：奥拉的里昂

*

足球科学的未来

人类是地球上所有物种里面适应性最强的。东非大裂谷早期人种出现后的500万年里，人类不得不适应天气的变化和各种食肉动物的猎食。是我们求生的本能和天生的智慧使我们生存下来。我们知道如何应对威胁，知道什么时候该战斗、什么时候该跑。时至今日，聪明的现代人也必须适应他的工作和社会环境以求生存。有些人不会适应，发现自己处处不得其所，而另外一些人则很擅长适应和调整。足球是体育产业中最变化无常的项目（英国足球主教练平均任期1.23年），最好的员工则是适者生存。伊曼纽尔·欧亨特在这方面做得非常成功，他从2008年开始就是里昂的首席医生。

在里昂的拓拉佛劳格训练基地，欧亨特在他的活动房屋办公室里说："主教练会和前锋教练、守门员教练等教练团队一起配合工作，他们所有人都有自己的工作方式。"欧亨特在这里已经与四任主教练合作过，"对我来说，不可能和每一位主教练都用同样的工作方式。每次球队更换主教练，我工作的哲学和方式就要完全改变。"

那是一个周六的早晨，我沿着尚·饶勒斯街走去见他时，整个城市还在睡梦之中。里昂还没有醒来，在一丝曙光中，只见到一位妇女往橱窗里摆着法式糕点和一位老人给他的夹竹桃浇水。就连拓拉佛劳格在我按门铃时也还沉浸在梦乡。几分钟后，一位年轻人满怀歉意地跑来，非常有礼貌地把我介绍给欧亨特医生。欧亨特医生谦逊地道歉说："请原谅我英语不好。"其实他的英语说得非常完美。

在足球行业，员工的流动性非常大。如果主教练去了其他地方，他会把他的支持团队都带走。欧亨特则是坚守下来的。他能力很强，每一位新来的主教练都放弃了自己在上一个俱乐部合作的医生，对他则深信不疑。"对我来说，要适应是很难的，因为有时我和教练感觉不一样。如果我们想的完全不一样，我就必须调整我的机构来满足教练的需要。我可以告诉他我认为我们应该如何做事，但我是厨师，如果老板要求按某种方式做事，我必须说'OK'。这就是足球。"他明白成功的俱乐部必须密切配合。虽然有完全不同的观点，但主教练永远是正确的。

在外面，受伤的科伦丁·托利索[①]和体能教练正在绕着假人做恢复训练。托利索是里昂自己培养的球员。他们慢跑经过我们时挥了挥手，然后停下来检查托利索的GPS监控器。还没问，欧亨特就给我解释了他们在看什么："GPS告诉我们他跑步时是否接近他的满负荷强度。如果他想隐瞒伤情，我们可以看出他是否较多地使用某一条腿。""科技在体育科学中的应用肯定是前所未有的吧？""是的，但还需要提高。""为什么？""我认为将来足球也会像NBA篮球和NFL美式橄榄球一样，一切都会被监测。我们会随时监控血压或者皮肤状况，20年后我们甚至可以通过科技监测心理状态。"

欧亨特相信将来队医能在替补席上通过iPad分析出球员血压状况，进而判断他是否达到了容易受伤的状态，进而进行替补。"我们会了解他在各个阶段的最高水平，并能看出他是否适合比赛。"他相信这也同样适用于那些等待替补上场的球员——教练可以通过iPad看出他是否已经做好热身能够适应场上节奏。"科学必须帮助我们保护运动员。在NFL和NBA，他们有各个阶段的录像。主教练有各种加速的材料和数据，他知道好还是不好，什么时候该替换球员。主教练也应该有一个显示比赛水平的平板电脑，这样他能了解他的队员是否可能要受伤了。"

腿部肌腱拉伤是欧亨特，甚至是所有俱乐部队医最头痛的问题，其次是脚踝和膝部损伤。这些伤病是由于不断地过度使用导致的。力

[①] 2017年6月15日以4000万欧元的身价加盟拜仁慕尼黑。——译者注（信息来自360百科）

量和康复教练,如拜仁的尼古莱·卡曼(见巴伐利亚章节),会为青训学院的球员安排各种不同的训练,他们会结合一些柔道和NFL等其他运动训练内容,以使主要肌群得到不同的锻炼。在一线队安排这些练习更困难一些,一切都要根据比赛进行有针对性的训练。所以,欧亨特和教练们会在训练前专门开会讨论如何最大程度降低伤病。"训练前我们会讨论一个小时。例如,对巴黎圣日耳曼的比赛下午5:30开始训练,我们下午4:30开会。我们用一个小时的时间和每个运动员讨论他们的肌肉问题。如果有肌肉力量不均衡的问题,我们则有一个小时来处理。"里昂的球员也被要求对他们自己的身体情况负责。教练会给他们卡片,列明他们需要在家里进行肌肉训练的具体内容。"他知道赛前一天、两天、三天应该做什么。我们会告诉他带上卡片,进行预防伤病的练习。"

文件

虽然有太阳,早晨的天气还是有些凉,而医生的办公室里则比较暖和。欧亨特一边开着电脑,一边靠在椅子上继续说道:"我们要做很多工作帮助我们预防伤病。赛季开始时,球员要做身体准备测试,我们会安排降低运动损伤的练习。"欧亨特的医疗部希望和教练组一起尽量掌握每个球员肌肉和神经的力量,以便教练组能根据球员身体极限安排训练。"我们研究每一个球员,以及考虑如何利用平衡板和其他技术对他们进行调整。"所有数据都会录入Excel电子表格,进而评定每名球员的运动能力。灵敏性、伤病史、肌肉能力和生物指标(牙齿力量和脚的尺寸)在整个赛季都会进行检查。有了这些数据,欧亨特就可以发现每个球员的巅峰条件是什么。例如亚历山大·拉卡泽特[①],他在联赛上一场客场对里尔的比赛中被撞伤。欧亨特对这名

[①] 2017年7月5日,拉卡泽特转会至阿森纳足球俱乐部。——译者注(信息来自360百科)

前锋进行测试并将结果和他的文件进行对比，他发现拉卡泽特在对巴黎圣日耳曼的比赛中有足够的运动能力完成80分钟的比赛。拉卡泽特按此安排上场，完成了首粒进球的助攻。

"我们会向每名球员解释他必须做的事项，教练和体能团队也会拿到同样的信息。赛季的每一周，每名运动员都会拿到这份文件，教练也会了解球员快速跑的次数、距离和所消耗的能量。这份文件被分成前锋、中场球员、后卫和边卫等不同位置的几部分。我们准确地了解每名球员的状况，训练后就有可能知道他是否能完成整场比赛。"GPS软件（球员在训练中戴的黑色胸带）被用来监测球员是否发挥了他们的运动潜力。"在比赛中，当我们没有GPS帮忙时，我们会使用一个特殊的摄像机来看每名球员跑动的公里数和速度，这样我们可以通过比较了解他是否达到了最大强度。但这只有在主场才能做到，因为在客场比赛时我们没有这样的技术设备。"

阿贾克斯相信最好的球员是不受伤的，他们已经发现了青训学院中最高水平的球员和最低受伤次数的相关性。简单说，他们最好的球员在受伤情况列表的最下方。因此，这些高水平球员比那些更容易受伤的年轻人有更多的时间比赛和训练提高。里昂也发现事实确是如此。我问了欧亨特一个运动科学界颇具争议的话题：有些运动员是天生容易受伤吗？"他们总受伤并不是因为上帝，而是因为有问题。我们必须要知道是什么问题，有时也会有心理方面的作用。也许生活中有些事使他不能在家里预防受伤，但我们必须什么都考虑到。我和我的理疗师进行了大量对话，这样我们能发现问题，从而知道问题所在。"很多人天真地认为有些球员就是天生容易受伤，看来并非如此。

年龄文化

在现代足球里，教练必须考虑的最重要的器官是大脑。随着足球运动的发展，人们越来越重视理解球员，以及他们的状态和能力。以

2 留给未来的遗产：奥拉的里昂

前，球员更多地被当作商品而不是人，他们是属于俱乐部的。众所周知，比尔·香克利忽略受伤球员。现在，从基础到精英水平的教练员培训班都包含心理学元素。欧亨特解释说："我和一个诊所合作，球员们在那儿做心理训练。比如有些球员可能不愿意就睡眠问题与心理医生合作，但我们和这个诊所合作还是很重要的，其他球员喜欢这种类型的恢复。我想让每个球员找到对他适用的方法，甚至可以是针灸。我有每个领域的专门的医生来支持我们的球员。""那么，您还有一些不愿意进行这方面训练的球员？""是的，但我的工作是提出建议解决的方案。如果球员选择不这么做，这是他的决定。球员可能会对某个医生感觉很好，而另一个医生则不行。"

拓拉佛劳格是一个小训练基地，有3块室外草皮足球场，坐落于热尔兰球场旁，基本上是在公路上。随着里昂搬到新的主场，这个基地和体育场一样很快就会成为被遗忘的白象①。欧亨特医生和我经过球场往接待处走着，我刚好有时间问最后一个问题，"为什么球员会踢球到那么大年纪？"我提到40岁的弗朗西斯科·托蒂就是一例。"在法国，我们根本就没有这种类型的球员。30岁以后，他们就不经常上场比赛了。对我来说，问题在球员的思想，因为30岁以后他们不想那么努力工作。这和在英国或意大利不同。而且，教练们不会保护这种类型的球员，教练不会专门为这类球员安排训练，从而让他们感觉更容易。这些球员必须和队里其他年轻球员以同样的强度进行训练。"

法国作为一个例外，足球运动员整体都在延长着他们的巅峰状态。但欧亨特认为这是一个文化因素。在意大利，因为比赛节奏较慢，以及他们对比赛战术的理解，球员持续踢球到35岁以上是很正常的，像保罗·马尔蒂尼、哈维尔·萨内蒂和弗朗西斯科·托蒂这样的伟大球员会踢到40岁。意大利比其他地方都更重视年龄。他们的平均

---

① 白象，指昂贵而无用的东西；需要高额成本维护而实际上无利可图的资产或损失已成定局的资产。——译者注

寿命是82.94岁，比英国和法国都更高龄，祖父母也是关系紧密的家庭的中心。从文化方面，出于尊重，年纪大些的球员可以少安排一些训练，因为他们的经验给球队带来的无形影响比场上表现有更大的价值。鲁迪·加西亚评价托蒂说："弗朗西斯科不仅是一位令人敬畏的球员，如意大利语所说的'fuoriclasse（超凡脱俗）'，同时在场外他也是一个具有非凡品质的人。"马塞洛·里皮补充说："托蒂是意大利足球的丰碑。"

2016年欧洲锦标赛上，40岁的加博尔·基拉利成为该赛事年龄最大的球员，他和38岁的里卡多·卡瓦略和吉安路易吉·布冯似乎都有不老灵药。冰岛的埃杜尔·古德约翰森和乌克兰的队长阿纳托利·季莫什丘克都是37岁还在踢球。如果球员自我约束、严格训练，他可以将巅峰状态延续得更长。但法国民众的思维中有社会主义元素。和法国不同的是，在意大利，年纪大点的球员比较流行，而在这里每一个人都必须有同样的贡献。"在饮食、自理和训练强度水平方面都一样。"欧亨特解释说。然后他就迅速道谢、握手，回去继续他的Excel文件工作了，因为这是里昂最有价值的评估工具。

3 巴斯克的辉煌：毕尔巴鄂竞技和个性的力量

　　五彩纸屑落在市政厅外几百人的笑脸上。在那个温暖的8月的夜晚，他们唱着独立歌曲、挥舞着旗帜，直到深夜。老前辈们讲着故事，与以往的黄金年代进行对比，激励着年轻一代听众的自豪感。他们不仅是获得了1984年以来的第一个奖杯，而且是面对有苏亚雷斯、内马尔和梅西的强大的巴塞罗那夺得的冠军，并且是"他们"赢了。一个没有从外部买入球员来改善俱乐部的球队，他们都是当地社区的球员，是巴斯克球员。他们都是从小像球迷一样仰慕这个俱乐部的球员。

为了人民

　　莱萨马训练基地坐落于阳光充足、布满巴斯克绿植的山谷中。远处是连绵起伏的山峦，在这优美的环境中训练一定令人心旷神怡，如果你是巴斯克人并且还代表这一俱乐部，再与当地人民的历史交织在一起，更会有种满足感。巴斯克人被认为是诚实和勤劳的。他们把城市的氛围创造得非常和谐，与法国中部地区有明显不同。在毕尔巴鄂，每隔一个阳台甚至是晾衣绳上都会挂着红白相间的竞技队的旗子,这是对"超级杯决赛"狂热支持的表现。似乎俱乐部淹没了多数当地居民的意识。城市周边工厂的墙上,涂鸦写着"3+4=1",宣告着法国的3个区(拉普蒂、诺瓦拉比埃利亚和祖巴洛)和西班牙的4个区(比斯开、吉普斯夸、诺瓦拉和阿拉巴)等于一个巴斯克地区。不是所有的球迷都希望俱乐部政治化来推动独立,很多人希望还作为西班牙的一部分,但毕尔巴鄂竞技俱乐部作为巴斯克分离主义象征的形象没有改变。

这种观点被毕尔巴鄂的青训(选材)规定所强化,他们要求代表俱乐部的所有球员必须与大巴斯克区有家庭关系。第一次世界大战后,在20世纪20年代,为了使他们自己(巴斯克人)融入当地社区,民族主义在西班牙和毕尔巴鄂竞技俱乐部抬头,形成了唯巴斯克的统治地位。现在为俱乐部效力的球员知道他们代表着这个地区与政治相关的历史身份。有些人认为这种青训会形成偏狭心态,不信任外界影响。然而,这种青训选材也保护了毕尔巴鄂竞技,使其不会成为这一现代运动所呈现的一副无表情的面孔,也不会为了提高而走马灯似地换球员和工作人员。"其他球队看起来都像是复印件。"俱乐部主席约瑟·乌鲁蒂亚对《纽约时报》说。[xviii]

伊凯恩·罗霍是巴斯克地区大学的社会学博士研究员,我们从坐落于水边的毕尔巴鄂竞技队的圣马梅斯体育场旁边走过时,他对我说:"曾经有两次主要的内战,因为战争的结果,他们(巴斯克人)失去了成为一个国家的权利,这种权利可以追溯到中世纪。这是西班牙为建立一个强大的国家而进行的中央集权过程的一部分。"我问伊凯恩为什么他觉得毕尔巴鄂竞技从社会学角度与他们的偏狭性格如此紧密,以及足球是如何加深这种心态的。他解释说20世纪初足球的出现恰巧与巴斯克民族主义的再度出现同时发生。随着西班牙"积极推动"成为单一民族国家,足球成为加泰罗尼亚和巴斯克区人民的表达工具。佛朗哥禁止非西班牙文化,并于1941年颁布命令将俱乐部名称改为"Atletico Bilbao"。时至今日,毕尔巴鄂竞技和巴塞罗那还有着共同的敌人:佛朗哥的球队——皇家马德里(他们所敬慕的主席

3 巴斯克的辉煌：毕尔巴鄂竞技和个性的力量

圣地亚哥·伯纳乌曾是佛朗哥主义者，在内战中与加泰罗尼亚进行战斗）。这种紧张关系现在仍然存在，但暴力的威胁不像前些年那么普遍了。

最后的雄狮

毕尔巴鄂竞技可以只用当地球员取得成功的想法在20世纪50年代得以加强，当时其他西班牙俱乐部开始招募外国球员，而他们只用当地人且仍然能保持竞争力。他们强加于自己的人为限制使他们认为，以劣势地位竞争会给他们带来更强大的力量。他们是在歌利亚巨人联赛中竞争的大卫，"或者是全球化足球中的阿斯特里克斯和奥贝里克斯"，匈牙利人类学家玛丽安·维克奇总结说。[xix] 维克奇花了一年时间研究这一区域的足球文化。"球迷支持竞技队，因为它逆这一现代运动的潮流和规则而行，保持着足球开始时的特点。"他们是唯一可能复制1967年里斯本雄狮——凯尔特人以本地球员赢得欧冠冠军的俱乐部。在非地域化的时代，任何欧洲赛场上的成功都会显得非常重要。

从人类学家的角度，毕尔巴鄂竞技是研究巴斯克文化的独特的渠道。她写道："非常有趣的是，在一个日益扩张的全球化的足球文化中，球员的迁徙和商业化日益繁荣，毕尔巴鄂竞技却把自己限制在一个小的区域。"

虽然在西班牙竞争性非常强的赛事中仅使用当地球员可能会限制其成功的路径，但大多数球迷支持这种哲学。维克奇写道："你可能赢球次数会少些，但当你赢球时，那种胜利的自豪与喜悦比用外国人赢球要大得多。这种哲学甚至会庆祝失败，如2009年毕尔巴鄂竞技在国王杯上输给巴塞罗那。这重新定义了输和赢：为了赢得传统和个性，有时你需要输掉比赛。"在后现代社会，原始民族主义或政治表达（如对来自某个地方而感到骄傲或欣赏一个区域的价值观）的个性已经被解构成较新的、不那么突出的个性，更加喜欢共同的经历，例如节日、社交媒体动态、喜欢的电视节目和崇拜流行明星等。而另一方面，足球持续地成为牢固的表达工具。社区的人们会被当地体育俱乐部影响，把它当作自己的一种延伸。和其他俱乐部不同，毕尔巴鄂竞技强化了这种感情，他们可能是世界上和球迷关系最紧密的俱乐部之一。

如饥似渴的进攻

  2016年春天，我应毕尔巴鄂竞技之邀来到莱萨马。为了纪念19世纪建设当地的英国码头工人，俱乐部名字保持着英语的拼写（Athletic），而不是西班牙语的"Atlético"。毕尔巴鄂竞技也穿着与南安普顿俱乐部同样颜色的队服，因为他们在毕尔巴鄂竞技俱乐部成立之初为球队提供了装备。接下来的一个世纪，毕尔巴鄂竞技与英国形成了牢固的关联，他们曾经11次聘请英国教练。那天早晨，我在充满现代感的玻璃墙接待处等候时，读着一本杂志——一份给他们最后一位英国教练霍华德·肯达尔的颂词。英国的影响使毕尔巴鄂竞技比赛的风格融合了当地的天资和"约翰牛"的坚毅，当地人称之为"愤怒"。可以想象，那是一种长传冲吊、靠身体素质的打法。因为毕尔巴鄂和英国的天气很像，泥泞的场地导致很难传地面球，球员接受这种打法，而且也取得了成功。西班牙国家队教练，出生于巴斯克的前毕尔巴鄂竞技中场球员哈维尔·克莱门特在90年代采用了这种打法，并选用了大量巴斯克球员。他的靠体能的"愤怒"西班牙和当时克鲁伊夫传球风格的巴塞罗那梦之队形成鲜明对比。《机密报》将两种风格描述为"阴和阳"的关系。

  2004年西班牙任命路易斯·阿拉贡内斯，以及2011年毕尔巴鄂竞技任命马赛罗·贝尔萨，才改变了西班牙和毕尔巴鄂竞技长传冲吊的打法。贝尔萨执教期间，是竞技队多年来最成功的一段时期，他改

3 巴斯克的辉煌：毕尔巴鄂竞技和个性的力量

变了比赛风格。他了解每一名14岁以上球员的姓名、能力和需求，并认为他们是俱乐部将要依靠的脊梁，而且那种团结持续至今。从毕尔巴鄂竞技巨大的训练基地走过，很难指出哪里由一队使用，哪里是青训学院，俱乐部对其青训的依赖可见一斑。

毕尔巴鄂竞技渴望有其他俱乐部选材的全球人才库，他们只有约300万巴斯克人可供培养（不用说，这一数字还包括女人、老人和体弱多病者），与西班牙另外4410万人口和欧洲7.42亿人口相比是很小的数字。人们公认阿姆斯特丹的阿贾克斯几乎是青训的代名词，然而他们不会被要求只能培养本地球员。阿贾克斯可以从其他渠道选材，例如，他们最成功的"本土培养"的球星包括比利时人托比·阿尔德韦雷尔德和扬·费尔通亨（15岁时从比尔肖特买来），以及丹麦人维克多·费舍尔和克里斯蒂安·埃里克森（同样从欧登塞和米迪兰特买来）。

毕尔巴鄂竞技强加给自己的限制使他们在青训方面也成为一个很有意思的案例。坦诚地说，他们承担不起任何错误。如果不能培养出有天赋的年轻球员，俱乐部就不能持续发展。当然，毕尔巴鄂竞技也会签约其他俱乐部培养的巴斯克球员，但根据转会市场（transfermrkt.com）的数据，毕尔巴鄂竞技从新千年以来只花费了约6000万英镑。因此，作为皇家马德里和巴塞罗那之外唯一没有从西甲降级的俱乐部，他们的成绩还是很可观的。

巴斯克独立

作为一个国家，西班牙拒绝解体。马德里政府从加泰罗尼亚、加利西亚和巴斯克（以及其他各地区）的工业中获取税收收入，然后再重新分配。这些自治区有的希望完全独立，有的希望作为联合体的一部分。在加利西亚，人们很少表达独立的想法，但推崇象征性的自由理念。在巴斯克区，他们把英国尤其是苏格兰视为他们的灵感来源。

他们喜欢威尔士、北爱尔兰、英格兰和苏格兰那样作为联合王国的一部分，同时又能保持各自的独特个性特征。除苏格兰外，威尔士、北爱尔兰和英格兰都以各自独立的身份参加了2016年欧洲杯，而不是作为大不列颠参加。如果西班牙政府给他们各个地区这种意识形态上的独立，他们可能不会面临这么大的分歧。

西班牙国家队2010年获得世界杯冠军，这支队伍23名球员中共有10名加泰罗尼亚和巴斯克球员。如果巴斯克自治区在2010年有机会组建自己的球队参赛，他们会有非常好的球员。塞萨尔·阿兹皮利奎塔、埃梅里克·拉波尔特、哈维·马丁内斯、哈维·阿隆索、安德尔·埃雷拉、费尔南多·略伦特和阿西尔·伊利亚拉门迪都在这一地区或附近出生，并与巴斯克有家庭关系，但他们却代表法国或西班牙参赛。目前，巴斯克地区会在每年圣诞节组织一场友谊赛。2013年《每日电讯》报道说，他们的梦想是"有朝一日能以独立的11人国家队代表西班牙的自治区参赛。"[xx]

传奇

巴斯克自治区球队主教练何塞·马利亚·阿莫罗图是土生土长的当地人，在他45年职业生涯中，执教过皇家社会、毕尔巴鄂竞技和埃瓦尔竞技。这个地区没有谁比阿莫罗图更适合这项运动，他是巴斯克足球的圣人。除了每年执教自治区球队打一场比赛，他还是毕尔巴鄂竞技的足球总监。在莱萨马，他的名字如雷贯耳，他的姓就像一个充满故事的传奇。"你找阿莫罗图？"接待员问到。阿莫罗图穿着俱乐部的运动服来到接待室，带着一副有眼镜绳的眼镜，很像马赛罗·贝尔萨。"这里所有的教练都是来自毕尔巴鄂。"我们坐到一个玻璃办公室后，他说道："对他们来说，很容易说明毕尔巴鄂竞技的哲学是什么，俱乐部意味着什么。"

年轻球员在学校就学习巴斯克历史，所以他们长大后会理解毕尔巴鄂竞技队队服的重要意义。"我们的模式在世界足球中是非常独特的。芝华士队只有墨西哥球员，而我们不是只有西班牙球员，我们只有巴斯克球员。"阿莫罗图在70年代曾是毕尔巴鄂竞技的球员，90年代成为教练。作为足球总监，他有更大的掌控权。"总监的作用是与球员和教练近距离接触。我必须帮助、支持他们，和他们谈话，理解他们的问题。最重要的是我们都朝着同样的方向共同努力，而且我们都很亲近。"阿莫罗图与其他俱乐部足球总监不同的是，毕尔巴鄂竞技的主席负责财务和转会，阿莫罗图的精力完全集中在足球发展上。

巴斯克的对手

　　沿着莱萨马一条狭窄的乡间小路走上去是一个木屋餐馆，虽然这里并不属于俱乐部，但总监们经常带客户到餐馆喝葡萄酒、吃饭。餐馆四面的墙上都是和毕尔巴鄂竞技有关的收藏品：徽章、围巾和宣传画。每个房间都挂着庆祝俱乐部成就的照片，其中有一张1976年的照片，是毕尔巴鄂竞技和皇家社会的队长各拉着巴斯克旗（白、绿、红图案组成的巴斯克区旗）的一角——这是佛朗哥专政时期禁止使用的一个标识。如果需要证明足球超越竞赛，这幅照片就是最好的证据，毕尔巴鄂竞技0：5输掉了比赛，但俱乐部的球迷尊崇这一时刻的重要意义，把这当作他们最重要的影像之一。

　　20世纪40年代，佛朗哥尝试通过设立省区消除分裂主义思想。很长一段时间，毕尔巴鄂竞技和皇家社会两个俱乐部都在争夺代表巴斯克地区的荣誉。但随着皇家社会1989年解除了他们当地化青训政策，这一殊荣落到了毕尔巴鄂的头上。皇家社会球迷非常反对这一哲学的转变（他们签约的第一个外国球员约翰·奥尔德里奇在他的自传中回忆起当地人朝他脚下吐唾沫的场景），但结果却使俱乐部在整个90年代只买欧洲球员而非西班牙球员。

虽然两个俱乐部彼此并无好感，但在毕尔巴鄂和皇家社会比赛前、比赛期间和比赛后气氛都较融洽。两个俱乐部属于同一个地区，都面对其他俱乐部的球迷反巴斯克的歧视（虽然西班牙基本上不存在客场球迷的文化）。伊凯恩解释了这里的德比赛感觉上类似橄榄球比赛，更像是访问而不是入侵。外界会认为皇家社会俱乐部名字中有"皇家"一词，代表了君主专政（西班牙最明显的标志），两个俱乐部间会有比较紧张的关系。然而伊凯恩再次向我说明这个地区的球迷并不这样认为。21世纪初以来，西班牙皇家一直在圣塞巴斯蒂安（皇家社会俱乐部所在城市）度假，而从西班牙国王杯开始举办以来，社会俱乐部的名字里就一直有"皇家"二字。

皇家社会足球俱乐部有可以保持的优秀传统。俱乐部摒弃了他们的青训政策束缚（如果引进西班牙球员只能是巴斯克地区的），他们则很容易成为随便买卖外国球员的俱乐部，但他们没有。"巴斯克"对他们来说有很重大的意义，皇家社会俱乐部主席也希望与毕尔巴鄂竞技俱乐部在招募当地球员方面形成竞争。两家俱乐部竞争的最著名事例是他们都想与西班牙上场最多的巴斯克球员鲁本·帕尔多签约。皇家社会签下了这名球员，并向毕尔巴鄂发出了声明。球员的买断条款是西班牙俱乐部3000万欧元而巴斯克俱乐部要6000万欧元。[xxi]这份协议背后的意图是告诉年轻的巴斯克球员除了毕尔巴鄂外还有其他选择。然而近年来为了加强俱乐部力量，毕尔巴鄂竞技一直寻求从竞争对手那里签署背井离乡的巴斯克球员。通过从马竞签下劳尔·加西亚和从贝蒂斯签下贝尼亚特（曾经是青训学院培养的球员），他们希望加强"俱乐部作为当地球员真正的家"这一特定身份。

培养自豪感

伊尼亚基·阿兹卡拉加是20年前阿莫罗图物色来的教师，他的工

3 巴斯克的辉煌：毕尔巴鄂竞技和个性的力量

作是给年轻球员灌输自豪感。他意识到对毕尔巴鄂竞技俱乐部来说，很重要的一点是不仅要支持年轻球员，还要支持这些球员的家庭。"一旦决定和俱乐部签约，我们就尽可能多地去关心他们。我们会派两个人负责他们的教育，一个人负责照顾他们的家人，我们还有理疗、体能方面的专家。这里的每个人都很友好。"他说得很对，这里的氛围感觉很温暖。每个人都面带笑容，见面时会说"aupa！"（一种非正式的打招呼的方式，意思是"向上"或"加油"），队员也一样。"通常我们会告诉年轻人如果他们想成为职业球员，这里是最好的地方。到一队最好的途径就是在毕尔巴鄂竞技俱乐部。"年轻球员和俱乐部签约不用担心他们的前途会受到昂贵的外援的影响，只要他们努力，就会有机会。"这些球员知道我们信任他们，他们年轻时就有我们的信仰，一步一步来，他们就会进入一队。"阿莫罗图打开一份表格，重申了一下他的观点："这支球队中80%的球员来自青训学院。我们每年至少提供2个联赛首秀的机会，有时可能会达到5个。我们的球员平均在队里7.2年。"

理解了"为什么"，还要理解"怎么做"

从莱萨马刚刚剪过草的球场上走过，我的问题是"怎么做？"一个有如此严格限制的俱乐部是怎么做到这么好的？2016年，他们在强手如林的联赛中位列第五。欧洲俱乐部指数网[①]显示他们在欧洲（703支）俱乐部中排在第18位，排在利物浦、波尔图和米兰的两个俱乐部（AC米兰和国际米兰）之前。战术上，他们只有很有限的球员可供选择（平均年龄27.1岁），但还是能战胜对手。阿莫罗图靠在椅背上思考着"怎么做？"这个问题。意想不到的是，他指向青训学

[①] 一个根据近期表现和最近几个赛季数据结果预测球队成功的网站：Euroclubindex.com（数据取自2016年11月）。

院的认知识别，他认为这是毕尔巴鄂不同于其他俱乐部的特点。"选球员时，身体和生理方面是可以测量的，但足球运动中不可测量的是心理，心理是现代足球运动员很重要的方面。我们认为青训学院选人和发展模式都必须以发现和提高球员这些心理特征为基础。"他打印了一张纸，重点给我说明这种特征："他们必须能理解比赛，做出最佳决定，而不是严格按照指令行事。球员必须判断什么是正确决定。"他指着自己的头说："我们认为要提高的不是单纯的技术，最重要的是球员的视野（从战术上理解足球）。现在有一套与过去完全不同的球员教育体系，球员需要良好的理解力以做出正确的技术决定，这点与以往有很大区别。我们必须使球员保持头脑清醒，进而做出正确的决定。"

青训学院的教练们形成了一种可信赖的形象，而球员则要对自身的发展负责。这里经常会见到小球员们带着球和标志物等所有的训练器材，而不是教练。从这点他们就开始分析球员是否符合球队的目标。他们在学校成绩是否良好？他们是否实现了个人发展目标？他们的体能阈值是否得到发展？"当然，我们希望球员能够根据自己的判断理解比赛，并能承担相应的责任。"

使命

"我们的使命是训练球员。"阿莫罗图用俱乐部的目标演示文件给我解释着。训练的复杂性在于它是基于球员学习、参与和关键性思维的文化框架内的。"训练的方向是提高表现和获胜态度。"阿莫罗图又解释说。获胜曾经被视为是发展的对立面，因为有些课程要求球员在没有竞争的环境下发展，那是一个让每一个孩子都获胜的体系，但成功的国家都能有效利用竞争。现实中，发展是与获胜并存的，两者是同一家族的不同部分。竞争是自然的，尤其在足球这样具有明显

3 巴斯克的辉煌：毕尔巴鄂竞技和个性的力量

竞争性质的运动中。因此对年轻球员来说，品尝胜利的喜悦，体验并喜欢胜利，同时也适当感受失败的痛苦，这样才是健康的。按此思路，毕尔巴鄂竞技俱乐部的目标是培养球员必胜信念。阿莫罗图关于毕尔巴鄂竞技如何获胜的演示主要包括3部分：

1. 对教练的要求。
2. 对球员的要求。
3. 青训中心/俱乐部目标。

对教练的要求（在这张演示文稿上，阿莫罗图讨论了给俱乐部教练们提出的7项任务）：

●第一，要成为"足球专家"。这方面他的意思是每位教练都必须了解比赛的所有主要因素。例如，怎样将球运转到空间较大的位置，从最基本的认知形式到比赛节奏的演示。不仅如此，足球专家能将这种关键触球运用到战术框架中。例如，中场队员在逼抢情况下接球，必须能将球传到有空间的位置。

●第二，毕尔巴鄂竞技的教练必须在态度、着装、言语和人品方面成为模范。教练必须在形象和行为方面有个职业教练的样子。

●第三，教练应该努力自我提高，利用业余时间学习，跟上项目的发展。

●第四，教练必须明白他是作为整个框架的一部分在工作，是"我们，而不是我"。他的意思是教练不应该过分强调某些点或安排特殊的训练以突出自己，而是应坚持已经确定的安排。

●第五点是和第四点相关联的，教练必须认可以球员为中心的哲学，球员是最重要的。训练课必须以培养一队具有竞争力的个体为中心。

●第六，教练要有"职业要求"，要成为俱乐部的职员。

●第七，球员的训练，这点将前面各点联系在一起，分析了一年来培养出的年轻球员。

对球员的要求（共有5点）：

● 教育球员，使他们能理解任何水平的比赛，能"持续做出最佳决定"。这通过与比赛相关的训练来实现，给球员提供真正的比赛场景以及解决问题的机会。足球是没有固定模式的运动，90分钟里的任何场景都不是完全一样的。因此，教练的工作是让球员理解每一种情况下应怎么做，这样他们可以在比赛中根据训练经验做出决定。

● 球员必须"能根据比赛要求提出技术解决方案"，例如在对方禁区前完成射门，或用适当的力量向前场完成解围。

● 毕尔巴鄂竞技强调球员是他们自我提高的控制点，这部分可简单地称之为责任。

● 第四点和前一点相关，球员必须学会对自己的表现和设定的目标进行自我评价。这点他们称为"自治"。

● 最后，渴望为毕尔巴鄂竞技踢球的年轻球员必须有良好的身体条件。他们要有速度、力量，身体强壮，或者身体某一方面比较突出。

青训中心/俱乐部目标：

最终的目标是让球员在俱乐部框架内发展，代表一队比赛。这就是俱乐部所说的"进化"，有点类似我们常说的基础阶段、中级和高级阶段（例如U6-U10为基础阶段，到U18-U21的高级阶段）。这种进化的目标和其他地方的期待是类似的。把巴斯克语翻译成英文，演示文稿上写着："我们将建立一个有不同工作程序的计划，目标是训练出全面的、具有竞争性的球员。"换句话说，俱乐部为球员的发展设计了三个不同进化阶段。进阶结束时，球员应具有"全面的竞争能力"，或者已经可以进入一队比赛。第一阶段是"多边法介绍基本模式"（运球和传球），第二阶段是"特定个性"或后卫、中场、前锋和边锋等特定位置训练，最后一个阶段称作"高水平"，在这一阶段球员实现技艺精通。听起来有些复杂，但只需阿莫罗图明白整个框架，毕尔巴鄂竞技俱乐部的教练们只需专注于他们各

3 巴斯克的辉煌：毕尔巴鄂竞技和个性的力量

自的年龄组。

复制成功

鉴于多数俱乐部都有与此类似的介绍材料，所以后来我毫不掩饰地问阿莫罗图毕尔巴鄂的秘密是什么。"很多人来这儿问这个问题。关键是什么？对我来说，很难解释。你必须理解这里的球员的性格。成为这个规划的一部分会让球员有一种重要性和自豪感。这是我们的父辈和祖父辈留下来的传统。"在所有的俱乐部都能够找到水平相当的专家（例如比赛分析和教练）时，内在激励就变得更重要。因为认知形成的历史上的政治紧张，毕尔巴鄂竞技得天独厚的优势是球员理解他们身穿的俱乐部球衣是当地特征和身份的延续，他们在赛前就已经斗志昂扬，保证俱乐部每场比赛至少实现1∶0。

这里有很多因素促使毕尔巴鄂的青训取得成功，在其他地方进行复制几乎是不可能的。想要学习这种模式的俱乐部必须有受压迫的历史（无论是认知的还是真实的），以及足够大的人才库可以选择球员。格拉斯哥凯尔特人可以尝试这种青训，但这样做他们可能需要吸纳过时的、不受欢迎的宗派主义来唤起分离主义。这样既接受差异作为文化独特性，又传播了可恨的不宽容。这是一条很细的分界线，但毕尔巴鄂是在正确的一面。如果意大利的政治经济学改变，我们可能会见到那不勒斯称霸意大利南部各省，但是他们缺少毕尔巴鄂所拥有的基础设施（毕尔巴鄂是西班牙最富有的城市之一，而那不勒斯是意大利最贫穷的城市之一）。巴勒莫和卡塔尼亚也是来自当地硅谷的自豪感超过意大利民族主义的地区，但和那不勒斯一样，他们的联赛也不够富有可以使他们投资青训进行青少年建设。俱乐部需要的是较强的联赛和常规收入，使他们能再投资于基础设施。他们必须提供有竞争力的薪水并经常赢得奖杯以吸引球员留下（当俱乐部和人才之间不对等时，略伦特去了尤文图斯，马丁内斯去了拜仁，埃雷拉去了曼联），俱乐部还需要有强烈的当地特征并拥有支持这种观念的球迷。没有这些因素俱乐部是不会成功的，否则人们见到的就只是一支有强大的青训学院支持的俱乐部生产球员进行销售。

就英国本地而言，也许曼彻斯特、利物浦、约克郡和北部其他地方可以进行这种尝试，因为20世纪70年代和80年代经济发展的疏忽，造成这些地区人民对政府的不信任，英国这些相对独立的区域有更强的地区性思维而非国家思维。然而，英超俱乐部沉浸在财经大潮中，都不会依赖年轻球员。埃弗顿和毕尔巴鄂竞技俱乐部的状况非常相似，但他们所在的联赛竞争性太强，他们不可能做同样的尝试。虽然有球迷的支持，他们也只可能努力以一支只有默西塞德郡球员的队伍在英超中生存。像韦恩·鲁尼和罗斯·巴克利这样的球员可能10年出现一个，虽然俱乐部可以签约斯科特·丹和乔伊·巴顿这样的球员（像毕尔巴鄂签约安德尔·埃雷拉和哈维·马丁内斯一样），但他们还是不能在世界各地球星汇聚的英超联赛中进入前四名，他们似乎很难作为一个隐士而取得成功。埃弗顿缺乏的还包括毕尔巴鄂所拥有的那种政治化的核心。毕尔巴鄂竞技的球员从小受的教育是这个地区在历史上所遭受的压迫，而利物浦则是保守封闭，不是激进的独立主义。毕尔巴鄂竞技能持续发展的因素是错综复杂的，他们是足球的二氧化碳。

秘密

九层之台，起于垒土。伊尼亚基知道这点："我在这里20年了，1995年阿莫罗图当教练时希望有人能来帮助青训学院球员的学习。我们青训学院的文化是关心球员的学习，因为这能使我们很好地了解球员的自律水平以及他们的奉献程度。巴斯克有很多独特之处，人们吃苦耐劳、意志坚强。我们曾有几十年自给自足的历史，这很符合我们的个性，为捍卫我们的价值指明了方向。"如今俱乐部竞争的是边

3 巴斯克的辉煌：毕尔巴鄂竞技和个性的力量

际收益，大多数俱乐部在技术分析和板凳深度等方面是平等的，所以必须在进行比赛准备时找到竞争优势。毕尔巴鄂准备每场比赛时都要激励球员，为边际收益而拼搏。如果一个俱乐部的球员有前面提到的内在激励，他们将处于有利地位。像毕尔巴鄂竞技俱乐部一样，如果他们能通过教育年轻的青训学院球员当地历史上的遭遇，以此注入内在动力，强化他们所在的俱乐部是代表自治区人民进行比赛，他们就会占据较强的地位。"孩子们要接受巴斯克历史教育。在民主政治下，我们开始发现我们自己的价值。孩子在学校学习了巴斯克历史，这在他们进入一队代表俱乐部比赛时意义重大。"这就是毕尔巴鄂竞技的秘密，他们的弱点使他们更加强大。

教育环境也能帮助俱乐部判断每名球员的责任心。毕尔巴鄂竞技采用的是美国大学的方法，当小球员不重视学习教育时，他们比赛的时间就会减少。"我们有几个学生在学校的成绩很不好，我们要求他们平日在学校里努力提高，根据他们的学业情况，他们可能会被减少比赛时间。好好学习、注重教育，对他们来说是一种激励。"俱乐部希望培养出来的是"一流的人"，而不仅仅是一线队球员，这些球员属于最聪明的那部分球员。如果一个球员不能签署职业合同，俱乐部也有应变方案，会让球员去美国大学学习，由俱乐部提供全额奖学金。

成就

毕尔巴鄂竞技的本地化依赖依然能够持续，这是非常令人羡慕的政策，使俱乐部在金元足球的大潮中独树一帜。他们内部的愿景通常是非常浪漫的，然而作为一个俱乐部，他们在青训方面处于领先地位。在全球范围内，他们的青训令人羡慕（在闸门大开的环境下，这一政策似乎有点讽刺意味），因为其他很多俱乐部的球迷对走马灯似的球员更换大失所望，认为毕尔巴鄂竞技这样的是非常理想的政策。

为了能争取到这些核心的支持者，毕尔巴鄂竞技创立了一项"终身唯一俱乐部球员奖"，在圣马梅斯体育场4万球迷面前颁发给球员。这一奖项是为足球领域的忠诚而设立，2015年的获奖者是南安普顿的马修·勒蒂西埃，2016年是AC米兰的保罗·马尔蒂尼。

毕尔巴鄂竞技永远也不会放弃他们的传统，即使降级，他们也会继续留在圣马梅斯体育场和莱萨马，以及保留他们出色的青训结构和健康的对外形象。俱乐部的基础非常强，通常无所不能的皇家马德里和巴塞罗那也无法签走年轻的巴斯克球员。这是一个大社区的俱乐部，阿莫罗图强调这是一个内部循环。他说："我们关心的是每天提高我们的球员。每名来我们这儿进行日常训练的球员都必须有一个目标：想象有一天你是一名毕尔巴鄂球员！你进入这里就会从我们的教练那儿找到方案。我们会从每名球员那里了解他们生活中有什么其他问题：他的学习、心理、家庭问题等，我们会支持他们。我们关心的必须是球员生活的方方面面，因为我们将要共同走向更高的水平。"

从莱萨马走出来，已经夕阳西下，落日的余晖让周围的一切显得格外宁静。路上鸟儿婉转的歌声伴着我走过草皮场地走在乡村小路上。山坡上点缀着白色的别墅，百叶窗都是绿色或红色的——这是巴斯克区旗的颜色。在这个球员、教练和球迷自由流动的现代社会里，足球也不乏例外。拥有坚定的立场，虽然毕尔巴鄂竞技可能不会每场比赛都通过比分获胜，但他们每场比赛都是胜利者。无论胜负，他们都是足球圈里最受欢迎的俱乐部。希望他们的青训永存。

4 大师和学徒：波尔图的战术创新者

要理解现代波尔图的形势，我们必须要跟随何塞·穆里尼奥和安德雷·维拉斯·博阿斯的发展道路。那是一个雄心勃勃、从不起眼的角色（一个是翻译，一个是球探）发展成为欧洲贵族的男人的故事。如果不是执教火龙队，两人都不可能进入足球的"上流社会"。这是一个双赢的关系，因为波尔图俱乐部目前仍然得益于两人留下的财富。穆里尼奥和博阿斯的故事，从明显的相同出身到彼此的熟人，到不可分割的盟友以及后来的竞争对手，这足以成为一部小说的主题。因共同的愿景而走到一起，穆里尼奥和博阿斯有着共同的老师：博比·罗布森和战术理论家维托尔·弗拉德。本章将介绍两人在波尔图足球俱乐部开发的战术方法，这个俱乐部在很长一段时间以来一直是潜力得以发展的地方。

从毕尔巴鄂到波尔图要用一天的时间。火车缓慢穿过瓦斯科尼亚和加利西亚的岛区后停在西班牙北部西海岸城市比戈。在西班牙以外，大多数人没有听说过加利西亚独立，部分原因在于它的足球队（拉科鲁尼亚队和比戈塞尔塔队）相对中立。火车沿着欠发达的铁路穿过坎塔布连山，乘客们惊异于崇山投于墨绿树顶上的阴影。加利西亚是一个很好的缓冲区，这里的语言是西班牙语和葡萄牙语混搭的。

之后，再穿越两国边境满是尘土的道路，当橘子树变成了棕榈树（而且车上的人又开始使用手机），才可以明显看出已经从西班牙到了葡萄牙。和欧洲大多数地方一样，这里没有安检关卡，只有看不见的边境。

博比·罗布森到波尔图的20年里，这些路基本没什么大的变化。那是1994年，他一定有些想家了。在几个月前，里斯本竞技当时虽然排在联赛榜首，但还是解雇了这位前英格兰教练，这将是俱乐部的损失。波尔图张开双臂欢迎罗布森的到来。当司机从波尔图的弗朗西斯科·萨·卡尔内罗机场接罗布森到市中心时，一座巨大的雕像在他面前直插云天——40英尺高的柱子上有一只狮子，狮子的身体和前爪前倾刺向下面无助的老鹰。雕像上的狮子代表英国，他们的海军在1808年到1814年间打败拿破仑的法国鹰军保护了葡萄牙。因此，波尔图人很感激英国人，是英国的介入使他们能将自己称作不可战胜的城市。罗布森也很喜欢这里的天气，海鸥日夜在飘浮而过的乌云里鸣叫，波尔图和英国海边城市的夏日有着同样感觉。太阳出现的时间足够晒干鹅卵石路面并使人们精神振奋，而另一场雨也可能随时不期而遇。因此，这个城市被冠以"永不消逝的彩虹"之名。

博比·罗布森并非一人来到波尔图，他的助手、翻译和新朋友何塞·穆里尼奥同意跟随他到北方发展。对穆里尼奥来说，之前的10年有如旋风，他从未停歇，从在学校里教小孩子到加入当地球队维多利亚·德·塞图巴尔的青训学院。在申请到里斯本竞技成为博比·罗布森的翻译前，穆里尼奥考虑过在其他小俱乐部当球探和助理教练等。"我非常感激他。我到葡萄牙时没有人知道我。"罗布森看中穆里尼奥（他们第一次见面是在机场）是穆里尼奥人生的转折性时刻。带着巨大的热情，穆里尼奥跟随他的"先生"到了波尔图俱乐部。在那里他们赢得了1994年和1995年的联赛冠军。

4 大师和学徒：波尔图的战术创新者

小伙子的加入

据传，有一天早晨，一个穿着得体的男学生向罗布森走来，大胆地用完美的英语开始和他说话。罗布森认出这个孩子是他的一个邻居，并很高兴地和他讨论起足球。"你为什么不用多明戈斯？"小男孩问道。罗布森很喜欢他，也很欣赏他这样大胆的介绍。

十几岁的安德雷·维拉斯·博阿斯和他的父母（爸爸是讲师，妈妈是企业家）一起生活在波尔图一个较富裕的区域。博阿斯把学校以外的业余时间用在玩冠军赛经理人上（一直玩到2009年他被任命为科英布拉大学教练）①，所以当他发现罗布森搬到了他所住的区域，他就计划要与罗布森进行一次对话。只要机会允许，两人就会继续保持对话，年轻的博阿斯满怀信心，每周五给罗布森的邮箱放下球探报告。后来，博阿斯被邀请去观看他所支持的球队的训练。博阿斯见到了各位教练，并与球员们握手，也见到了罗布森的翻译何塞·穆里尼奥。在罗布森的介绍下，17岁的安德雷·维拉斯·博阿斯被送到利勒夏尔参加教练员资格培训，之后他还被送到伊普斯维奇城队跟随教练乔治·伯利学习。"博比告诉我这个孩子将会成为教练界的特殊人才，他给我打了电话，安德雷·博阿斯在我这儿见习了两周。他参加了所有的训练课和理事会会议。我觉得博比确实发现了特殊人才。"伯利说。[xxii]

罗布森1996年带着穆里尼奥离开波尔图加入巴塞罗那。安德雷·博阿斯则留下来在青训学院执教，当时他才十几岁。1999年，罗布森回到英格兰执教纽卡斯尔，而穆里尼奥则留在了巴塞罗那，在路易斯·范加尔的手下继续他的学业。不为外界所知，世界上没有什么环境可以培养这么多有天赋的年轻教练。穆里尼奥在的那段时

---

① 根据路易·米格尔·佩雷拉和杰米·R.皮尼奥写的博阿斯的自传。

间，俱乐部是进步思想的热土。从1996年到2000年，穆里尼奥与洛朗·布兰科、路易斯·恩里克、弗兰克·德波尔、菲利普·科库、胡伦·洛佩特吉以及后来的对手何塞普·瓜迪奥拉等球员进行交流。穆里尼奥通过跟随罗布森和范加尔学习，他于2000年进入本菲卡成年队教练团队。在德国人雅普·海因克斯被解雇后，年仅37岁的穆里尼奥成为主教练，但后来本菲卡找到其他教练后，他就离开了。

安德雷·维拉斯·博阿斯也满怀雄心在成年队工作。几乎在穆里尼奥从海因克斯那儿接手球队的同时，博阿斯申请了英属维京群岛的一个职位。他当时只有22岁，但在申请过程中他没有向协会透露他的年龄。对他们来说，如果发现任命了一个如此年轻的教练，人们一定会感到很震惊。

TP（战术周期化）

维托尔·弗拉德是波尔图大学的一名教授，研究和讲授体育、医学和哲学。上世纪80年代，他结合控制论、人类学和心理学知识创造了名为"战术周期化"（TP）[①]的体育发展项目。穆里尼奥最初是在塞图巴尔青训学院时与维托尔·弗拉德进行过交谈。穆里尼奥跟随罗布森到波尔图时，又与弗拉德重新展开对话，三人私下里也越来越熟悉。他们谈论很多事情，其中包括罗布森的足球英雄吉米·哈根的持续影响以及他给葡萄牙的战术所留下的遗产（70年代初哈根在本菲卡赢得3次联赛冠军）。几十年后，作为波尔图俱乐部的教练，何塞·穆里尼奥鼓励他的年轻教练团队、分析师和球探学习弗拉德的作品，也就是维托尔·佩雷拉（鲁伊·法里亚和安德雷·维拉斯·博阿斯已经学习过了）。

[①] 从葡萄牙语翻译成英语的"periodisation"（周期化），意指"一段时间"，具体是指教练用来整合比赛模式，围绕技术、战术、心理和生理安排训练的时间。这样的时间是在比赛之间的"大周期"进行组织安排的。

4 大师和学徒：波尔图的战术创新者

2001年1月，穆里尼奥把小俱乐部雷利亚队带至联赛第三名后，已经能彻头彻尾地将战术周期化付诸实践。波尔图俱乐部主席乔治·纽奴·平托·达科斯塔向来有投资潜力的美名，他于2002年将穆里尼奥带回波尔图，这次是作为主教练。在波尔图这样的小海滨城市，人们会记住你的名字，而且还会谈论起。在波尔图的训练基地克莱斯图码，穆里尼奥再一次靠着维托尔·弗拉德的理论来讨论波尔图的方法对策。他决定聘用年轻的安德雷·维拉斯·博阿斯来研究对手，这样，在新的主题里，两人的道路再次交织在一起。没有了博比·罗布森作为老师，穆里尼奥将波尔图俱乐部的教育模式从上到下进行了重新设计，战术周期化原则贯穿于每一个年龄组。

战术周期化的原则：穆里尼奥的波尔图

虽然因为过度引用等原因，战术周期化在媒体中被某些人蒙上污名，但在高水平教练中，它还是一个很流行的方法。教练们不是将其称之为"战术周期化"，而是称作"训练过程"，并认为这是常见的训练方法，要尽可能让球员接近比赛情景而非孤立地进行训练。现在这种方法已不是球队成功的主要因素（在21世纪初，这被认为是革命性的），而是就应该这么做，并且大多数球队是这么训练的。穆里尼奥在波尔图和切尔西使这一方法流行起来，但蒂莫·杨科夫斯基在他的《足球战术周期化》一书中写到，主张战术周期化的人包括马赛罗·贝尔萨、布伦丹·罗杰斯、若热·热苏斯、克里斯蒂安·古尔库夫、鲁迪·加西亚、毛里西奥·波切蒂诺、罗贝托·马丁内斯、若热·桑保利、路易斯·恩里克和胡伦·洛佩特吉[1]。

战术周期化也被佩普·瓜迪奥拉所吸收，他是维托尔·弗拉德非

---

[1] Jankowski, T (2015). Taktische Periodisierung im Fußball: Die Übungen der Spitzentrainer. Trainieren wie Guardiola und Mourinho. Aachen: Meyer & Meyer.

欧洲足球成功的秘密

常敬重的一个人。在2014年圣诞节前，瓜迪奥拉与当时的日本英式橄榄球联盟队主教练埃迪·琼斯见面，两人交换了对两个项目都有益的观点。"足球的方法称作战术周期化，所有要做的工作都是为比赛而准备，而且井井有条，提高战术意识。"琼斯对天空体育说："我观看了拜仁的训练，与瓜迪奥拉进行了非常深入的谈话，我相信通过对我们的训练方式进行调整，球队会有很大提高。"[xxiii]后来日本在2015年世界杯上击败南非，成为橄榄球联盟比赛中最大的黑马。

战术周期化训练使比赛的每个阶段都变得普遍化，无论是防守还是进攻，并通过训练提高每一个瞬间。以前，日常的足球训练课包括独立的身体训练和战术练习，但像维托尔·弗拉德对马尔蒂·佩拉诺（《佩普的秘密》的作者）解释的："战术周期化反对将比赛的体能方面与比赛模式的训练分离开来，因为这会导致具体化。"[xxiv]足球是流畅的，不是具体的。很简单，战术周期化教的是流畅的现实足球场景，而不是传统训练中进行的孤立练习，如绕圈跑或是（萨基式的）无球阵型训练。战术周期化也有通过每日训练促进团队提高的基本理念。训练越接近现实，球员越能将他所学的知识用于比赛。为什么要进行无球训练？在战术周期化训练中，没有被浪费的时间。

何塞·穆里尼奥通过训练扩大了他的球队的知识基础，并于2004年带领波尔图赢得欧冠联赛。他们另辟蹊径，绕过了日益盛行的财富结构和秩序模式（最富有的俱乐部获胜），以革命性的训练手段获得胜利。当时穆里尼奥解释了他的信念："为了跑步而跑是一种自然的精力消耗，是没有效果的，而由此带来的情感方面的消耗也没有任何效果。这不同于对球员要求极高的技术、战术和体能等要素构成的复杂情况，这种训练的复杂性要求更高水平的专注。"①

在波尔图，人们都坦诚相见：他们会说出自己的想法，会公开宣誓，和里斯本人大相径庭。穆里尼奥（在俱乐部任主教练时）让波尔

---

① José Mourinho, as mentioned in: Tamarit, X (2015). What is Tactical Periodization? Oakamoor. Bennion Kearny.

4 大师和学徒：波尔图的战术创新者

图确立了北部强队的地位，对里斯本内部感知的集中化形成冲击，这也吸引了很多方面的关注，而且他与当地人的思维方式极其一致。他的"我们背叛了世界"的大胆言辞创造了他作为领袖的个人崇拜，他拉起了波尔图足球俱乐部的吊桥。在全面实施之前，他为俱乐部储备了全国很多被严重低估的球员。马尼切以自由身从本菲卡加入；德雷和努诺·瓦伦特两人以不到80万英镑的价格从莱利亚俱乐部转入；保罗·费雷拉以150万英镑从塞图巴尔签约而来；租借球员里卡多·卡瓦略成为后防主力。穆里尼奥的"比赛模式"使波尔图在2003年赢得欧联杯冠军，2004年获得欧冠冠军。

基础知识

穆里尼奥到切尔西时，他的方法还是非常新鲜的。从法国马赛签约而来的迪迪埃·德罗巴在他的自传中回忆，他穿着跑鞋来到训练场，而穆里尼奥告诉他不需要，当时他感到很震惊：

"你打算穿着跑鞋去哪儿？"教练问。

"我们不跑步吗？"我很吃惊。

"把足球鞋拿来"，他回答说，"因为你要踢足球。我做的所有训练都是适用于比赛、和比赛相关的，比赛不需要穿训练鞋！"[1]

后来，德罗巴逐渐发现，在训练中"足球能力"替代了"身体能力"。在葡萄牙以外，人们还没听说过战术周期化的概念。很简单，这一理念推广的教学原则就是足球学习要符合逻辑结构，主要围绕比赛的4个关键时刻进行：

第一，防守组织。

第二，由防守到进攻的转换。

---

[1] Drogba, D. (2015). Commitment. London: Hodder & Stoughton.

第三，进攻组织。

第四，由进攻到防守的转换。

根据弗拉德的理论，足球中的每一个动作，无论是控球还是传球，都需要对比赛环境的理解（战术）、执行动作的能力（技术）、运动能力（身体），以及专注（心理）。最好的球员能在一定的战术框架中持续选择正确的动作。例如：球队在1:0领先的情况下比赛结束前5分钟应该什么时候、往哪儿传球。因为足球需要同时考虑战术、技术、体能和心理四方面因素，弗拉德想为什么要进行孤立的训练呢？

必须在训练课的每一个练习中都考虑并发展这四方面的因素。逻辑结构就是控制好训练课的主题。这意味着，如果训练主题是防守组织，穆里尼奥或博阿斯会训练阵型、压缩空间、延缓对手、逼迫对手进入压迫陷阱，接下来会加入得球后的进攻转换。整个训练过程中，四个因素都在无意识的状态下得以训练，例如什么时候抢球（战术）、动作的速度（身体）、传球时的冷静（心理），以及传球的力度（技术）。"我的训练课是精确计算的90分钟。"穆里尼奥说，"没有分神的地方，一切都在掌控之中，设计要求球员每天都要达到最大训练强度。"

战术周期化具有很深的内涵，但它是可以进行分解的：首先，它有四个因素；其次，有各种不同时间节点及转换，但要根据"环境"对两者进行驾驭。为什么要对比赛中这些特定时间节点进行训练？这需要教练做出决定，他必须负责并考虑所有方面。因此，训练需要大量的思考和计划。但赛季一开始，对比赛的观察将帮助教练决定训练什么内容。

一个新教练首要的任务就是决定"比赛模式"——他想让球队执行的比赛的具体方式。"对我来说，我的球队最重要的方面就是要有一个比赛模式，也就是使一切有组织进行的一套原则。"穆里尼奥说，"因此，从训练的第一天，我们的注意力就集中在这方面。"[xxv]到波尔图时，穆里尼奥的目标是建立一个基于以下因素的比赛模式：

4 大师和学徒：波尔图的战术创新者

俱乐部现有球员的能力、理事会的要求、俱乐部的文化、球迷的要求、当地的文化以及对手的情况。确立了比赛模式，就要选择球员，然后教练开始进行战术性的周期化训练。战术周期化看起来似乎很复杂，但可以简单地分解按以下顺序进行：确立比赛模式→安排比赛相关的训练内容→融入转换阶段→考虑四个因素。

门徒的波尔图

有人说何塞·穆里尼奥在2004年到2012年间不择手段地使自己从一个不起眼的翻译变为世界上最伟大的教练。那这的确是贬低了他在波尔图时在弗拉德和罗布森手下，以及在巴塞罗那时在范加尔手下多年的钻研。穆里尼奥的荣升源自纯粹的志向，当一个人全情投入时，很少有人能阻止他。正如在一个有100人的房间里，人们可能会根据衣着和外表来判断别人，但看不到他们内心所想。雄心是无形的，对有些人来说会随着时间消逝，但对像穆里尼奥这样的人来说会与日俱增。只有他会展望他的未来。作为T.E.劳伦斯著名论述的化身，穆里尼奥就是一个白天做梦的人①。这位翻译一直以来都有着宏大的梦想，有朝一日发现已梦想成真。

那些教练们在一起的那些年也许并没有意识到（可能有人会想象他们曾在比赛的间歇一起谋划人生），穆里尼奥的门徒安德雷·维拉斯·博阿斯也有同样的志向，也是一个白天做梦的人。"我能学到很多东西，和穆里尼奥一起工作会把你带到另一个水平。"博阿斯在《国际商务时报》的一次采访中回忆说："你会爱上他，他会成为你的偶像。我想像他一样，知道他所知道的一切，消化他给的所有信息。"[xxvi]

---

① "所有人都做梦，但并不相同。那些晚上在头脑满是灰尘的角落做梦的人，白天醒来的时候会发现那只是一枕黄粱；但白天做梦的人则是危险分子，因为他们也许会睁大双眼把梦想付诸行动，将其变为现实。"——T.E.劳伦斯《智慧七柱：胜利》（1922）。

欧洲足球成功的秘密

然而2009年，博阿斯选择了单飞。这个年轻人坐在一个大礼堂里反复读着他的演示材料的要点，等着他的小组进入。他知道他要说什么，他的演示文件和几天前他给俱乐部主席何塞·爱德华多·希莫斯演示的差不多。在主席家中，连胡子都没刮的博阿斯列出了提高科英布拉大学队的目标，当时俱乐部在葡萄牙联赛中排名垫底。维拉斯·博阿斯讲的是使他跟随穆里尼奥从波尔图到切尔西和国米的一份著名的球探报告。在分析了科英布拉大学优缺点的基础上，博阿斯职业生涯中第一次解释队伍应如何进行提高。这与2004年何塞·穆里尼奥给罗曼·阿布拉莫维奇演示的文件很相似，当时俄罗斯人选择穆里尼奥接替斯文-戈兰·埃里克森。维拉斯·博阿斯说科英布拉大学队可以通过战术周期化方案进行提高。

"船在港口是安全的"，他说，博阿斯逐渐走出穆里尼奥的影子："但造船的目的并不是要停在那里。"他当主教练的第一个赛季，科英布拉大学队成功保级。他执教的第二个赛季（在波尔图俱乐部）结束时，维拉斯·博阿斯已经成为欧洲最热门的教练新星。作为弗拉德新培养的学生，博阿斯调整了他的比赛模式以适应4-1-2-3阵型（4-3-3的变体，只有一个后腰）。战术上，他使波尔图变得比穆里尼奥版本更具活力。他更强调快速逼抢，通常很重视比赛中每次转换阶段的速度，这就是他的比赛模式。中后卫罗兰多和尼古拉斯·奥塔门迪位置更靠前；作为边后卫，萨普纳鲁和佩雷拉比瓦朗特和费雷拉有更大的自由度；如需要，费尔南多、穆蒂尼奥和贝卢斯基可以保持更长时间控球；霍克和法尔考共同负责破门得分，穆里尼奥时期由本尼·麦卡锡负责。这是维托尔·弗拉德所鼓励的足球风格，这一灵感来源于他的足球英雄——约翰·克鲁伊夫。

波尔图俱乐部赢得了超级杯、葡萄牙杯、葡萄牙顶级联赛以及欧联杯冠军，整个赛季保持不败。波尔图只丢13球，使俱乐部获得"不可战胜"的荣耀头衔。在生活中追求完美通常是无法实现的愿望，足球也一样。然而如果相信完美是可以实现的，通常能带来成功。2010/11是足球能给予的接近完美的赛季。年仅33岁的维拉斯·博阿

4 大师和学徒：波尔图的战术创新者

斯成为获得欧洲冠军的最年轻的教练，也是第11位获得三冠王的教练。对博阿斯来说，最重要的是他将成为激励年轻一代努力实现足球中各种不可能的人。

方法论遗产

波尔图俱乐部逐渐建立起先进球队的名望。在乔治·纽奴·平托·达科斯塔加入俱乐部的40年里，波尔图赢得22个联赛冠军和两个欧洲杯赛冠军。"我们有内部和外部球探，分成几个不同级别进行观察，使球员被几个人审视。"俱乐部主任安东尼奥·恩里克解释说："他们和影子队一起训练，这是从不同联赛选出的可以被波尔图雇佣的一组球员。"xxvii在瞄准有潜力球员的同时，波尔图也投资教练和主教练，并积极推动与当地的波尔图大学的关系，波尔图大学也是西欧最具足球学术氛围的大学之一。

毕业生何塞·穆里尼奥和安德雷·维拉斯·博阿斯把从大学讲师维托尔·弗拉德那里学到的东西带到俱乐部，甚至还给他提供了一个开发方法学的职责。鲁伊·法里亚20世纪90年代曾联系穆里尼奥写他关于巴塞罗那的论文，他是弗拉德最聪明的学生之一。穆里尼奥对他印象深刻，2002年回到波尔图当主教练时也把法里亚带到了波尔图。法里亚负责实施周期化的足球体能训练，他成为何塞·穆里尼奥不可或缺的得力助手。"目标永远是一致的"，他介绍着这种方法论，"确定一套清晰的原则，然后通过自然的比赛方式使其在无意识中得以实施。"①

在欧足联职业级教练员培训班上，教练们有一项任务是完成研究论文。教练们通常会征求弗拉德的建议，弗拉德则告诉他们去研究约翰·克鲁伊夫在巴塞罗那的比赛，并将其作为理想的比赛模式。"对

---

① Tamarit, X (2015). What is Tactical Periodization? Oakamoor. Bennion Kearny.

克鲁伊夫比赛的喜爱不是没有道理的。我们谈论的是足球领域取得质的变革的里程碑式的人物。"[xxviii]据弗拉德讲述，何塞·穆里尼奥是克鲁伊夫式足球的狂热爱好者，21世纪初他在波尔图实施的就是这种比赛风格。

穆里尼奥因其反应式比赛风格而被看作是克鲁伊夫式足球的反派英雄，但那是根据需求安排的。作为足球教练，他理解生活的脆弱，穆里尼奥小时候，他的父亲在一个圣诞节被解雇，于是他把反应式比赛作为生存的基础。2001年成为雷利亚队主教练时，穆里尼奥将克鲁伊夫控球休息的哲学带给这个葡萄牙俱乐部（赢球时保持控球，使体能消耗降到最低，同时使对手受挫）。人们几乎忘记他在俱乐部的第一个赛季，波尔图用的是进攻型4-3-3打法。穆里尼奥和球队因为其在欧洲赛场的务实的4-4-2菱形打法而给人们留下深刻的印象，这一打法在国内的影响力逐渐扩大。他们只有在比赛节奏降低、球员能较轻松地出现在对方防线之间时使用菱形打法。久而久之，穆里尼奥逐渐被看作是巴塞罗那俱乐部的堕落天使，他反对他们那种不间断进攻的哲学，但当他最初进入管理层时，他与德波尔、瓜迪奥拉、科库、路易斯·恩里克及其他纯化论者的思想如出一辙。

何塞·穆里尼奥和安德雷·维拉斯·博阿斯都参与了波尔图青训学院的发展。博阿斯的中场倒三角（4-3-3阵型里的6号）依旧保持着。虽然一队经常会有不同的比赛风格，但很多青训学院用4-3-3阵型培养年轻球员的原因在于它可以让每个个体在这个结构中承担相应的责任，同时又可以培养教练所希望的进攻本能。球员到场上都会被安排各自的目标，波尔图青训学院教练维托尔·马托斯对我解释说："这在于我们想对某个球员进行哪方面的训练。比如上周我们发现球到我们的右边锋时，对方总是会进行封堵。那么针对下一场比赛的训练，我们会有针对性地在那个区域安排并告诉我们的边锋球员'你要更大胆，要更主动，至少在那条线取得5次成功。'这是主动权，我告诉我的球队我们的中场队员必须在比赛中获得10次主动权。"在4-3-3阵型中，每名球员都有实现目标的机会。"如果他们没有实现，我们会调查为什么他们没能做到。"

弗拉德的新学生

在波尔图期间，我找到了弗拉德的一位新学生——维托尔·马托斯，从而更多地了解战术周期化。他只有27岁，但在俱乐部却非常受重视，他有四个职责：青训学院对手研究、U19球员表现分析、U17助理教练、U14主教练[①]。"这就是穆里尼奥的影响，葡萄牙每个人都想成为教练。"马托斯说："我选择去波尔图大学是因为发明战术周期化的人在那里执教。在战术周期化训练中，一切都是互相关联的——战术、技术、体能和心理，这都与我们的比赛模式和比赛风格关联。"

马托斯是一个大忙人，我们在他两次队务会间歇喝了杯卡布奇诺咖啡，探讨了这种方法的一些细节。"教练可以安排他自己对战术周期化的改进版本吗？""不，有些不理解战术周期化的人试图增加内容，但没有这种必要。这是系统的原则。例如，我们进行的练习是为了鼓励比赛中我们希望看到的某些方面出现，我们会希望在训练中看到多次，这是一个原则。有四个原则适用于这一方法，使我们形成我们的比赛风格。这是很有针对性的。"教练可以用战术周期化安排他自己的比赛模式，但他不能改变这种方法。"那么人们为什么还要给它增加内容呢？""在葡萄牙的职业级培训班里，有些人想讨论周期化，但是要讨论这个问题，你必须和维托尔·弗拉德学习过，这是唯一的途径。你可以理解它，但他必须教给你。"

如前所述，教练确定比赛模式后，训练课的灵感就来自于比赛的瑕疵。马托斯对于决定训练课内容有着全方位的理解，他既是运动

[①] 我们最后一次交谈时，马托斯已经有了一个在中国的新岗位，成为费利克斯·马加特所在的山东鲁能的技术总监。

表现分析师又是教练员。"我们称之为周大周期,周日一场比赛,下个周日又一场比赛,这是两个比赛间的周期。在这一周中,通常周一休息恢复,因为在战术周期化中,恢复也包括情绪和心理方面。你可能会经历一场困难的比赛,需要心理方面恢复。然后周二、周三、周四、周五和周六进行训练,为星期天的比赛进行准备。"马托斯会用几个小时的时间思考训练课的结构,精确地计划和准备每一项训练的流程,对即将到来的比赛进行针对性的训练。

"想象一下在周日的比赛中有些想法没有奏效,我们就必须安排训练来解决这个问题。这会成为这一周的焦点,同时也要对将来要进行的比赛进行针对性的练习。训练总是和刚刚结束的比赛和即将到来的比赛相关,这是一个周期。"这样,整个赛季围绕比赛间的周期进行。马托斯补充说,每年他都会遇到"训练的峰值",所以要很谨慎,不要过早进行过大量的训练,而以前很多俱乐部在赛季开始前就让球队进行超负荷的体能训练。"在战术周期化中赛季前是最重要的时间,因为从第一天开始,你就要研究和训练你的比赛方式。"

在研究竞争对手的时候,马托斯首先要确定他们的整体比赛风格,然后他会分析他们如何进行转换。"我会看谁是最好的球员,然后,我分析我们在哪些地方可以赢得比赛,对手哪些地方比较危险。最重要的是我们的比赛风格和球员能力。在U19的比赛中,我们开始意识到这些方面,我们如何用我们的比赛风格击败对手?"和他之前的博阿斯一样,马托斯按照与一队一致的比赛模式对他的队伍进行训练。

本质上与克鲁伊夫是很相像的,马托斯的哲学是以进攻的方式控制球。"我这样做有三方面原因:首先,我相信足球就应该这么踢;其次,我相信这是更容易的获胜方式;第三,这是培养球员的最佳方法。如果你掌握球权,你有更多的时间做出正确的决定,可以更多地运球、传球,并有更多的进球。如果你这样踢球,那一定会有更多发展。如果你以更消极的方式踢球,你不会培养出你想要的球员,更不

4 大师和学徒：波尔图的战术创新者

会得到有技术创新的球员。""那么为什么穆里尼奥经常会尝试控制空间而不是控制球呢？""我们必须要理解每个球队都是独立的个体。我相信所有的好球队都有其平衡性和流畅性，并且总会很好地掌控位置。比赛风格与教练的个性相关。比赛方式没有对错，因为每个人都能以自己的比赛风格获得胜利。我相信我自己的方式，那就是进攻和控制球。我知道穆里尼奥有他的平衡，而且场上位置也控制得很好，但他们在这方面也有危险。那只是他的想法，还没有更好的方法。"

历史和何塞·穆里尼奥都证明马托斯是正确的，准备比赛没有固定的模式，尤其是重要的比赛。根据迭戈·托雷斯写的关于穆里尼奥的书，这位教练认为要在大赛中获胜，有7个需要遵守的规则，这些规则与马托斯的哲学格格不入。它们是：

1. 比赛由犯错较少的球队获胜。
2. 足球有利于使对方犯更多错误的球队。
3. 客场作战，不要试图超越对手，更好的方法是刺激他们犯错。
4. 控球一方更有可能犯错。
5. 放弃控球的球队会减少犯错的可能性。
6. 控球一方会感到担忧。
7. 无球一方会因此更强大。[1]

"如果获胜是最主要的关注点，那么教练如何才能让球员形成那种心态呢？""足球是比赛，所以就关乎成败。这是基础。"在波尔图，马托斯发现一旦球员们相信他们的比赛风格，而且通过这种风格取得胜利，他们会更加投入，进而形成获胜周期。"另一种方式，在每次训练中，每个练习都必须具有竞争性。这样就会在球员中产生共

---

[1] Torres, D (2014). The Special One: The Dark Side of José Mourinho. London: HarperCollins…As cited by Wilson, J. in: 'The devil and José Mourinho', The Guardian (2015).

鸣，他们会知道，如果他们赢得5对5的练习，他们可能会在周日的比赛中上场，进而创造了成功的文化。"在波尔图，这种文化是很丰富的、有历史的，已经由罗布森、穆里尼奥和维拉斯·博阿斯等教练培育出来了。随着时间的逝去，获胜成为俱乐部的一部分。在亚历克斯·弗格森的带领下，曼联有着感染人的获胜欲望，波尔图也一样。"我们赢得比赛，是的，但我们还要踢得好看。因为如果你没赢而且没好好踢，你就没有什么可以依靠的。在这里，到处都是获胜的文化。"

5 创造C罗：里斯本竞技的超级明星

下午乘火车从波尔图到里斯本需要3个小时，外面金色的阳光洒在初春的田野上。在车厢中可以看到走在田间查看作物生长状况的农夫的影子，农夫会在清晨和傍晚天气凉爽时进行收割。这一过程代表着新的季节，具有历史意义。好收成值得庆祝，从异教徒时代就已开始，人们用节日感谢上天的恩赐。为每年的持续发展而生产作物，就像是足球中对青少年的培养。马特·巴斯比曾说过："如果你想获得足球最好的果实，你就要自己去培养。"教练的工作应该是每赛季用新球员为一队补充新鲜血液，很少有青训学院比里斯本竞技更重视这种想法。里斯本竞技是唯一一个培养了两名国际足联年度足球先生的俱乐部，一个是路易斯·菲戈，一个是克里斯蒂亚诺·罗纳尔多。因为在里斯本竞技球员所获得的个人发展，以及不断强化的创造性足球的信息，他们会持续培养出一些最好的进攻型球员。

除菲戈和C罗之外，里斯本竞技的光荣榜还包括：保罗·富特雷，1987年欧洲银球奖得主；西芒和里卡多·夸雷斯马，十几岁签约巴塞罗那，轰动一时；纳尼2006年旋风般出现，被曼联买走。几位边锋都有炫目的比赛风格——两脚都擅长、速度快、直接、技术娴熟。孩子们很自然地渴望自己能以这样的方式踢球，但随着他们逐渐

欧洲足球成功的秘密

长大,却被要求变得更为战术性的保守。在里斯本竞技,他们鼓励创造自由,但以自私为边界,甚至一直到成年都是这样。

虽然仅是二月中旬,里斯本却沐浴在印度一般的阳光下。那天下午,里卡多·达马斯开车带我们去里斯本竞技的训练基地阿克契特时,我在他那遮得密不透光的跑车里找到一丝清凉。达马斯是俱乐部的一个基础青少年教练。在安检处和基地里面,每个人都称呼他"先生",这源自19世纪把足球引入葡萄牙、西班牙和南美的英国传教士。

和欧洲大多数俱乐部一样,阿克契特同时供里斯本竞技俱乐部的青少年和一队使用[①]。和其他地方不同,这个训练基地不在城市里,距离塞图巴尔约30分钟车程,会经过干旱的乡村田地和欧洲最大的桥梁——瓦斯科·达·伽马大桥。阿克契特在任何方面都谈不上现代,装饰风格基本上都是上世纪60年代的。那些传奇球星的相框看起来像是70年代挂上去的。体育馆看起来是80年代装修的,而伴随C罗成长的有顶的5人制球场可能在90年代时是当时最先进的。停在那里的保时捷看起来与灰泥的奶油色外观很不协调。员工们承认训练基地和本菲卡的相比有些过时,但这并不重要。这有什么关系呢?设施没有他们所提供的教学内容重要。牙买加世界著名的短跑选手没有高科技装备,而且在没有空调的体育馆进行训练。阿克契特显得很卑微,也很有误导性,他们认为这里是世界上最好的人才工厂之一。

"在很小的年龄我们的球员就要学习识别比赛转换环节。他们知道一旦失球,就要马上紧逼对手把球抢回来。在进攻阶段,孩子们知道传球路线要近,这样我们可以逐步组织进攻。在U9时,他们就知道位置感,还要知道我们抢回球以后要创造角度,这样我们才能从对

[①]欧洲很多俱乐部都把青少年和成年队安排在同一个训练基地训练,这样做可以兼顾很多方面,而且使各年龄组的转换看起来更容易实现。在英国,"青训学院"一词泛指青少年足球。但"青训学院"源于柏拉图时期的古希腊,意思是"学习的地方"。欧洲人相信学习一直会持续至成年。

5 创造C罗：里斯本竞技的超级明星

手的立即围抢中突破。"达马斯在空调的噪音中解释着里斯本竞技多年来成功的秘密。"我们不让孩子们向前开大脚，他们必须从后面开始，面对自己的球门，通过传球组织进攻。"里斯本的方式和波尔图俱乐部的方法类似。"在青少年球队，我们总是尽量集中在我们的比赛模式上，而不是像更大的年龄组那样关注对手。这不是一天就能完成的，我们有几次训练课。比如说一周开始时我们重点练习的是传球，我们从基础开始，然后第二天（星期二）我和我的小组开始进行中等规模训练以及如何连接中场和进攻的训练。星期三，通过7对7练习进行主要训练。我们有90分钟的训练时间，先进行20分钟比赛热身，热身活动都是围绕我们的重点练习安排的，然后我把21名球员分组进行训练。我们会以3对3等小场比赛结束训练，球员要通过进球练习射门得分。"

在波尔图，维托尔·马托斯解释了战术周期化的概念。马托斯是弗拉德的学生，他评论说只有那些跟这位讲师学习过的人才能真正理解如何应用这种方法。然而，战术周期化已经传遍欧洲并被多数优秀教练所用，包括达马斯。"进攻时，如果你控制球，你就向球门进攻，另一个球员应在后面支持，第三个球员应创造不同的传球路线来提供帮助（第三人跑位）。防守时，有相反的原则。最近的球员去抢球拖延对手，一个队友在后面支持，然后在后面实现平衡。波尔图、本菲卡和里斯本，我们都在战术周期化的哲学里推广这种方法。"

虽然实施起来和波尔图有所不同，但战术周期化背后的原则是相同的："在战术周期化中，我们有很多有球训练，这是我们的模式，我们训练的主要内容是传球路线，例如移动和跑位。在这里，我们会在比赛的范围内进行训练。主范围就是比赛，中范围就是小组，例如我们的中场如何与进攻衔接，然后是按照比赛设计的小范围训练。"里卡多带我们走过一个很长的走廊。"如果我们在小范围内想要很多传球，那么我们就练习传球，然后进入中范围衔接中场和前锋。最终进入主范围也就是比赛，进行积极的控球。"

资产之家

在走廊的一个隐秘的房间里，坐着里斯本竞技的全国球探。他们坐在桌边，整理着各自区域年轻人的报告，偶尔停下来打电话询问比赛安排和球员个体的进展情况。世界上所有的俱乐部都有必要建立一个优秀球员的数据库。和英国的情况类似，主要的俱乐部可能同时在同一渠道发现有天赋的孩子。我在国内青训学院工作时发现，最好的球探不是有眼力能发现天才的（那是比较容易的部分），而是那些能够说服孩子家长签约的。"是这样"，达马斯也认为如此，"这些球探在这方面是葡萄牙最好的。"几十年来，本菲卡忽视了他们承担发现里斯本最杰出年轻人的责任，里斯本竞技队则在这方面进行投资。

几个月后，葡萄牙赢得了欧洲锦标赛，队中主力球员都是里斯本竞技发现并培养的球员。门将鲁伊·帕特里西奥、右边卫塞德里克·苏亚雷斯、中后卫鲁伊·冯特、中场球员威廉·卡瓦略、阿德里安·席尔瓦和若奥·马里奥，以及锋线双雄纳尼和C罗（开场不久就被替换为里卡多·夸雷斯马）都来自于里斯本竞技的青训学院。若奥·穆蒂尼奥60分钟后作为替补上场，使代表葡萄牙上场的14名球员中有10名来自里斯本竞技。除了里斯本竞技，没有哪个青训学院能更好地代表一个获胜的国家。

英国的青少年8岁与俱乐部签约加入U9队伍。在葡萄牙，他们14岁签约。因此，本菲卡和里斯本竞技有一个君子协定，不引诱已经口头承诺去另一个俱乐部的球员。如果球员已解除义务（如本菲卡因米格尔·贝罗索的体重原因而与他解除关系），他可以自由地与其他球队签约。"这是俱乐部间的一种协定以避免发生

5 创造C罗：里斯本竞技的超级明星

斗争。波尔图俱乐部没有参与，因为整个北部都是他们自己的，他们在那里发展。"

在房间外面，球探和招募部负责人奥雷里奥·佩雷拉在欢迎一个优秀年轻球员及其父母进到他的办公室。佩雷拉因其为里斯本竞技签下C罗而闻名。俱乐部全国各地的球探发现好球员后会邀请他来进行试训，但由佩雷拉决定是否和他签约。1997年佩雷拉以2.5万英镑从国民俱乐部买下罗纳尔多就是这种情况。"对这样年龄的孩子来说，这是一个相当高的价格。"他在伦敦举办的一次欧洲足球青训学院大会上说："但我们很快就看到了他惊人的球技。他的身体和心理素质也都非常出众。他只身来到里斯本，第二天就主宰了更衣室，其他球员看他就像看UFO（不明飞行物）一样，他们都很敬佩他。"[xxix]

在阳光下奋斗

1997年，这位年仅12岁的男孩从他的家乡马德拉岛出发，沿着非洲西北海岸来到葡萄牙大陆试训。虽然俱乐部通常要用几周时间才有结果，但C罗系上鞋带后的一个小时就被签约了。起初，里斯本的孩子们因为他的口音欺负他，但他对俱乐部的贡献很快就征服了他们。每天晚上训练结束后，年轻的克里斯蒂亚诺都不会回房间，而是选择练习技巧、转身、假动作和射门，一直到上床睡觉的时间。现在在青训营里，人们经常给年轻球员讲C罗那时的故事。那些意志坚定的孩子会模仿他，把大多数时间用在练球上。在他的电影（衡量一个人成功的很好的方法是看他们是否被电影所纪念）里，罗纳尔多谈到他离开家时的情景："我每天哭，因为我想家。我爸爸说'如果这是你想要的，那就去吧。'我们忍受很多痛苦才获得现在我所拥有的。"是逆境带来的奉献精神激励着他不断努力。

　　在马德拉岛,地方议会立起了一座雕像来纪念C罗,并将当地机场以他的名字命名。青训中心的工作人员永远也不会公开承认他们把这当作一个战略(他们不以穷困的孩子为目标),但里斯本竞技已经从穷孩子身上获得了很大的收益。记者汤姆·坤德特曾写道:威廉·卡瓦略在破败的安哥拉人区出生长大,生存是他们的主要任务。他很小就来到里斯本,在街上与更大些的孩子一起踢球。里斯本竞技队非常希望在本菲卡之前签下他,他们让纳尼打电话去说服他。纳尼本人也曾遭遇生活困境,他出生于非洲岛国佛得角,在他很小的时候他的爸爸就离开了家,妈妈也去了荷兰,他被迫与姑妈一起生活。足球成了他的最爱,但直到他17岁才被里斯本竞技签下。那时,他决心已定,一定要获得成功。[xxx]

信息

　　一个年轻球员和俱乐部签约后,他会在各方面得到最好的保障。他会有一个营养学家,营养学家会与他的家人沟通安排他的饮食计划。也会有一个心理学家与他交谈,一个理疗师帮他在训练前进行按摩。在所有这些之外,他会被安排进行最高水平的训练。"我的主要理念是更多地控球,进行大量传球、创造更多机会。"达马斯解释说:"你不能为了传球而传球,要创造能进球得分的机会。这也是里斯本竞技队的理念。"我问他像罗纳尔多和菲戈这样的俱乐部最典型的天资球员属于哪种类型,他很高兴地回答说:"这些球员总是和更大的孩子一起踢,这样他们就必须更快地运球,因为大孩子个子更高、跑动范围也更大。我们不像本菲卡和波尔图那么有钱,所以我们必须要有所不同。俱乐部的主要理念是进行一对一训练。如果在比赛中孩子遇到的情况是1对1,那他们就要带球。这是我们的一个主要规定。"战术是下一

5 创造C罗：里斯本竞技的超级明星

步的工作（什么时候传球、什么时候运球），开始的时候，俱乐部会鼓励年轻球员练习技术。有时俱乐部会为做出最好技术动作的孩子奖励"积分"，有时会组织小场比赛来看谁能表现出最好的技巧。所有的技术动作都以葡萄牙最好的球员命名，幸运的是这些球员大多来自里斯本竞技俱乐部。教练们梦想着将C罗这样的球星作为孩子们的榜样。他们会问："你能做出C罗转身吗？"或"你能做这个夸雷斯马盘带吗？"训练并不是为这项现代比赛量身打造球员，而是里斯本竞技为未来的比赛而训练。里斯本竞技有很多球员能突破场上的各条防线。

"我们有两个球队周末进行比赛，一个在较高水平的联赛中比赛，另一个在常规水平的联赛中比赛。"我们走到室外，阳光非常刺眼。"第一个球队通常赢4个球，而另外一个可能会赢20个球。我们参加这个比赛是因为这对我们竞技队在当地的声望有好处。我们参加的比赛中唯一打平的是和本菲卡的比赛。"那天上午，一些国家级媒体抱怨雷纳托·桑切斯在"里斯本德比"（与竞技队的比赛）中太缺乏经验。然而，桑切斯作为球员在成长过程中最重要的比赛，事实上对于本菲卡所有的年轻球员最重要的比赛，就是和里斯本竞技的比赛。这个平局决定了谁赢得联赛冠军。同样的那些报纸在第二天又盛赞桑切斯在本菲卡获胜中的作用，因为这些媒体不知道青训学院的球员要有多么精湛的技术才能适应这种比赛的要求。我们到达训练场时稍作停留，看到有一组年轻球员正在用两个小球门进行3对3比赛。"我们会进行大量的比赛。"达马斯解释说，"这是贯穿各个年龄组的内容。"

"我们进行一些1对1练习，但训练的主要部分是让孩子们比赛。我们的孩子知道他们可以一直带球。在葡萄牙，有很多教练认为他们可以通过'你可以一次或两次触球'来培养年轻人，但这对球员不好，因为他们会变得千篇一律。我们会让孩子们进行大量的控球练习。"达马斯说，实践出真知，他们培养出来的边锋是无敌的。那些训练课上进行各种限制训练的教练通常对球员有害。虽然限制有时会提高练习节奏，但真正的足球比赛是没有限制的。里斯本竞技用放任自由的方法告诉那些渴望培养C罗的青训学院应该如何走他们的路。

我们在训练中心的访问要结束时，里斯本竞技B队正在阳光下进行着训练。苏格兰的年轻球员瑞恩·高尔德正在进行练习，他已经克服了搬家带来的语言问题。他的葡萄牙队友叫他的名字时都带有阿伯丁人口音，不是学他，而是因为他们听到他自我介绍时就是这样的。训练内容是定向练习，两个中场队员半转身接传球，然后传向前方。里斯本竞技B队是连接青少年培养和一队的阶梯。联赛的竞争性帮助了葡萄牙国家队。里卡多说，他们的U21球队已经有3年不败的战绩。事实上，在那十年间每一个在国际主要大赛上夺冠的国家（西班牙、德国和葡萄牙）都有国内的B队。有意思的是，葡萄牙乙级联赛的赞助商是一个叫雷曼的照明公司。作为赞助的一部分，雷曼要求每个俱乐部要有中国球员，而且要培养中国教练。这样的投资与波尔图B队、里斯本竞技B队及本菲卡B队的参赛，大大刺激了联赛的国家利益。

里昂问题：在街头的时间

这里欢迎中国的资金。葡萄牙社会努力保持着财务安全，虽然听起来不太好，但从体育的角度看确是可以受益的。通常较弱的经济情况和青少年户外运动参与度有正相关的关系[1]。美国很多优秀的篮球选手来自加利福尼亚的贫民窟。多数短跑金牌得主是穷困的牙买加人，而足球自传通常都是由"我们小时候很穷"开头。理查德·威廉姆斯意识到经济贫困所能激发的益处，在他的女儿们

---

[1] Gentin, S (2011). 'Outdoor recreation and ethnicity in Europe – A review'. Urban Forestry & Urban Greening. 10 (3), 153 - 61.

5 创造C罗：里斯本竞技的超级明星

出生前他就写了一份75页的计划，要将他的女儿培养成国际网球明星。他的计划包括把家从舒适的长滩搬到穷困的康普顿。在那里，他与当地的流氓商量把网球场用作打网球而不是买卖毒品。塞雷娜和维纳斯亲眼看到她们的爸爸在两年多的时间里经常被流氓团伙成员殴打，但最终他取得了胜利。[xxxi] 他说："我去康普顿的原因是我相信最伟大的冠军来自贫民区。"

这可能是卑微地位社会经济学环境的极端案例，但在贫困环境中长大对一个人性格的无形影响是可见的。穆罕默德·阿里、迭戈·马拉多纳和勒布朗·詹姆斯等优秀的体育明星，通过困境磨炼了坚毅的性格。足球只需要有一个球就可以参与，是一项适合穷孩子的运动。

然而，葡萄牙似乎与这个规则相矛盾。多年来，这个国家对外一直显现着迫在眉睫的经济灾难、负债率不稳定、需要欧盟的援助。虽然经济背景不佳，但年轻人并没有走到街头。在这样的典型环境下，孩子们没钱再沉溺于电子游戏，理应经常参加充满想象力的室外娱乐活动。达马斯讨论着全球的街头足球问题："从文化方面说，孩子们不像以往那样在沙滩上或街头玩耍。家长要工作更长时间，所以孩子在学校待到很晚。我小时候可以到沙滩上和邻居们一起踢球，现在没有孩子在街上踢球，因为车太多，城市在扩张。"年轻一代被困在室内。"我出生在海边，下午会骑自行车去海滩玩，晚上会在街上踢球，现在的孩子不会那样。我去参加训练时，已经玩儿了三四个小时了。现在的孩子只有在青训学院的训练，其他的练习时间为零。"

里斯本竞技是尝试再现街头足球的众多俱乐部之一。"我们现在的目标是让他们去玩儿。我们相信孩子是通过玩儿学会比赛的，所以我们给他们安排很多非正式组织的时间。C罗和菲戈小时候都在街头踢球，富特雷和西芒也都一样。现在的孩子没有可以去踢球的街道，所以我们的工作是重新创造那种足球——较少的规则、较少的组织，只是玩儿。我已经开始给他们一些位置的概念，但并不是很认真的，我只是希望他们玩儿起来。"

赛季结束时，本菲卡获得冠军，里斯本竞技排名第二。在阿尔瓦拉德球场（里斯本竞技队绿色的大体育场，与本菲卡红色的光明体育场只有一公里的距离），竞技队最后一场比赛安排了几名在青训学院获得好成绩的年轻球员上场。主场球迷欢欣鼓舞，似乎他们才是真正的冠军。"在本菲卡你做不到这点。"达马斯说。里斯本竞技球迷知道，有一天这些年轻人将成为他们在新赛季和更繁荣时代的收获成果。

6 通往欧洲的门户：本菲卡飞鹰

鲁斯·马罗索，是几天前刚给他起的化名。在阿尔加夫躲藏的两周期间，他感觉自己像一个囚犯。本菲卡把他藏在那里，以躲避对手里斯本竞技俱乐部对他所有权的竞争。他的真名是尤西比奥·达·席尔瓦·费雷拉（简称尤西比奥）。他被本菲卡从莫桑比克带到葡萄牙，但当时他代表的省级俱乐部——马奎斯竞技队，是附属于他们在里斯本的竞争对手竞技队的。本菲卡用了5个月的时间落实了这项交易。多年后，尤西比奥表达了对里斯本的归属感，这是一个从来没允许他离开的家。阿尔弗雷多·迪·斯蒂法诺多年后怀念说："对我来说，尤西比奥永远是史上最伟大的球员。"这也许强化了他在那个年代的影响。阅读本章内容的同时，可以思考本菲卡的那些成就、欧洲杯的胜利及其全球的盛名，是如何让竞技队使用绿色的。毕竟，历史有时是由一些敏感的条件所铸就的。

曾经，渡船穿越湛蓝的塔霍河，将工人从里斯本送到塞沙尔去采摘水果、酿葡萄酒。探险家瓦斯科·达·伽马就是从这里筹划了他穿越大西洋和印度洋的航海之旅。现在，通往塞沙尔的渡船将里斯本人载到本菲卡一流的训练中心——Caixa训练营。这是设计师的梦想。这里的一草一木都是按规划精确设计完成的。为不同年龄组安排的六块场地尺寸逐渐扩大，向塔霍河延展开来。教练们说："你的梦想是接近水。"一队的场地就在河岸上，鸟瞰着里斯本，十分国际化。设计师想让球员看着他们所代表的城市在远处熠熠生辉。

诗人可能会带着模糊的情感写出大量赞美塞沙尔的诗篇。这里总是阳光明媚，人们也都很快乐。真是如此，甚至在其他地方通常板着脸的保安员也微笑着，用蹩脚的英语比划着说。"谁？"他们问。"桑德罗·凯瑞科。"我回答说。他们请我进到门里，示意我在接待处等候。这是一个很大的玻璃房间，抛光大理石地板，豪华家具。一面墙上挂着一幅画，是从烈焰中飞出的雄鹰，看起来像只凤凰。鹰的下方是"EPluribusUnum（合众为一）"，指的是本菲卡成千上万的会员。2006年，本菲卡作为世界上球迷最多的球队入选"吉尼斯纪录"，后来这一头衔被拜仁慕尼黑抢走。在葡萄牙本菲卡仍然是最受欢迎的球队（总人口的50.3%支持他们），以前在他们非洲的所有殖民地也一样，如莫桑比克、佛得角和赤道几内亚。在安哥拉独立战争期间，本菲卡比赛时战场上双方会停火，当地人和殖民者会停战，并通过无线收音机收听比分。

内部

桑德罗笑着走过来，他是本菲卡实验室的成员，这里是俱乐部的心脏。他从2013年开始就是这里的运动科学家。桑德罗和他的同事弗郎西斯科都是20多岁，两人将是我们这一天的向导。他们是年轻一代有学问的思想家，从事足球幕后工作。走廊的墙上挂着本菲卡称霸欧洲时代的黑白照片。走廊照片墙开始是尤西比奥、阿瓜斯和科鲁纳，而走廊的另一边则是鲁伊·科斯塔、巴勃罗·艾马尔和奥斯卡·卡多索的彩色照片。"队员们从这里走过，一定要受到我们历史的激励。"桑德罗说。这里的一切都是一流的，是现任主席路易斯·菲利普·维埃拉为了使本菲卡再次回到世界足球巅峰而资助的。本菲卡不再是一个买卖球员的俱乐部，相反，主席要求对俱乐部的基

6 通往欧洲的门户：本菲卡飞鹰

础进行投资。俱乐部哲学的转变使本菲卡留住了很多年轻球员，不需要再买那么多外国球员，并可以避免第三方有权交易。俱乐部对核心项目进行投资，甚至在塞沙尔建了一个退休之家供退役球员居住，他们可以自由使用相关设施，传递他们的智慧并使退役后的生活更有目标。

本菲卡的邻居里斯本竞技开始担心他们自己的发展。多年来，本菲卡忽视了他们作为城市代表的责任，忽视了很多有天赋的年轻球员。竞技队知道自己是里斯本第二的俱乐部，但却能树立起青训摇篮的声望。事实上，本菲卡有开放的人才库来选材。如果本菲卡在这方面投资，他们也会拥有主动权。《世界足球》杂志的汤姆·坤德特解释说："球迷对若热·热苏斯（从本菲卡转投到里斯本竞技队的教练）很不满，因为他不信任葡萄牙年轻球员，尤其是安德烈·戈麦斯和伯纳多·席尔瓦（加盟摩纳哥俱乐部）这样非常优秀的球员。他总是喜欢使用经验丰富的球员和南美球员。主席说他想利用失去若热·热苏斯的机会，将本菲卡重点转向培育年轻球员。现在他们已经培养出了雷纳托·桑切斯。"2015年也是这个城市里两个俱乐部明显转换思路的一年。里斯本竞技不愿再生活在阴影下，决心去取胜，而本菲卡则转向青少年培养。

能力分析

我们走过更衣室和教练办公室，来到一个没有窗户的小房间，进门要输入密码。关于这个分析部，桑德罗说："通常我们只允许主教练和主席进入这里。"这是一个狭窄的房间，4张桌子间几乎没有空间，他们戴着眼镜坐在那里看着足球比赛，屏幕的亮光照着他们的脸庞。远端墙上5台电视机放着不同的比赛。努诺·毛利西奥起身和我握手，他又高又瘦，1995年来到本菲卡当教练，现在是分析主管。他在俱乐部的这些年见证了足球翻天覆地的变化，当时能力分析的想法还很初级，大多依靠记事本和自己录制的录像。

欧洲足球成功的秘密

有人说足球的数据和能力分析起始于20世纪50年代，前英国皇家空军指挥官查尔斯·里普曾记录了约3000场比赛的数据，他发现80%的进球只有3次或更少的传球。他对数据解读后认为俱乐部应该简单地尽快向前传球，这也造成实践中教练们追求长传的结果。

这种想法使技术和技巧变得不重要，高个子、体能好的球员占据优势。里普发现的一个数据确实对本菲卡（和其他多数精英俱乐部）适用，那就是60%的进球发动于对方球门前35码以内的区域。现在的很多俱乐部，尤其是在葡萄牙，丢球后会在前场迅速逼抢，以便尽可能在对方球门附近赢得球权，这被称作"反抢"。

我曾听过Prozone数据科学家保罗·鲍尔做过的关于能力分析的一次课，课的题目是"球员间的量化行为和动态关系"。他的演讲使人看到开拓创新的潜力，他还演示了这一领域所取得的进展。鲍尔解释说基于对场上行为的理解，数据有其两面性。鲍尔的案例恰如其分：跑动创造进球空间的球员不会得到赞赏。鲍尔的公司创造了能够识别球员在任何时候应该怎样做出最好决定的技术。丹尼斯·博格坎普在整个球员生涯中创造的进球机会和他的进球数几乎一样多。他能将防守球员吸引到混乱的位置从而为蒂埃里·亨利创造进球机会。然而从数据上看，如果是帕特里克·维埃拉传的球，博格坎普则不能达到这样的效果。在博格坎普的自传里，他说："我考虑很多战术和后卫的位置问题，考虑找到弱点……我很喜欢用这种方式踢球。"但他的跑动没有被量化。Prozone技术抓取某种情况的可预期结果，使用数据让球员看到最好的选择是什么。俱乐部现在使用的就是这种类型的数据，当然已经从里普的记事本进化了很多。

本菲卡实验室成员是俱乐部从里斯本大学不同体育科学课程中挑选的年轻天才。俱乐部和教授们联系，选择最专心、最敬业的学生来带薪实习。如果他们积极肯干、具有足球理解力、支持本菲卡，而且取得好成绩，就可能会被全职聘用。对于桑德罗和弗郎西斯科等人来说，能在这里工作是梦想成真（也许这就是他们总面带笑容的原因）。这一代的年轻思想家慢慢被足球所拥抱，整体上对这项运动是有好处的。

本菲卡实验室被分成4个部门：生理机能、营养、观察和能力分析（OPA），以及心理物理学。心理物理学是运动科学的一个新的分支，研究心理激励和身体能力之间的关系。足球还没有完全挖掘科学的潜力，但至少现在还在尝试。

OPA部门

观察和能力分析（OPA）部门的职责是将对手和本菲卡的表现整理成报告。报告需要是书面的，也要有视频。对于赛前报告，OPA将分析对手3~12场比赛，这取决于对手的特点和对比赛的期待，以及可获得的资料。"我们要和哈萨克斯坦的一个球队比赛，找不到比赛录像，所以我们只能去那儿看他们的比赛。"努诺回忆说。这是战术周期化过程的一部分：收集对手一个月的比赛数据，整理到一起，并在员工会议上交给助理教练。一队的教练们会和OPA部门成员讨论这一周的训练方法。一份视频报告将会提供给助理教练，他将和主教练一起决定最好的取胜战术。之后将会和大家分享赛前信息，助理教练将讨论定位球的进攻和防守，主教练将与球队讨论主要战术布置。

星期天晚上比赛结束后，OPA部门要反复观看比赛3~4遍，记录哪些地方表现良好、哪些地方不好。给助理教练提供的视频报告将帮助其组织训练，根据刚刚过去的以及即将到来的比赛来安排一个周期。分析部门提供建议，教练团队考虑然后实施。努诺说："我们的工作是从橙子里榨出尽可能多的汁来。"他指的是比赛数据。聘用到这里工作的人并不是有资格的战术师（分析课程在足球教育里仍然是一个缺口），但他们却是有战术意识的教练，俱乐部会根据他们的实习表现、业已具备的足球知识而考虑聘用。最初，一个好的能力分析师需要精通科技，如摄像机、平板电脑、应用程序、编码和解码。他们不看球的运行，而是看球周围的人，看球员在某种环境下作为一个整体的反应和行动，就像聚在一起的鱼群一样。他们的工作就是分析球员们在各种情况下的功能性运动，仔细观察失误和可利用的弱点。

数据库

现在，球员们会拿到短视频报告，赛前可以在酒店房间里用Ipad观看，这也相当于某种作业。"这是你将要对阵的选手，这是他擅长的，以及你可以怎样击败他。"努诺和他的团队每天工作10个小时，每周工作7天。他委派任务并给员工简单介绍目标。在各项任务间歇，他的团队持续地更新本菲卡的数据库。从名字可以看出，这是一个关于全球范围球员和球队的庞大的数据系统。他们记录整场比赛，以及比赛中关键时刻，找出对手的优势和弱点。数据库里有2000名球员，但努诺坚持认为这不是一个球探工具，俱乐部有独立的部门做球探工作。数据库中针对每个球队收集整理30~35页信息，详细记录攻防转换、定位球模式、界外球速度和路线，以及进攻和防守结构。数据库甚至还记录人的性格特征，如教练和他的球员的个性，以及他们的波动性（因此可能获得黄牌）。边际收益决定成败。

和很多其他俱乐部一样，本菲卡俱乐部也有WyScout，即全球比赛和球员目录，但他们还是倾向于建立自己的数据库作为内化知识的方式。他们用高清摄像机拍下比赛全景以便记录整个场地上发生的事情，而不仅仅是关注球的位置。正如克鲁伊夫所说："数据证明，球员实际控制球的平均时间为3分钟。因此，最重要的是你没有球的87分钟做什么。"本菲卡的摄像机与WyScout的录像内容不同，他们记录的是比赛中所有转换环节球员在做什么，无论有球无球，而不仅仅是控制球的场面。

有两种形式的数据本菲卡都会收集，一种是视频数据，关于优势和弱点的；一种是数字数据，突出趋势。本菲卡用数字及视频来提供支持。例如，努诺给我们看了成功传球进入对方区域的数字（5）。

6 通往欧洲的门户：本菲卡飞鹰

"现在看一下。"点击数字，2D的点出现在屏幕上，显示着传球的顺序，也就是点对点的传球。如果OPA想进一步分析这些变化，他们可以看录像的顺序并确定是什么使其成功，无论是切入传球还是带球突破防线。"我们把这些信息形成报告交给助理教练。"

机器

我们往外走时，努诺说："丹尼尔，在你走之前，我们得给你看样东西。"他、弗郎西斯科和桑德罗陪我一起沿着一条碎石路走下去，穿过一排新栽的樱桃树来到一块空旷的地方。在那边，单独矗立着一座小型现代建筑。我们走进去时，他们互相笑了笑，看到我一脸茫然，大笑起来。"这花费了我们一百万欧元。其他队都没有这个。"这是一个360°足球室，四周都是LED屏。本菲卡B队的一名球员在屋子正中间接着机器的传球，他控球后传到一个闪烁的大长方形中间。他的教练站在机器旁边的影子里，像科学家一样在剪贴板上记录着信息。那个年轻球员是刚从塞尔维亚签约来的，名字叫卢卡·约维奇，本菲卡对他寄予很大期望。

约维奇和他的教练离开后，努诺打开灯，灯光照亮了屋子的每个角落。中间是一小块3G人造草和白色圆圈，四周是厚实的黑色拦网墙。"多特蒙德有一个和这个差不多的，但我们的更好。我们这个有100多个不同场景。"桑德罗说。空地四周是沟槽，把球收集到一起重新给机器加载。四个角落各有一个机器，以不同的速度和轨迹将球射向场内。如果将"水平"（或场景）设定为凌空射进到球门一角，球就会发射到大腿的高度。教练输入位置、高度和每名球员的年龄等信息，机器会编制相应的场景来对他进行训练。机器会记录所有训练信息以便教练能看到他是否有提高。球员得到高分后，比如80%，机器就会增加难度。用不了多久，那些热爱足球的亿万富翁们就会在他的后花园安装360°足球室了。

欧洲足球成功的秘密

努诺把他的笔记本电脑插上,笑着说:"好吧,现在该你了。""我?"我指着我的鞋和穿着拒绝着:"我穿成这样不能踢球!"这只是弱弱的抗拒,但内心还是十分好奇要试试约维奇刚刚进行的练习。几秒后我就站到了场地中间等着灯光逐渐变暗。随着灯光渐暗,我的紧张感也逐渐下降,等着球的到来。第一级要求我听机器发出的哨音,告诉我球来自何方,然后我要控制球,将它传给LED上跑动的队友。

首先,为了给我展示这部机器的功能,努诺设置机器以约每小时60英里的速度给我传球。球从我脚下弹到长边的沟槽里。他一边笑着一边道歉说:"这应该直接射门的。"然后他提高了一个级别,10颗球分别从左右两边传给我。我需要控制球、抬头看,然后将球射到亮起的球门角上两个红色长方形框的一个里。我站在那儿等球时,周围传来了观众的呼喊声。"我们想这可以让球员尽可能有真实的感受。"努诺说。每次我得分机器都会发出观众欢呼的声音,使我感到越来越有信心;但没射中时,机器也会发出起哄的声音,使我感到紧张。"阿里·迪亚当时肯定是这个感觉。"我在一阵阵的噪音中暗暗对自己说道。

我们走到室外,来到里斯本的阳光下,桑德罗自豪地说:"住在这里的年轻球员可以随时到这儿练习。"这似乎很有开创性,是对未来的清晰把握,这毕竟是本菲卡重点关注的。这里的员工都是年轻的天才,设施很先进,年纪大的球员在这儿也可以找到他们的家。阳光照耀在塔霍河边的树上,闪闪发光,这是一种象征。他们在那里代表了精英,代表了本菲卡作为葡萄牙甚至更大范围内最好球队的形象。参观过后,你会感觉到,如果足球的财富等级允许,本菲卡会是世界上最好的俱乐部。

7 巨人阴影下的亮光：
帕克、巴列卡诺和抵抗哲学

莫里蒙多的尼古拉斯："我们不再拥有古人的学识，巨人时代已经过去！"

巴斯克维尔的威廉："我们是小矮人，但却是站在巨人肩膀上的矮人，虽然我们很小，但有时我们能比他们看得更远。"

——安伯托·艾柯[①]《玫瑰之名》

我去访问巴列卡诺闪电足球俱乐部时，帕克·赫梅斯是这个特殊俱乐部的特殊主教练。巴列卡诺的氛围是很积极的。是的，巴列卡诺是在进行保级之战，但他们已经适应了。每个人都认为他们能成功保级。然而，在赛季最后一天，其他队的比赛成绩使他们降级了。帕克站在那里，哭了。他知道经过4年的努力后，他将要离开了。每个赛季，巴列卡诺都是西甲联赛最穷的队伍，每年预算只有约550万英镑。赌博公司顾问总是建议赌他们降级，但他们对得起拒绝足球资本的球迷，排除万难获得保级。之前3个赛季排名第8、第12和第11，甚至在帕克执教的第一个赛季获得参加欧联杯的资格，但因太贫困没能参加。巴列卡诺享受阳光的日子虽然很短暂，但却因两个原因而让人们兴奋：球迷和主教练。这两方面独特的组合稀少而完美，永远向

---

①Eco, U (1980). Il nome della rosa. Italy: Harvest.

欧洲足球成功的秘密

那些持怀疑态度的人竖起了中指。

小时候，帕克·赫梅斯常看着他的爸爸在拉斯帕尔马斯山坡上别墅的琥珀色灯光照耀下，随着响板、鼓掌和轻音吉他在舞台上跳舞。他惊叹于观众对他爸爸的弗拉门戈舞的反应，并决心自己长大后也要从事表演。帕克只是想创造美。但生活为他进行了其他安排。

帕克成长为一名有天赋的足球选手，十几岁时就被科尔多瓦队从大加那利岛带到西班牙大陆的安达卢西亚。他的球员生涯很成功——代表西班牙参赛21次，获得3个国王杯，一次在拉科鲁尼亚，两次在萨拉戈萨（2004年他在巴塞罗那的奥林匹克体育场看台上观看了年轻的比利亚击败拥有菲戈和齐达内的皇家马德里）。赫梅斯被认为是一个作风硬朗、不拖泥带水的后卫，在他那个年代很典型。直到他退役以后，里奥·梅西才首次在巴塞罗那登场，安德烈斯·伊涅斯塔才成为"tiki-taka"短传渗透的一环，这也被很多人看作是西班牙技术辉煌时代的开始[1]。在帕克的年代，西班牙足球是硬朗型的。但作为球员，他希望创造美。20世纪90年代在拉科鲁尼亚时，他的教练约翰·托沙克指导他要简单化，不要从后场组织比赛，直接将球踢出去。有一天训练时，赫梅斯走到受伤的威尔士人身边说："先生，我踢球时很疼。"托沙克上下打量着他说："帕克，你踢球时我们大家都感觉到疼。"[xxxii]

赫梅斯并没有受到影响，他继续传球给中场组织进攻，1996年传球给弗兰和贝贝托，1997年将球传给从帕尔马签约而来的年轻的里瓦尔多。"在萨拉戈萨，我会把球传给基利·冈萨雷斯看他的魔术表演。"他在巴列卡诺训练基地的新闻中心对我说。我在那儿访问时，他是那里的主教练。我是因为他在巴列卡诺所形成的足球风格才被吸引来的。2013年9月，赫梅斯成为巴塞罗那（5年）316场比赛里第一

---

[1] 对很多人来说，"tiki-taka"（传控打法）不是被人们误解的比赛的哲学，而是"阵型打法"的视觉表现形式。

个掌握更多控球权的教练（51%~49%），而他的球队是由自由转会球员、租借球员和老将们拼凑而成。他的风格被称为"位置打法"，类似于瓜迪奥拉在巴塞罗那形成的风格。他的打法吸引了世界上的战术爱好者关注西甲这支最穷的俱乐部。

有人问这是怎么做到的，赫梅斯解释说："控制球取决于两件事。首先，你能控制球多长时间？其次，你允许对手控制球多长时间？很多人认为控制球只是拿球，但也在于你能以什么速度将球抢回来。所以，我们对阵巴塞罗那做得好的地方在于我们不仅能较长时间控制球，而且能很快将球抢回来。我们逼迫他们进入我们防守更强的区域。"帕克以巴塞罗那的比赛方式击败了他们。虽然控制球不等于成功，而且有时会造成困扰，但球队夺走了巴萨最厉害的武器——控制球，帕克逼迫他们进入一个不熟悉的环境。虽然输了比赛，但他还是赢了。后来，球迷在回家的路上都在谈论赫梅斯是最适合这项工作的，而不是阿根廷人赫拉多·马蒂诺。

访问

巴列卡斯，马德里的邻居，也是巴列卡诺闪电俱乐部的主场，是这个城市最左倾的地区。这里感觉有点像20世纪70年代的布鲁克林，有大片新拆掉的公寓楼形成的空旷区域。小范围的沙尘暴呼啸着吹到你的眼睛里和嘴里。当地的孩子们在废墟中玩耍，流浪狗坐在一旁看着。巴列卡诺的训练场地——体育城，是这片区域中间的一座现代建筑。在我参观过的所有俱乐部中，没有哪个俱乐部的设施这么充满矛盾。通往训练基地的大门一直无人值守，这些场地对当地社区是开放的。

随着贝贝的红色法拉利停好，一队的训练就要开始了。巴列卡斯的孩子们在停车场里踢着球，显然忽略了朝大门走去的这位前曼联球员。几秒钟后，球被踢到贝贝的红色跑车下边，孩子们没有（像人们想象的那样）因为害怕而跑掉，而是让个子最小的孩子用腿从车下面把球踢出来。很多人可能也干过这样的事，但不会是法拉利车。

从U9到一队的所有年龄组同时开始训练。这里的场地从左向右越来越大，象征着通向职业足球的阶梯。家长们站在场地边的一条长长的跑道上观看着训练。对巴列卡诺来说很悲哀的是，年轻球员到18岁时，最好的都被皇家马德里和马德里竞技选走了。为了表示友好，两个俱乐部都会把18岁的球员租借回巴列卡诺，以使他们有一队比赛经验。因为帕克·赫梅斯给他们的战术教育，几年来租借的标准也有所提高（2014年马竞协商将萨乌尔·尼古斯租借给巴列卡诺作为他提高的一部分）。在跑道中间的位置有一个咖啡馆，可以俯瞰一队的训练场地。我就是在这儿和我的翻译尼尔·莫兰见面的。贝贝也在那儿，还有另一个前曼联球员马努乔。他们欣然和年轻球员的家人自拍着合影，他们理解巴列卡诺需要这种友好的氛围生存下去。这两个球员过去在隐蔽在大片树林后面的卡灵顿足球基地进行训练时，是没有人能接触到他们的。在这里，他们属于人民。

什么塑造了帕克

球员们坐在上面的咖啡馆里放松时，帕克在安排着他的训练课。他要布置整个场地，虽然有教练团队在等着帮忙，他还是坚持自己进行全部的安排。在他的头脑里，他想着两项练习之间的转换，标志物之间的距离以及可能会产生的效果。赫梅斯是一个完美主义者。每个优秀的主教练都有一队的教练组帮他们安排训练课，主教练"亲自上手"意味着每周零星安排几次训练课，给队员们提点建议。几周后，我在慕尼黑看到赫梅斯的同胞及哲学志趣相投的佩普·瓜迪奥拉（被认为是"现代教练"的典型，而非传统主教练），但即使那时，瓜迪奥拉也是让他的得力助手洛伦佐·博纳文图拉布置场地并安排训练。

赫梅斯坚持对训练的掌控。他的方式绝无仅有，甚至有点变态。

7 巨人阴影下的亮光：帕克、巴列卡诺和抵抗哲学

我和尼尔看他重新摆放假人和标志物就用了大约10分钟。他用肩膀扛很重的金属球门并摆放好，然后蹲下来，围着打量，仔细观察它们的位置，似乎是现代艺术品。年轻的教练们也注意到他对工作的敬业。训练课开始后，跑道上很多家长的目光从他们的孩子那儿转移到了赫梅斯的身上。

赫梅斯的练习从热身到分成两组的"回旋曲"（球员在一个小区域里努力控制球的对抗练习）。"回旋曲"练习被对称地安排在两边，每组又各分成3个小组，每小组4人。球员在一个长方形区域里进行4对4练习，另外4名球员在长方形外面等待传球（对有球一方就成了8对4）。帕克面对一组站在那里，同时专心地听着身后一组的练习。几分钟后，他转身吹响哨子，声音非常大，连场上最远处的孩子都停了下来。他对身后一组练习的声音十分愤怒，因为他没有听到足够快的传球的声音，他喜欢那种"嗒嗒嗒"的快速传球的声音。他大声喊叫时，那些职业球员都像学校里淘气的孩子一样低着头站在那里。经过干预，帕克所要求的训练节奏已得到有效提高。正如里努斯·米歇尔斯所说，标准总是可以从95%提高到100%的。

接下来的训练是11对11的对抗练习。赫梅斯要练习的主要内容是加强进攻，为有球队员创造不同选择。从上方看下去，有点像下棋，每名球员像棋子一样被摆布着。这时，U8的球员结束训练后坐在场边观看，他们是俱乐部培养的小巴列卡诺球迷。防守球队在踢四后卫，所以帕克安排3名前锋站在4个后卫中间的通道上，这样就会逼迫后卫往后退，防止他们对球进行逼抢（他们知道身前身后都要进行防守）。帕克的球队从守门员开始组织进攻。他的两名中后卫压得非常靠后，经常会和守门员一样站在底线上，这3名球员比其他任何人的传球都多，并通过传球寻找向前推进的机会。控球阶段开始得越靠后，中场球员可以利用的空间就越大。然而，和预期的一样，从这个地方组织的比赛也会比较密集。

帕克会给出一个解决方案，在球回传给守门员时喊出一个数字。作为美国化的一个示例，他喊的这个数字会触发一连串的动作。拖后

中场从中后场向中圈处压上，将防守队员拉开。中场队员没有按双中场战术通常的做法回来接守门员的球，而是向左边拉开，从而在左翼形成人员密集区域。随着守门员向后迈步，他准备将球传向人员密集区域，左边卫贝贝跑到禁区边接守门员的球。盯防贝贝的右后卫意识到还要防守贝贝身后的区域，但他通常会很谨慎地判断是否要进入陌生的进攻区域，所以会选择让贝贝去接球。这样葡萄牙人就可以自由地接球、转身，并带球向前。这个三角形的轮换几乎欺骗了所有人。如果读者都觉得有点迷惑，防守起来就更是这样了。

帕克的执教哲学

尼尔非常喜欢足球，接下来的工作使他很兴奋。尼尔几年前搬到马德里来研究西班牙足球是如何发展的。接下来，他很快就熟悉了帕克的光环——帕克在这个城市和C罗一样有名。然而虽然尼尔是一位足球人，或可能因为他曾经是足球人（尼尔曾为卡兰卡的米德尔斯堡队观察马德里），但他依旧很渴望见到赫梅斯这样的前辈。"请一定代我向艾托问好。"帕克在介绍的过程中说他和卡兰卡很熟。足球圈很小。我们在新闻发布厅和帕克见面，他曾在这里恐吓过记者。帕克身体健壮、光头、目光坚毅，被人们称作"斗牛犬"。他不讲英语，但我和尼尔在我们见面前就讨论好了采访主题——发现帕克执教哲学的重点。

《牛津字典》对哲学的定义是"作为行为指导原则的一种理论或态度"。这一术语是20世纪90年代由足球思想家约翰·克鲁伊夫和路易斯·范加尔在足球圈里普及的。对他们来说，他们的哲学一方面使他们自己与众不同，一方面是作为他们信仰的一种表达方式。在赞扬其他人取得的成功时，他们不会赞赏个人，而是会表扬他们的哲学。足球哲学已经成了这一现代运动的流行词，但却又因为过度使用而变得不那么可信。

7 巨人阴影下的亮光：帕克、巴列卡诺和抵抗哲学

每个教练都有其足球哲学。足球哲学也可用于和球队的沟通、年轻球员的使用、战术方法、媒体应对以及对俱乐部未来的整体设想。主教练通常会在面谈过程中用PPT演示文件介绍他的哲学，如果董事会认为他的哲学和他们的一致，他们就会给他这份工作。现在，球迷们能够区分出不同的管理哲学，如何塞和尤尔根的不同的哲学。

首先，帕克说他的哲学是控制球，但他不希望为了控球而控球，因为那是没用的，他还希望利用控球来操纵和控制对手。帕克的球队采用的是比较复杂的比赛模式，称作"Juego de Posición"（JdP，位置打法）。在马蒂·佩拉纳乌写的《佩普机密》一书中，瓜迪奥拉向作者解释说只有巴塞罗那、拜仁慕尼黑和帕克·赫梅斯带领的巴列卡诺有勇气采用位置打法[1]。

目前，我们很难准确指出位置打法的起源。把球传给队友是19世纪在苏格兰发明的一种替代长传的方法，20世纪60年代，里努斯·米歇尔斯发现了空间和创造空间的方法。自从这种打法在格拉斯哥女王公园出现以来，历史上许多球队都展现出这种风格的不同方面。每一支球队（哈德斯菲尔德、汉维特、阿贾克斯、巴塞罗那等）都为位置打法加入新的元素，逐渐发展着这种风格。这些球队和教练都渴望达到同样的结果——在各条线之间形成数量优势（在各条线后面有两个或更多的球员来组合和保持控球），但却有不同的做法[2]。

现代版的位置打法是约翰·克鲁伊夫于20世纪90年代在巴塞罗那首次使用的，并由路易斯·范加尔加以改进，但两个版本有所不同。路易斯·范加尔说："每个球员都需要知道自己的位置，这就是为什么需要相互理解，因为你需要绝对的纪律。这是一项由22人参加的运动，有11名对手作为团队在比赛。每个人都需要知道他必须打败谁，并随时支持他的队友。"[xxxiii]

佩普·瓜迪奥拉是1992年和1997年克鲁伊夫和范加尔带领的巴

---

[1] Perarnau, M (2014). Pep Confidential. 2nd ed. Edinburgh: Arena Sport.
[2] 根据加雷斯（Gareth Flitcroft）的研究。

欧洲足球成功的秘密

塞罗那队的杰出球员。瓜迪奥拉非常勤奋好学,他似乎把自己的职业生涯看作是某种学徒经历。然而,直到2005年他搬到墨西哥,在圣拉诺亚结束了他的职业生涯时,位置打法才开始流行。在那里,瓜迪奥拉与西班牙理论家胡安·曼努埃尔·利洛合作,两人在训练后会聊几个小时,讨论控球的重要性以及如何才能做到这一点。"我和佩普的想法是一样的,从位置上获得优势。如果不能过掉对手,在各条线之间踢得再好有什么用呢?"利洛说。[xxxiv]

从历史上看,足球战术的大部分演变都涉及阵型变化,比如20世纪20年代赫伯特·查普曼的3-2-2-3到20世纪50年代马顿·布科维2-3-2-3的转变。位置打法是不同的。在位置打法中,阵型是无关紧要的,瓜迪奥拉将它看作是没什么用的电话号码。在位置打法中,球的位置决定了球员移动的位置,而不是球被球员在某种阵型内移动。例如,如果球在禁区边缘,球员就会把自己固定在某一特定区域;如果球向右运行,他们就会进入新的预定位置。

在2009/10赛季,塞尔吉奥·布斯克茨成为瓜迪奥拉带领的巴塞罗那的核心球员,他不断地使自己定位在球预计到达的位置,从而保持了控球。虽然很年轻,但布斯克茨却和巴西的苏格拉底一样,认为聪明的球员不需要冲刺跑,他们应该已经选好了正确的位置。在接下来的几年中,多特蒙德的托马斯·图彻尔、塞维利亚的豪尔赫·桑保利,以及瓜迪奥拉、利洛和帕克·赫梅斯都采用了"位置打法"。"位置打法就像是一个乐谱,由每个球队以自己的节奏来练习,但是在对手的每一个压力线后面都要形成优势。"马蒂·佩拉纳乌告诉阿丁·奥斯曼贝斯克。

在位置打法中,球场被划分为不同区域。球员们有责任在这些区域充分发挥,并且在他们接到球后知道把球传到哪里。那年早些时候,我在伦敦的"灵感"活动中从苏格兰教练基兰·史密斯那里了解了位置打法。史密斯曾在马德里生活多年,并执教当地的艾科坎俱乐部。他也研究了西蒙尼的马竞,并观看了帕克的巴列卡诺。

史密斯向观众强调,在位置打法中,是球的位置在控制球队。他

7 巨人阴影下的亮光：帕克、巴列卡诺和抵抗哲学

因为没有足够的时间来充分解释这一哲学而向我们道歉："这需要几天时间来解释，需要几个月的时间来实施。"这也是帕克·赫梅斯的球队在联赛中缓慢起步的原因之一：在巴列卡诺，每年他都要执教一支新的球队，因为俱乐部要精打细算租借球员或签约自由转会球员。

根据史密斯的介绍，位置打法有七大智慧支柱。它们是：

1. 在对方的压力线后方创造优势。"我们能不能发起逼抢、创造空间，以便将球踢出去？"史密斯展示了一段阿隆索面对本队球门的视频，这是一个明显的发动逼抢的信号，然后他会把球传回给杰罗姆·博阿滕。之后会有对方球员跑来逼抢这名中后卫，这样阿隆索切向右侧，从而有几米的空间接斜传球，并能向前发动进攻。

2. 从后防线组织进攻，在初始阶段创造优势。球队通过传球共同向前推进，这使球队在组织进攻阶段空间受压迫时能更有效地进行反压。"如果传球只有十码远，在十码内进行逼抢是很容易的。"

3. 用控球来打破对手的平衡。就像瓜迪奥拉和帕克强调的那样，目的不是移动球而是移动对手。球员每一次传球都应该有自己的想法。

4. 创造宽度和深度，以创造进攻通道。在20世纪80年代，约翰·克鲁伊夫给加里·莱因克尔的任务是创造宽度。蒂埃里·亨利、大卫·比利亚，然后是几年之后的内马尔，他们会在边线的位置上将对手的后防线拉开。"那是位置打法的一个原则。"

5. 在球场的不同深度安排球员站位。如果纵向考虑球场，那么大多数时候前锋将是在最高位置的球员。让球员在不同位置有不同的斜传接球路线，不仅可以为球队提供更多的选择，也会让对手感到困惑，不知道谁应该去抢球。这种交错的线路形成了"三角形"，从而让控球一方能更好地传球。

6. 带球跑动。"这不仅仅是一种传球的心态。"梅西的很多运球都是水平穿越到对方的身后，吸引对手，从而扰乱对手阵型。在20世纪80年代克鲁伊夫推出了内置边锋的理念，格奥尔基·哈吉和

罗伯特·普罗辛内斯基以其出色的脚下技术向内场盘带，从而打乱对方防线。

7. 第三人及其跑动。第三个人通常是指在空当位置无人盯防的球员，他的跑动会为球队争取做出正确决策的时间。

赫梅斯

"包括这个赛季，我已经当了9年教练，从一开始我就有了（位置打法）这个想法。"帕克用快节奏的语速解释说。"的确，随着时间的推移，你会对一些事情做出改变，还会对一些事情进行调整，你会发现有些事情你可以做得更好，你可以抛弃某些做法或加进某些想法，因为这是一个不断进化的过程。但是，从我执教阿尔卡拉（西班牙第四级联赛的马德里球队）以来，我就有了一个想法，我希望我的球队能以一种特定的方式踢球。"

瓜迪奥拉认为克鲁伊夫是他踢球风格的灵感来源，但赫梅斯觉得是他自己研制的："我认为我多年来球员的经历使我看到了很多事情，看到了不同的踢球方式，看到了不同风格，最终当你成为一名教练，你必须选择你想要走的路。我选择了这种打法，因为它是我最能认同的，这是我感觉最舒服的打法。"尽管会面临全面失败（我到访几个月前他们2：10输给皇马），但在面对更强大的球队时，他仍然指挥巴列卡诺拉开打。解释为什么这样做时，帕克最著名的一句话是："反正他们也会打败我们，面对死亡为什么要放弃我们的原则呢？"

"用这种方式踢球你可能需要更多时间，的确，当你从后场开始组织进攻时，你要承担更多风险，但我认为这是一种很好的比赛方式，这会让所有球员都参与进来，他们喜欢这样的比赛方式。我们知道控球本身并不是最重要的，但很多人只看控球。如果没有向球场的另一半推进，那么控球最终会成为问题。在你自己的半场长时

7 巨人阴影下的亮光：帕克、巴列卡诺和抵抗哲学

间控球意味着你很有可能在这个区域丢球，所以控球的目的是向前推进到达对方半场，从而能够进攻对方球门，这是我们向球员提出的明确要求。"

"灵感"活动中的演讲者们都在青训学院工作，他们抱怨英国球员缺乏足够的信心来保持体面的控球时间，主要是球员"技术上有能力，但战术上缺乏意识"。"我们（和球员一起）做了很多工作"，帕克说，"他们知道控球是一件好事，但控球本身并不会使你赢得比赛。能够帮你赢得比赛的是在你能创造得分机会的情况下得球，并接近对方球门、射门得分。虽然有很多其他比赛方式，但你会在我们的训练课上看到我们每天都在努力训练后面比赛中需要的内容，其中之一当然是控球。"

运转

帕克的模型中有很多看起来很流畅的传球，但当被问到他是否练习前场组合时，他说这个区域是非结构化的，这个区域的进攻取决于前锋的本能。"我们是一个非常自然的团队，我们是需要组织起来的，但我们可能很快就会失去这种组织，然后再重新进行组织。从这个角度说，我认为我们是一支全新的队伍，非常自然。场上的很多情况都是由球员的天赋决定的。我总是说当球队没有球时，教练的工作更重要，当你拿到球时，更多依赖于球员的天赋。"

对赫梅斯来说最重要的是他给球员们的信息。在训练中，他们练习如何在后场、中场和前场三个区域用不同的方式向前推进，但最后在前场，赫梅斯允许球员发挥想象和自由思考，他认为好的球员会做出好的决定。"的确，你可以训练不同的东西，但最重要的是培养习惯。场上情况的应对取决于球员自己的想象力和天赋。然而，在防守方面，你需要做更具体的安排。每个人都要知道他应该在哪里逼抢，每个人都要知道什么时候必须防守，每个人都要知道什么时候回防，

这是我认为最需要练习的内容。最后，在我们的比赛方式中，把球运转起来是很重要的，从后防线开始一步步组织进攻。从进攻的角度来看，我认为，特别是像我们这样比较冷静、比较自然的球队，我们只是给球员们指引，让他们知道要向哪里跑动，怎样才能给对手造成威胁。"换句话说，就是球员要处于正确的位置。

从某种角度说，赫梅斯的大部分训练都是萨基式的，因为他的球员们在训练时要按照传球路线走一遍，就好像赫梅斯有先知先觉的天赋一样。与萨基不同的是，赫梅斯把球用在现实场景中。这是战术周期法的一个原则——尽可能用接近比赛的方式进行训练，确保这些场景在肌肉记忆中根深蒂固，这对赫梅斯来说是至关重要的，因为他的球员在赛季中不同的时间到达，而且有着不同的理解能力。对他来说，这就像"土拨鼠日"（美国电影，主人公停留在前一天无法前进，每天进行重复的人生）一样。"我们球队确实每个赛季都更换太多的球员，每年大约要换18名。这对我们来说是一项很难的工作，因为球员会在不同的时间到来，今天来3个队员，过几天又来1个，这是一个问题，因为我们没有太多的时间。我希望把大部分球员都留下来，只增加4名新球员，但我们每年都要从零开始。"

巴列卡诺球员的训练时间比其他任何一支西班牙球队都要长。整个城市都知道卡洛·安切洛蒂失去工作的原因之一是皇马主席弗洛伦蒂诺·佩雷斯觉得他们训练得太少。在这里，巴列卡诺球员上午训练，下午花时间研究视频，每周有几个晚上进行公开训练。因为时间宝贵，留住已经进入到系统中的球员是最重要的。教育过程的核心是劳尔·巴耶纳和他的同伴、队长罗贝托·特拉索拉斯。2015年，在西班牙，特拉索拉斯的传球比任何一名中场球员都要精准——在2699次传球中准确传球2338次（86.7%），领先于托尼·克罗斯和塞尔吉奥·布斯克茨。"他们加快了进程，这些球员是教练在球场上的延伸，他们告诉新球员很多事情，如他们应该定位在什么位置，因为他们已经知道该如何运作，所以他们帮我们节省了很多时间。"

在"回旋曲"训练中，特拉索拉斯几乎不动，但比其他人有更多

7 巨人阴影下的亮光：帕克、巴列卡诺和抵抗哲学

的成功传球。赫梅斯默默地看着训练，场上说话最多的是队长。作为一个拥有古老的授权地位和头衔的海军国家，队长（船长）在英国更加重要。队长应该是俱乐部价值观的化身，充满激情和雄心壮志。然而在西班牙，俱乐部以民主方式由球队成员不记名投票选择队长。在巴列卡诺，由于特拉索拉斯对俱乐部的贡献，队长的人选显而易见。

算数

尼尔和基兰·史密斯是朋友，他们都是在马德里寻求深造的外籍人士，他们经常来这里观看巴列卡诺训练，仔细分析位置打法的精妙之处。尼尔有机会当面向赫梅斯请教他的哲学的第一个支柱：阵型。帕克和他的盟友瓜迪奥拉一样，将这个概念斥为算术。"这是一种球员上场的方式，对我来说，这不是最重要的事情。重要的是球队如何进行场上跑动，如何进攻，如何防守，如何逼抢，如何打破组织然后迅速重组，这样对手就不会给球队造成任何伤害。"

更重要的是传递给球员的信息。"说到底，球队是活的，对不对？所以你不能把它归到一个系统或阵型中然后说必须总是这样。球队在比赛时会变得没有结构，很多时候为了瓦解对手进行没有组织的跑动是很重要的。阵型是球员开始的位置，但是球员从来不会按他们开始的位置打完比赛。我们可以多次改变阵型，虽然对我来说这很重要，但并不是最重要的。我认为最重要的是这一阵型如何自我调节，将自身与比赛所需联系起来。"

*

欧洲足球之都

曾几何时，西班牙首都只有一个巨人，较小的文森特·卡尔德

隆（前马竞主场）被浪漫化为穿透伯纳乌阴影的灯塔。从2011年开始，在迭戈·西蒙尼的带领下，这束光变得更加尖锐，后来凭他们自己的实力，马竞也成了巨人。似乎是为了证明他们的崛起，俱乐部股东们在2016年7月投票购买了朗斯俱乐部34%的股份，开始了国际化的垄断进程（他们还在印度超级联赛授权合作了一个俱乐部——加尔各答竞技）。然而，在马德里两大巨人球队之下，还有25家当地俱乐部靠没被这两个俱乐部选上的球员生存，最知名的是赫塔费、艾科坎、莱加内斯和巴列卡诺。2016年5月，何塞·穆里尼奥成为曼联主教练，和他的对手——曼城的瓜迪奥拉展开了竞争。帕特里克·维埃拉曾说曼彻斯特是"世界足球之都"，维埃拉的观点得到许多英国媒体的支持，但事实上，这个头衔最适合马德里。"欧洲俱乐部指数"是根据俱乐部在国内和欧洲大陆三个赛季以上的表现进行排名的系统。根据这一指数，在穆里尼奥被任命的时候，皇家马德里位居第一（4413分），马德里竞技（3967分）排名第四，曼城（3522）第七，曼联排名第20（3106）[①]。在迭戈·西蒙尼的带领和鼓舞下，马竞和皇马在三个赛季中进行了两场欧冠联赛的决赛（2014和2016年），此前欧冠决赛从未有过来自同一城市的两家俱乐部对阵的情况。马德里的这种统治地位是赫梅斯所生存的背景。

这座城市是欧洲海拔最高的首都，四面环山。这是一个倔强的国家的政治心脏。令人惊讶的是，在这个首都，左翼势力强大。时髦的社会主义政党"我们可以党"和他们扎着马尾辫的年轻领导人巴勃罗·伊格莱西亚斯，在泛马德里地区得到了大量支持。巴列卡斯与马德里相邻，最能代表对左派的忠诚，因为25万工人阶层居住在这里，他们都有强烈的社区意识，他们把巴列卡诺作为一种政治表达的工具。社会学家围着巴列卡斯体育场走一圈会发现很多东西，墙上有反种族主义的涂鸦——"反种族主义，我们爱巴列卡诺"，以及反资本

[①] 方法论："欧洲俱乐部排名指数（ECI）是所有欧洲国家最高水平联赛足球队的排名，显示他们在特定时间的相对优势，以及未来比赛能力的发展。ECI可以计算不久的将来足球比赛的不同比赛结果概率（胜、平、负）。"euroclubindex.com.

7 巨人阴影下的亮光：帕克、巴列卡诺和抵抗哲学

主义的街头涂鸦——"马德里是资本主义，但仍是卡斯蒂利亚人"。

这个星期，体育馆对社区开放，体育馆也成了一个热闹的活动场所，里面有一间拳击馆、一间台球厅和一套功能房，大部分是由老年羽毛球狂热者租用。把体育场连接在一起的红色金属板已经锈迹斑斑，上面的圣保利贴纸也已褪色。"无家可归的人躲在看台下面，在比赛日会有人给他们提供食物。"鲁本自称是巴列卡斯唯一的皇马球迷，我走在体育场边的时候，他告诉我说："新球员签约加入俱乐部时，会被球迷团体布加内罗斯（Bukaneros）带去社区参观。"巴列卡诺知道他们不能和有钱的俱乐部竞争，所以必须做些不同的事情，通过巩固自己与社区的关系使俱乐部得以持续。"

帕克·赫梅斯和他的队员们每个月要在当地社区中心为无家可归者做几次饭。有一天，在购物时，一位粉丝走近特拉索拉斯，讲述了一位名叫卡门的老妇人的困境，这位85岁的老人因儿子付不起房租而被警方驱逐。特拉索拉斯在训练后将队伍聚集在一起并说服他们捐款。最后，俱乐部筹集到了足够的钱来资助这位老妇人生活。

在卡门获得帮助的同一个月里，随着巴列卡诺与当地支持者越来越近，皇家马德里则离他们当地的支持者越来越远，皇马去掉了队徽上的十字架，以欢迎中东的消费者。作为皇马球迷，鲁本说："我们应该像巴列卡诺一样为我们的社区做更多的事情。"皇马年度预算约4.69亿英镑，而巴列卡诺平均预算约为550万英镑。"如果皇马能像巴列卡诺一样热心，这个城市就会更好。"

*

"还有5分钟"，巴列卡诺魁梧的新闻官费尔南多插话说。赫梅斯还有其他安排，而且已经很晚了，他从早上9点就一直在这里，11个小时前就到了。尼尔看着我说："我们问什么？"我们和费尔南多商量再问两个问题，他犹豫地看了看表，但帕克表示愿意。"继

续"，他说。"在位置打法中需要具备哪些特征，是否会根据这些特征来选择青训学院的球员？""是的，是的，但不是在刚开始的时候。在最初的几年里，我们主要帮助他们从技术上提高，因为他们很年轻，我们不知道他们的潜力是什么。但随着他们的进步，在青少年时期（U17-U19），他们开始被纳入B队，这时候我们开始考虑球员适应什么位置。你问的是在这样的体系中踢球需要什么？心理和身体素质、决策、一脚传球技术和对战术的理解。我们问球员：'下一步球传到哪里？谁无人盯防？'对于我们的比赛方式，最重要的是我们需要敢于冒险的勇敢的球员。我们也确实需要有良好技术水平的人，因为我们的主要特点是长时间控制球。"球员们需能够快速地把球抢回来，所以我们更需要那些愿意牺牲自己的球员。"球员们明白当他们没有球时，没有人可以休息，每个人都必须逼抢，把球夺回来，这样他们才能再次控球。在任何情况下，每个位置都需要有特定品质的球员，这对于所有的队伍来说都一样。我认为引进不适合这种比赛方式的球员是犯了严重的错误。对于我们来说，因为预算有限，我们尽量引进我们认为能够适合各个位置的球员。"

尼尔和我查看了一下笔记本，还有7个问题没问，但多做些准备是对的，只是我们还剩下一个机会。"问问他攻防转换"，我请求道。"我们尽量实现没有攻防转换"，帕克回答说。尼尔笑了，但我对他的话感到茫然。"也就是说，当我们失去球时，我们会立刻逼抢，长距离并且快速的攻防转换会让你很疲惫，因为球员必须跑很长的距离。有些时候你无法避免，对手会有非常快的球员打反击，当他们抢到球时，会很快打到我们身后，我们就必须让整个队伍退回来。我们尽量避免这种长距离的跑动，这种情况下跑动距离很长，而我们是一个非常紧凑的球队。我们首先要做的是在我们丢球的区域马上逼抢，在那里跑的距离要短得多，我们尽量迫使对方丢球，他们会把球踢出去或者踢回给守门员，这样我们就有时间压到对方半场。和那些喜欢打反击的球队（如加雷斯·贝尔和克里斯蒂亚诺·罗纳尔多所在的皇家马德里）比赛时，我们尽量做到没有这样的长距离跑动，因为

7 巨人阴影下的亮光：帕克、巴列卡诺和抵抗哲学

一些球队有速度非常快的球员。如果我们在比赛中要多次快速跑50米，当比赛进入70分钟时，球员就筋疲力尽了，他们会被累死。所以，更短、更密集的跑动更有效。"他传达的信息是一起跑、少跑。

那天晚上，巴列卡诺比巴萨拥有更多的控球权，他们努力在攻防转换期抢到球。巴列卡诺的控球数据反映了他们成功压制巴萨的时间超过了他们控球的时间。在抢回球后，帕克的球队在进攻的转换中有多种变化。一些教练，如克劳迪奥·拉涅利在莱斯特的时候，会围绕快速反击建立体系，其他教练，如路易斯·范加尔，通常会放慢攻防转换的节奏寻找人数上的优势。帕克希望让他的球员有比赛的感觉，从而能确定什么是正确的决定。"很多时候这取决于我们在什么位置抢回球，我们在自己半场抢回球的时候，首先需要控制球（运转起来），使我们能够占据有利位置。这也取决于我们的球员，但通常情况下，如果我们在对方半场抢到球，就会尽快发动进攻以制造威胁。但很多时候，这取决于场上的球员。有时，你在场上有更直接或更快速的球员，所以你要尽量利用他们的速度。还有一些时候，场上会有一些球员喜欢把更多的球员联系起来，他们会向内渗透，所以当球队抢到球的时候，需要有一些控球来组织进攻。"这是准备比赛的一部分，主教练会关注对手的优势和弱点，并与他的教练们讨论什么是最佳战术，从而赢得攻防转换。然后，球队会在一整周内进行训练。

隧道灯

采访快结束时，我们设法加了一个问题，问帕克他的工作压力。"我告诉所有来这里的人，因为会有很多教练来研究我们，如果他们想以精英水平工作，他们应该好好考虑一下。这个职业经常会有困境，因为主教练几乎要为所有的事情承担责任。在很多情况下，你会发现自己很孤独，但是它也会给你很大满足感。如果有人能达到我们现在的境况，能与世界上最好的球队同场竞技，我认为这是一个享受

的时刻。"

几个月以后，在赛季结束时，球迷们在巴列卡诺球场外等待了一个多小时，呼喊着让帕克留下来。也许巴列卡诺应该打反应式的足球。通过务实的方法，他们可以延长生存期，斯托克城在重塑自我之前很长一段时间就是这样做的。在每场比赛中，巴列卡诺都很脆弱，他们的阵容不断地重新配备新队员，重新适应他们的系统。对教练来说，这是很令人厌倦的，这也是不可持续的政策。但是，如果没有帕克·赫梅斯和像他这样的人的美好想法，足球就不会这么丰富多彩，但也经常有人会说他们疯了，不能这样做，实用主义才是更好的方式。社会是通过有远见的人而发展的，米歇尔斯被认为是一个疯子，萨基也一样。回顾历史，很少有人会提到实用主义者的名字。也许以这种方式结束是最好的结果。如果巴列卡诺幸存下来，他们将被迫变得更商业化以获得利润。这是圣保利的困境：赢球、失去个性，还是输球、保留个性？对于巴列卡诺来说，胜利是太明显的结果，大可预见。相反，在巨人面前坚持到底、保持不变，反而更有诗意。他们的精神将是永远不会熄灭的灯。

8 巴萨：帝国的调色板

"我们穿过宽阔的街道，两侧的建筑像宫殿一样。在兰布拉大道上，店铺灯火通明，到处一片生机……虽然我想睡觉，以便早起，可以在白天去认真欣赏这座我所不了解的城市——加泰罗尼亚的首府巴塞罗那，但我还是决定不睡。"

汉斯·克里斯蒂安·安徒生，1862

艺术之争

安东尼·高迪是一位在加泰罗尼亚出生的艺术家，他的作品不断地吸引着游客到巴塞罗那。高迪认为这座城市因为其优越的地理位置而对宏伟的及简洁的艺术和建筑都有着很强的包容性。高迪在世纪之交时写到："生活在地中海气候下的居民可以更强烈地感受到美。"正如安徒生所发现的，这是一座极具活力的城市。这里的足球队——巴塞罗那，至少从约翰·克鲁伊夫年代开始，追求的就是以漂亮的进攻足球取悦当地百姓，这也非常符合这座城市的活力。

1973年8月22日上午11时，载着克鲁伊夫的荷兰皇家航空公司254号航班从阿姆斯特丹飞往巴塞罗那。当时，粉丝们都很担心，因

欧洲足球成功的秘密

为这个瘦瘦的家伙抽起烟来像个烟囱一样。俱乐部花了创世界纪录的600万荷兰盾，期待他能为巴萨已布满灰尘的奖杯橱添彩。巴萨从1959年以来一直没有赢得过联赛冠军，而此时这一地区仍在为4个月前去世的巴勃罗·毕加索哀悼。克鲁伊夫能做什么？在佛朗哥的统治下，巴塞罗那注定会被淹没。但这位荷兰人有一种普罗佛的精神，他相信周围的世界可以改变。克鲁伊夫后来宣称："我来到了佛朗哥独裁统治之下，我理解加泰罗尼亚人的想法。"通过他的表现、态度和他意味深长的个人生活决定（比如给他的儿子取了一个加泰罗尼亚的名字），像毕加索改变艺术一样，克鲁伊夫彻底改变了足球[①]。

高迪和克鲁伊夫都有着共同的创造力。在克鲁伊夫到来的第一个赛季巴塞罗那就赢得了联赛冠军，他在比赛中表现出了球迷们前所未见的"四只脚技术"，他可以用左、右脚的内、外侧传球和射门。在他到达后的12月，与马德里竞技的比赛中，他打进了"幻影进球"，凌空飞起两米用右脚跟射门得分。地中海的球迷（受高迪的艺术美学影响）在未来几年里都在研究这个进球，并将克鲁伊夫视为无名雕塑。

克鲁伊夫踢球的艺术风格也贯穿了他的执教生涯。克鲁伊夫于1988年重返巴塞罗那，创造了"梦之队"，赢得了巴塞罗那的首个欧冠冠军。乔治·瓦萨里在1568年描述科学家、艺术家、发明家和建筑师列奥纳多·达芬奇时写了下面的文字，但他的话也适用于约翰·克鲁伊夫的足球能力：

"上天经常自然地以最富有的甘霖滋润着人类，但有时会充裕、丰富地将美丽、优雅和能力赐予一人，因此，无论他做什么，每一个行动都如此神圣，使其大大超出凡人。清楚地展现他的才华是上帝给

[①] 在克鲁伊夫加盟之前，巴塞罗那是一个非常令人失望、成绩平平的俱乐部，比赛不够流畅，对这项运动的商业运作也缺乏理解。了解这一点很重要。事实上，20世纪80年代末90年代初，当前腰何塞·马里·巴克罗向后或向两边传球而不是转身射门时，现场的球迷们会向他吹口哨。直到后来他们以后千禧年风格赢得奖杯时，球迷们才开始喜欢他们的打法，而现代优雅的巴塞罗那也被认为是感官、竞技和商业成功的典范。

8 巴萨：帝国的调色板

他的礼物，而不是人类艺术所能实现的成就。"

达芬奇选择了佛罗伦萨，而克鲁伊夫选择了巴塞罗那，并将这里的群山背景作为他工作的画布。"他在一块黑板上画了3个后卫、4个中场、2个边锋和1个中锋。"中场球员尤西比奥回忆说，"我们互相看着说'这到底是什么打法？'这是4-4-2或3-5-2的时代，我们不敢相信队里要有多少个进攻队员。"这是非常大胆的、革命性的，也将被证明是持久的。xxxv

喷泉

阿尔伯特·卡佩拉斯还是一名青少年教练时，他把时间用在看克鲁伊夫的球队训练而不是去大学听课。"我是一个梦想家。"我们见面时，他向我坦白道。卡佩拉斯后来成为拉玛西亚的青少年协调人。拉玛西亚是位于诺坎普附近的青训学院，负责贯彻由劳林诺·鲁伊兹实施、并由约翰·克鲁伊夫继续加以精耕细作的巴塞罗那攻击风格[①]。xxxvi 卡佩拉斯见证了拉玛西亚成功的辉煌。在2009年的冠军联赛决赛中，巴萨首发阵容中有7名自己培养的球员。2010年，卡佩拉斯和同事们的工作进一步被认可：3名金球奖提名者——梅西、哈维和伊涅斯塔都是拉玛西亚培养的球员。

"巴萨希望有50%的球员来自其青训学院，这是因为这些球员了解俱乐部的文化，而且也经历了俱乐部对他们投入的时间。"他解释说。教练不可能拥有很多时间，他每天都要证明自己的价值，创建俱

[①] 劳林诺·鲁伊兹于1974年被任命为拉玛西亚协调员。他把学院各年龄段球员的比赛风格进行了统一，并开始了后续的招募技术型天才球员的计划（即使他们个子很小），而不是像以前那样招募身体条件优秀的孩子。他的贡献是把自己于1957年发明的"rondos"引入俱乐部。根据已故的蒂托·维拉诺瓦的说法，巴萨在20世纪70年代和80年代一直在培养技术型青少年球员，但与一线队的风格不同。直到约翰·克鲁伊夫取代了特里·维纳布尔斯，这条通道才打开。换句话说，鲁伊兹植入了巴萨的风格，克鲁伊夫培育了它，瓜迪奥拉获得了回报。

乐部哲学并不总是可行的，因此必须将时间投入到青训。"还有15%的球员必须是国际顶级球员，比如迈克尔·劳德鲁普、赫利斯托·斯托伊奇科夫、罗纳德·科曼和巴西人罗马里奥、罗纳尔多、里瓦尔多和罗纳尔迪尼奥。然后剩下的35%签约国内球员，填补我们人才培养的缺口。"

卡佩拉斯微笑着说："我们的理念是'如果我们一起跑动，就会跑得更少。'"这句话的意思是在失去球后迅速逼抢，避免冲回自己的半场去防守，这和帕克解释的一样。拉玛西亚的位置打法是基于卡佩拉斯所说的"3P"：位置（Position）、控球（Possession）和逼抢（Pressure）。在球场上的位置，对球的控制和（对有球队员和他周围空间的）逼抢，以尽可能快地夺回控球权。

他看起来像一个政客，或者一个商人、律师，但肯定是一个有地位的人。"2007年7月，我第一次见到佩普·瓜迪奥拉时，他正准备执教巴塞罗那B队，我问他希望球队踢什么风格。他告诉我，'我只知道两件事：我队里的每一个球员都要跑动，我们会尽量比对手更快地让球动起来。'很显然，瓜迪奥拉知道的不仅仅是这两件事，而我们的工作正是让复杂的足球变得简单。"卡佩拉斯的职责是使拉玛西亚的孩子们理解那些难以理解的问题。"当你谈论足球的时候，你一定要饱含激情，这项运动是有机的，没有两种情况是完全一样的。"因此，青训学院教练的职责就是让球员熟悉各种情况，帮助他们经常做出正确的决定，卡佩拉斯执教过的安德烈斯·伊涅斯塔就是这样。"他总是在考虑什么对团队来说是最好的，从来不会考虑什么对自己是最好的。他的技术和战术技能出众，我们很幸运能发现他。你要知道差不多40年才会得到一个像他这样的球员。"

科学之争

好的艺术会产生奇迹。无论是调色板色调的搭配，还是光与影的

8 巴萨：帝国的调色板

使用，创作一部杰作是需要将各部分组合在一起的创造过程，这是一门科学。毕加索对他周围的环境有非常灵敏的感觉，他住在巴塞罗那，很了解无政府主义者和激进分子，所以他开始远离古典技术，形成了他的立体派风格。他会废寝忘食地从下午2点到11点凭着记忆一直作画，然后停下来，盯着他的作品看一小时左右，再继续。这就是他的创作过程：艺术背后的科学。类似的方法适用于所有伟大的艺术作品。无论是维米尔还是马蒂斯，他们都有其工作的方式，这是画布之下未被发现的科学。

瓜迪奥拉谈到约翰·克鲁伊夫时说："他画好了教堂，此后巴塞罗那的教练仅仅是修复或改善它。"[xxxvii] 为了发现这一科学——巴塞罗那创造的世界各地粉丝所崇拜的艺术殿堂的科学——阵型和运动、角度和距离，我约见了阿尔伯特·路德。

我第一次遇见阿尔伯特是在2012年，我大学的班级曾前往巴塞罗那进行研究访问，希望发现这座城市及其俱乐部的文化，阿尔伯特是发言者之一。他对拉玛西亚的方法很精通，打开了我们对巴萨战术幕后工作研究的思路。我们很单纯地观看了有着壮观场面的比赛，欣赏了球员的能力，但通过一整天的演示，阿尔伯特则仔细分析了每一个动作，并向我们展示了每个球员作为个体在团队中是如何跑动的，以及他为什么这样做，我们惊奇不已。那时他是加泰罗尼亚中央大学的一名讲师。我回来的时候，他是墨西哥球队帕丘卡的助理教练，和乌拉圭人迭戈·阿隆索在一起工作。2016年，他们领先于蒙特雷，赢得了墨西哥足球联赛秋季联赛的冠军。

3月，阿尔伯特回到巴塞罗那探望家人，并同意再一次与我见面详细分析俱乐部。在体育场的阴凉处，他解释了这门科学。根据他的说法，不管主教练是谁，无论是弗兰克·里杰卡尔德还是路易斯·恩里克，这支球队都是自成体系的球队。"巴萨有一个整体的视角，每个组成部分（球队中的每个位置）都必须做出贡献。教练只是能够指导球员的学习和管理团队。因此，是环境和球队本身在指导球员们。"他的意思是球队中的每一个球员都必须根据他周围的足球环境进行决策，包括他的队友在球场上的位置以及球场上的不同区域。"这是可塑的，对吗？是一个系统的有序程度。"

可以这样说，如果一个俱乐部的风格更依赖于球员而不是任何一个教练，那么随着他们年龄的增长和不可避免的退役，俱乐部可能会衰退。尽管如此，阿尔伯特相信，他们比赛的大部分核心要素仍将保留，要么是通过拉玛西亚新涌现的人才，要么是他们的风格逐渐融入传统。

除了技术上的辉煌，巴塞罗那的成功也与数学相关，从最初里杰卡尔德组建的德科、罗纳尔迪尼奥和久利组合，瓜迪奥拉的亨利、埃托奥和梅西组合，以及最近的苏亚雷斯、内马尔和梅西组合，这种组合的形式将在未来继续存在，这包括角度、距离、尺度、力量和跑动时机等。阿尔伯特说："巴塞罗那与其他球队的主要区别是，他们明白，体系要适应环境，但环境也会适应体系。"战术上，他们会考虑对手的阵型、空间、球的位置，并根据比赛时间确定节奏。

"控球时，巴萨的阵型是1-（守门员）-2-3-2-3，形成尽可能多的阵线。"控球的人，无论是边后卫还是前锋，总会有100%的可能性。"或者说球队有三种传球的选择：向后回传给守门员（或通常传给后面一条阵线），向内传给中场球员，或向前传给边锋（或前锋，如大卫·比利亚或内马尔）。重点是在球周围创造数字（人数）优势来支持控球队员。在场上巴塞罗那无论横向还是纵向都占据优势，确保每条阵线上都有球员。大家所说的Tiki-taka（短传渗透，卡佩拉斯告诉我在拉马西亚不允许使用这个词）不是我们通常理解的那样，要计算哈维和普约尔在练习中可以有多少次传球，而是将对手引诱到球的位置，从而在其他位置创造可利用空间的过程。

"巴塞罗那在进攻战术上有四个阶段。"阿尔伯特一边查阅着一份文件一边说，"第一阶段是队友为保持控球而跑动的位置；二是通过移动（在当时的环境中考虑空间）来支持控球队员；第三阶

8 巴萨：帝国的调色板

段是在球附近创造人数优势，以便持球队员能够将球传到合适的空间；四是为进攻提供保护，为攻防转换准备，以便球员可以在高密度区域进行逼抢。"今年3月我们见面时，巴萨的位置打法对他们来说是独一无二的，这是在青训学院培养起来的，几年前瓜迪奥拉担任主教练时得以进一步发展。

然而，新引进的在不同比赛风格中长大的球员逐渐削弱了巴塞罗那风格的效力。尽管伊万·拉基蒂奇很有天赋，球迷们则认为他永远也不可能具有哈维在巴萨比赛风格中的影响力[①]。"很明显，我们正在采用不同的体育模式，更加看重转会，而不是青训系统。比赛风格有风险吗？是可持续的吗？"主席候选人维克托·庞德思考着。他竞选时，拉玛西亚一线队的毕业生人数是巴萨多年来最少的（8名球员）。同为候选人的托尼·弗瑞萨同样抱怨自我陶醉的转会："这是一种不可逆转的趋势，使巴塞罗那和其他俱乐部没有任何不同。"媒体引用了一句古老的西班牙语："今天吃面包，明天则饥饿"，意思是"寅吃卯粮"。换句话说，如果忽视拉玛西亚，不将其作为俱乐部的核心，长期而言，巴萨可能会挨饿。[xxxviii]

那天下午，受年龄困扰的巴塞罗那将赫塔菲打得体无完肤。为了给伊涅斯塔提供100%的传球选择，只要他在中场接到传球，大多数球员都会进行一定的跑动：皮克会往后撤，给他一个安全出口；阿尔巴向前压上，开始跑动，他对伊涅斯塔的控球能力很有信心；图兰向前进入下一个阵线；内马尔向外拉开，梅西面向他向内跑动。通过他们的跑位，队员继续保持了控球。其他球员会停留在其所在的区域内，直到下一阶段球传给他们。塞尔吉奥·罗贝托和穆尼尔在左边的通道上交错排列，内马尔就在他们前面，等待着比赛的转换。阿尔伯特指出："他们的身体姿势和脸的朝向是一种无声的肢体交流方式。"当球传给边线的梅西时，内马尔会留在左边线。只

[①] 逐渐地，当其他球队学会如何击败巴塞罗那（多年在这种风格中形成影响力的球员退役）时，巴萨最终将会改变他们独特的踢球方式，将逐渐依靠球员的个人才华。他们会像以前一样签下优秀的人才，而且肯定也会继续赢球，但会是不同的方式。

有当梅西开始向内运球时，内马尔才开始跑动，在盲区向球门方向跑到防守球员身后，在内马尔之前的多年里，蒂埃里·亨利和大卫·比利亚做得就很成功。

现代帝国

古罗马圆形大剧场是一座巨大的椭圆形竞技场，曾经八万人聚集在那里观看角斗士们摧毁他们的对手。建造大剧场是为了展现罗马的权力和财富，并被皇帝们用来使暴民通过娱乐得到满足。这里的表演用于激发爱国主义，有的是重现著名战役，有的是介绍来自帝国各地的外来动物。按传统，角斗学校是建在罗马圆形大剧场的旁边，希望培养出未来的罗马传奇人物（很像拉玛西亚）。查尔斯·狄更斯在参观时写道："在最血腥的年代，这座巨大的、充满生机和活力的罗马竞技场从没有让人感动，而现在成了废墟，却会感动所有看到它的人。"也许1000年以后，鉴于两者的相似之处，如文化上的相似性和曾经充满活力的那些日子，作家们会站在诺坎普球场的外面，被克鲁伊夫、马拉多纳、里瓦尔多和罗纳尔迪尼奥的故事所感动。

像罗马竞技场一样，诺坎普也是一个政治表达场所。在球场外边，加泰罗尼亚的旗帜悬挂在公寓的阳台上，这是对感知到的入侵的回应，几乎所有的旗帜都带有独立的蓝色或红色三角形——加泰罗尼亚星旗。在比赛第17分14秒，粉丝们唱着加泰罗尼亚的自由（独立!），以纪念1714年加泰罗尼亚在西班牙王位继承战争中失去了自治权。报纸曾经散布消息说，如果加泰罗尼亚再次独立，巴塞罗那就不能在西甲踢球了。许多人相信了这一消息，因此俱乐部和国家达成了一项协议，在未来的全民公投之前将巴萨留在西班牙。

也有人会说，巴塞罗那需要他们的对手、西班牙的伟大象征——皇家马德里，从而使自身更加繁荣，皇马也同样需要巴萨。按语法和语义的表达：你非你（你是你所不是的）。巴萨和皇马都支持为市场

8 巴萨：帝国的调色板

和竞赛繁荣所进行的竞争。两者阴阳互补，对立统一。西班牙的球迷比较特殊，他们有一个主队，也许是萨拉戈萨或者贝蒂斯，但是每个人都选择皇马或者巴萨作为第二个支持的球队。这里的球迷有着巨大的文化特殊性。

"皇家马德里是加泰罗尼亚地区支持率第二高的球队，领先于西班牙人。"维克大学-加泰罗尼亚中央大学的教育学博士阿尔伯特·骏卡告诉我："很多支持皇马的西班牙人都是从南方来的，因为那里的经济很好。"我是2012年首次遇到骏卡的，并在巴萨与赫塔菲的比赛中与他再次见面。在球场内，宣布球队名单时，球员的头像出现在大屏幕上，但不是他们的真实面孔，而是国际足联电子游戏球员的头像。现场的气氛颇具舞台效果，巴塞罗那进球时，就会出现通常被禁止的"墨西哥人浪"，坐在我们身边的斯堪迪纳维亚人和美国人看到这些后都非常高兴。虽然一百多年来俱乐部一直拒绝商业化，但卡塔尔航空还是成为了球衣广告赞助商。我问骏卡，由于一些因素，巴塞罗那是否仍然可以将自己标榜为"联合国俱乐部"——不仅仅是一家俱乐部（巴塞罗那俱乐部的口号）？"我哥哥是会员，我的一些朋友也是，他们肯定关心这些问题，但是我们也要有预算来签下伟大的球员。在有些比赛中，当巴萨可能以10-0赢得比赛时，这些会员也许就不去了，但是大型比赛他们都会在。办季票需要等待10~12年，球场容量也增加到10.5万人。俱乐部举行了选举，一些候选人提议取消赞助，他们征求了所有会员的意见，而会员们认为卡塔尔航空没有问题，不用担心。俱乐部意识到他们需要签下内马尔或苏亚雷斯。"

梅西是现代的角斗士。当天赫塔菲成了梅西的牺牲品。他进一球，3次助攻，虽罚失点球，却使巴萨以11分的优势排在联赛积分榜榜首，他们整个赛季都会保持在这个位置。西蒙·库珀将梅西描写为

---

① Kuper, S (2011). The Football Men: Up Close with the Giants of the Modern Game. Great Britain: Simon & Schuster.

欧洲足球成功的秘密

神童："阿根廷球迷自20世纪20年代以来在头脑中形成的形象。"[①]
"神童"小而富有创造力，脏脏的脸，可以带球晃过整个球队，他们属于人民。我的加泰罗尼亚朋友告诉我他们想象中的一个类似的神童或奇才，不是像阿根廷的"神童"那样是一个带球队员，而是一个具备各种素质的天才传球队员，能够愚弄（曾经佛朗哥支持的）皇家马德里。如果人们幸运的话，这样的传奇人物可能会在自己的一生中出现一次。巴塞罗那超越了这一点，他们有一个阿根廷神童梅西，和一个西班牙奇才伊涅斯塔，两人在同一个阵容里超过十年，他们赢得了30座奖杯、4个欧冠联赛冠军和8个西甲联赛冠军。

安东尼·高迪写道，"不需要为艺术家们树立纪念碑，因为他们的作品就是他们的纪念碑。"也许球迷在期待梅西和伊涅斯塔的纪念碑。无论是科学还是艺术，巴塞罗那俱乐部和他们比赛的美学一些俱乐部短时期内难以超越，他们的比赛壮丽磅礴，堪称史诗。字典将艺术定义为"人类创造技能的表达，因其美丽或情感力量而被欣赏"。从概念上讲，这也适用于巴萨，但这能持续多久还有待观察。随着时间的推移，巴塞罗那将会远离那些使他们与众不同的阵地战风格，因为其他球队会发现对付他们的方法。这种进化在足球中是很自然的，从贝利的桑托斯到萨基的米兰都有其终结。教练会离开，球员会变老。只有在分析成功持续的时间时，才能衡量和比较伟大。巴萨统治的终结将会是一场庆典，不会受到蔑视，而会受到赞赏，在现代历史上他们比任何一支球队保持胜利的时间都更长。如果巴萨继续留在山顶，人们就会有一种情感的自满，这是一种逐渐习惯并最终疲劳的过程。因为罗马的衰落，历史欣赏其影响。当巴萨倒下的时候，球迷们将会把他们看作是足球史上最伟大的球队，因为足球创造艺术。

9 砍价高手、商人和地中海梦：马赛的经纪人

"A lo loco se vive mejor! A lo loco se vive mejor!"歌声在体育场周围回荡。他们唱的是"疯狂，你会活得更好"。这是球迷在向前毕尔巴鄂竞技和马赛主帅马塞洛·贝尔萨表示敬意，巴斯克人和马赛人在2016年2月两队的比赛中共同唱起了这首歌。在这两个城市，贝尔萨都成了叛逆的象征。在维洛德罗姆球场，贝尔萨的头像被印在旗帜上，和他的阿根廷同胞切·格瓦拉的风格一样。马赛的文化融合为左翼的繁荣提供了一个平台，其他地方的种族主义反应巩固了这一地位。像里尔、南特和斯特拉斯堡这样的俱乐部，在20世纪90年代到马赛比赛时，球迷会在马赛奥林匹克球场呼喊排外口号。当反犹太主义袭击在法国爆发时，马赛铁杆球迷会戴着犹太帽来到赛场表示支持。现在，一到城里，火车门慢慢打开，人们便涌向那激情生活的混乱温床。不知何故，在这混乱的环境中，一个足球俱乐部却得以生存。

从地图上看，从西班牙到法国的旅行应该十分简单，但并不是这样，这是一次复杂的旅行，因为是从未被承认的加泰罗尼亚到有分裂主义意识的城市马赛。亚历山大·仲马将加泰罗尼亚人描述为几个世纪前来到马赛并在这里定居的有自己语言的海鸟。今天，这座城市的城墙仍然对加泰罗尼亚人开放，对意大利人和北非人也开放，毕竟，马赛是个大熔炉。一个当地的加泰罗尼亚人——神秘的埃里克·坎通

纳，是这座城市的化身。他的桀骜不驯、激情、攻击性、艺术性和哲学细节都深深植根于当地人们的性格之中。他不可能来自别处。"有时候你会被情绪淹没，我认为表达情绪非常重要。"仲马在描述自己的风格时曾说，"我的祖先是战士，这是我所继承的东西。"xxxix

欧洲的工业港口城市和城镇经常与他们的国家发生文化或政治上的紧张关系，如巴塞罗那、马赛、巴斯蒂亚、巴勒莫、毕尔巴鄂、那不勒斯、鹿特丹、汉堡和（半个）格拉斯哥，这些地方的人大多把公民自豪感置于国家责任之上。商业和贸易的海上开发使这些地区自力更生，很多主要港口地区的人们把自己当作被国家剥削的人。历史上丰富的文化来自于遥远地方的故事和视野，从而培养出强烈的个人目标感。在这里，法国人并不完全接纳马赛这座城市，人们将自己视为局外人。最具讽刺意味的是，每当《马赛曲》（法国国歌，以法国大革命时期向巴黎挺进的马赛人而命名，以爱国主义精神激发人们去战斗）在公众场合播放时，当地人就会嘲笑它。马赛人是骄傲的人民。马赛被称为"非洲"，因为居住在这座城市的突尼斯人、阿尔及利亚人和摩洛哥人的数量较多，他们被法国其他地区的人视为犯罪分子，加上媒体强化负面信息，这里似乎已经拉起了吊桥。

在心理地理学中，学者研究地点与人之间的关系，尤其是一个地方如何影响一个群体的心理，以及群体如何影响一个地方[①]。就这个话题来说，马赛本身就是一个很好的例子。这里的公民受其地理上岛屿性质的影响，他们是一个面向南欧和北非的死胡同城市，时刻担心背后被捅刀。

更重要的是，法国人不相信马赛。18世纪的一个传说对这里的人们进行了讽刺：当地人告诉外来者一个沙丁鱼堵住了港口入口。马赛人被人嘲笑，被称为骗子，可是一个沙丁鱼怎么可能堵住港口呢？事实上，萨丁（Sartine）是路易十六的一艘护卫舰，在港口入口被英国

[①] Erdi-Lelandais, G (2014). Understanding the City: Henri Lefebvre and Urban Studies. Cambridge: Cambridge Scholars Publishing. 228 - 9.

9 砍价高手、商人和地中海梦：马赛的经纪人

人击沉，阻塞了来往交通。这个城市的偏执开始传播。拿破仑在这里的最高点建造了一座宫殿，以发现地中海上出现的敌人。

在两个堡垒的保护下，对外界的不信任一直困扰着这个地区，甚至也包括那些在当地足球俱乐部（奥林匹克马赛）工作的人。本来已经沟通好，在我访问期间我会和马赛俱乐部主席文森特·拉布鲁内见面，开始的时候马赛俱乐部表现得很谨慎，后来的结果更糟糕，我们的会议被取消了。这就是足球，处处有着遗憾。如果这是一场流畅的比赛，我们就不会像现在这样迷恋它。正因为它有缺陷，有赢家也有输家，才会让我们永远兴奋。

在卡塔尔人投资之前，奥林匹克马赛曾经是法国最伟大的俱乐部，他们的球迷热情专注，蔚蓝海岸的美景吸引了法国最优秀的足球运动员。1993年，马赛赢得了欧洲冠军杯，击败了米兰，迪迪埃·德尚、马赛尔·德塞利和法比安·巴特兹都在队中，他们也成为后来法国国家队赢得世界杯和欧洲杯的重要球员。然而，自2000年以来，马赛一直处于衰退状态，从1993年获得欧洲冠军杯以来，他们只赢得了一个法甲冠军。

资金离开了法国南部，奥林匹克马赛被抛在后面。然而，在这贫瘠的岁月里，俱乐部和城市仍然保持着坚定的自豪感。有很好的理由，因为马赛是个好地方，与纽约和里约热内卢一样，这里的故事、气候、地理位置和人们让游客仿佛置身于一个物质之城。我住在维尤克斯港（马赛旧港口），在接下来的几个月里，这里成了流氓活动的场所，但在我访问期间，这是一个激发写作灵感的地方。游客们站在那里日夜凝视着堡垒和港口，做着白日梦。的确，偶尔见到高大的船只来来往往也是非凡的体验，壮丽的船帆上印着地中海的企业标识。人们曾经拥有一个归属于大海的浪漫想法，来自远方的故事使这个未知的世界让人感到震撼。如今，马赛旧港闪闪发光的水面上漂浮着白色游艇，可以载着有钱的绅士们在一天之内往返蒙特卡洛。

虽然港口周围的建筑已经改变，但海风依旧。海边的空气带着繁荣的气息。几个世纪以来，那些带着浓重口音的商人们讨价还价的声

欧洲足球成功的秘密

音一直是这个城市的主要特色。一代代的马赛海员早已被人遗忘，但却把寻宝的天性灌输给了他们的孩子。人们现在很自然地渴望繁荣。一个年轻人一生的重大决定是他会从事犯罪还是从事合法的职业。当地的英雄亚兹德，在其他地方被称为齐内丁·齐达内，因其财力和足球方面的成功而成为当地人的骄傲[①]。法国贩毒网（The French Connection）在这里成立，但并不是所有的罪犯都来自这里，大多数马赛人都是诚实、正直的，环境越恶劣，人们就越温暖。齐达内是在尘土飞扬的卡斯特兰项目中长大的，在那里，踢球的孩子比玩枪的孩子多。

我遇到的一个十分诚实的人是一名代理人，名叫迈赫迪·朱麦利。令人惊讶的是，在马赛虽然从事足球的人很多，而且他们都想要逃离经济困境，但这个地区的足球经纪人却很少。迈赫迪在这个城市做得很好，因为他来自这里，他知道马赛人是什么样子："我们是马赛人，然后才是法国人，马赛是第一位的。基本上马赛在历史上是不听话的。路易十三，我想是他，在他统治的时候，把圣·简要塞的大炮对着我们，而不是对着大海！我们和法国其他地方不一样，这就是我们为什么如此偏执。"

迈赫迪信奉这种偏执。足球是经常被人怀疑的行业，尤其是在这个地区。迈赫迪年轻时曾是一名足球运动员，与萨米尔·纳斯里一起踢球，但当他明显不能在足球方面取得成功的时候，他学习了市场营销。在高中的时，迈赫迪会偷偷溜到维洛德罗姆体育场，与"南方胜利者84"铁杆球迷一起拉巨幅横幅。因为他的背景，通常持怀疑态度的马赛人会相信他。他代表着来自马赛、南美和欧洲其他地区的球员，并为他们提供心理和营养指导。这些都是现在这个时代需要做的，他正在经历一场足球的变革大潮。"你必须在Snapchat、

[①] 齐达内也因为他一直是一个马赛球迷而受到喜爱（他以乌拉圭球星弗朗西斯科利的名字给他的儿子起名为恩佐）。当地人说，齐达内的所有成就都是为这座城市的伟大增添光彩。

9 砍价高手、商人和地中海梦：马赛的经纪人

Instagram、Facebook和Twitter等社交媒体上关注你的球员。我的营销经验帮助我在这些平台上与我的球员联系，并了解他们。你必须善待你的球员，并捍卫他们的利益。"

现在，由于这项运动的巨大影响力，足球运动员需要帮助。内部和外部力量对他们的要求使他们变得脆弱。大多数经纪人都和俱乐部有着良好的关系，但这并不具备新闻价值，所以球迷听到的故事只有贪婪和暴利。迈赫迪正在努力改善这一形象："你必须对你的球员很好，并且不断地考虑他们的利益。每周我会和我的球员们交谈一次，即使是通过文字信息说'好好比赛，加油！'然后我会看他们的场上表现。我有一个球员同时在一队和U19队踢球，所以他踢很多比赛。我发现他进球得分了，他们以6-0赢得了比赛，所以我立刻联系他说做得很好。" 1967年，甲壳虫乐队有一首歌以《马赛曲》开头，迈赫迪引用这首歌作为他的方法指南——年轻的足球运动员需要的是爱。

但作为一名经纪人，不仅仅是与球员经常接触并给予他们支持，人们常常会忽视女性在球员生活中的重要性。从开始的时候说起，一名招聘主管告诉我，更多的是母亲（而不是父亲）决定孩子加入什么青训学院。接下来，俱乐部会鼓励他早结婚，希望他能专注于自己的事业。再后来，球员的妻子将会在他去哪儿踢球的决策中发挥主要作用。迈赫迪知道这一点。"你不希望在球员和与他相关的女人之间左右为难，那你就必须去了解她在想什么。在马赛有一名球员，我和他的女朋友交谈，问她是否希望他出国踢球。我问她是否同意？她说同意，很好。'那么明天如果我有一份德国的合同，你没问题吗？'你需要得到两个人同意，球员和他的伴侣。"他笑起来，看起来好像在暗示我们是一个秘密的男性社团成员。"对付一个女人总是很困难的，对吗？！"

在马赛也许女性更难对付。在地中海的阳光下，这里的人们有点疯狂。我们享受着阳光，话题转向一位马赛俱乐部的英雄——他们的

前主教练"疯子教练"马塞洛·贝尔萨。"他有和我们一样的热血，为自己挺身而出，这也是我们个性的一部分：以眼还眼，以牙还牙。贝尔萨会想方设法多进球，这也是球迷们想要的。我们没有赢得任何奖杯，但是气氛更好。"贝尔萨，被认为与马赛是绝配，既浪漫又令人琢磨不定，他坚持自己的信念，在成为拉齐奥主教练两天后便辞去了这份工作。

我在雅致的达拉友餐厅与迈赫迪一起喝咖啡，外面的木板步道上来来往往的是一家一家的人，看着很舒服。一个人面向大海靠着栏杆站着，背对着他身后的大地。迈赫迪身穿衬衫，戴着太阳镜，显示着成功。"经纪人赚钱有两种方式，第一，你和球员签订合同，你和他一起谈判奖金、工资以及他的外部合同，比如汽车和赞助，你可以拿一定的比例；第二，俱乐部会授权你出售球员，你可以得到6%到10%。"

当球员进入转会市场的时候，就需要经纪人帮他找到新东家。"如果球探看好我的球员，他会向俱乐部发一份报价，然后俱乐部会告诉球员，球员再通知经纪人，这样一步一步下来。如果俱乐部A想从俱乐部B购买球员，那么俱乐部A将与俱乐部B联系，并询问他是否出售。'是的，好吧，我们的售价是1500万英镑。''哦，我们觉得他只值800万英镑。'然后他们会达成一致。他们会联系我的球员，我的球员再告诉我。然后我会与俱乐部A讨论他的薪水、肖像权和住宿。"如果是多盈体育（Doyen Sports）这样的第三方，转会就变得比较复杂，他们拥有球员的一部分，所以没有多盈的同意，俱乐部不能出售球员。

偶尔也会有俱乐部直接与迈赫迪联系。"他们说'我们下赛季不希望你的球员在这儿了'，所以如果其他俱乐部联系了经纪人，他们就可以自由谈判了。因为有转会市场网站（transfermarkt.com）[①]，现

[①] 足球财经网站。本书转会费数据均来自该网站。

9 砍价高手、商人和地中海梦：马赛的经纪人

在俱乐部比较容易看到谁是球员的经纪人，也可以发现球员的价值是多少。"

我问迈赫迪转会是如何进行的。后来，在都灵，尤文图斯解释了球探是如何运作的。在这里，迈赫迪描述了代理是如何介入的："有三种不同的方式。首先，俱乐部可以给你授权。第二，如果他们想签下你的球员，他们可能会联系你。第三，两家俱乐部互相联系，然后你介入开始谈判工资和肖像权。"签下一名球员是一件复杂的事情，不仅两家俱乐部要在费用方面达成一致，例如1000万英镑，同时也要向联赛（通常在4%左右，所以在这一案例中就是40万英镑）和团结基金支付一定费用。经纪人会来谈判球员的基本工资、签约奖金以及绩效奖金。例如，进球奖金1万英镑或不失球奖金5000英镑（取决于球员位置）。鉴于奖金，球员也会产生相应的目标，比如进入前四名或赢得杯赛胜利。足球的发展趋势是，俱乐部提供较低的基本工资，以高额奖金作为激励。

与两家俱乐部一起洽谈的公司将收取一定的费用，而参与交易的代理商也将收取费用。球员的肖像权越来越重要。正如"thesetpieces.com"网站所解释的，俱乐部会把所有的费用（转让费、代理成本、肖像权和其他费用）合并在一起，并将其除以合同的时间。例如，一个4年交易价值4000万英镑的球员每年花费俱乐部1000万英镑。俱乐部通常会这样看待这笔交易，除以上相关费用，还有球员的工资和肖像权费。如果这两项每周增加5万英镑，乘以一年52周，额外的260万英镑将被加入俱乐部的预算。最终，一个价值4000万英镑的球员，在俱乐部看来是每年1260万英镑，而不是先期一笔支付的4000万英镑。[xl]

通常，售出俱乐部很高兴能以这样一种形式支付款项，因为这提供了稳定的收入。埃弗顿在近10年的时间里才收到鲁尼到曼联的转会费全款。而前皇马主席拉蒙·卡尔德隆谈到了他在向新近富裕的曼城出售罗比尼奥时的困惑。他告诉曼城他想要的费用，曼城立

刻就同意了，一次性付清所有的钱。卡尔德隆觉得他们这种做法很幼稚①。

"转会背后发生很多事情。特别是在马赛，有很多人会收取一定比例的费用。"迈赫迪说。精英球员的转会已经不再是通过过去几十年传统的传真系统。以前，俱乐部会互相发传真，等待确认，然后他们会给国际足联发传真，国际足联给这两家俱乐部所在的联赛发送证明。然后，联赛将提供新的注册文件。这个过程耗时耗力，十分艰苦，而且可能需要几天的时间才能完成转会。然而，从2010年以来，俱乐部达成协议，双方将同样的密码输入国际足联的TMS数据库即可完成。现在，转会只需要几分钟的时间，而不是几天。然而TMS提高效率的同时也带来一个令人遗憾的后果，即球迷目前不能忍受的商业的"转会截止日"。球员经纪人的坏名声是TMS所产生的副作用，因为转会很容易做到，所以售出俱乐部会拖到最后一刻。购买俱乐部已经得到代理人的保证，他的委托人愿意签字，在窗口的最后阶段，恐慌情绪接踵而至，从而抬高了支付给各方的费用。加里·内维尔在瓦伦西亚工作的前几年就发推文说转会截止日对那些经营不好的俱乐部来说是一个很好的迹象。对经纪人来说，这是八月的圣诞节②。

培养名声

迈赫迪在法国南部海岸几乎可以自由掌控球员买卖。他会去看马赛、摩纳哥、尼斯以及像戛纳和尼姆这样的小俱乐部的比赛。他的

---

① "专访格雷厄姆·亨特"，见 soundcloud.com/thebiginterview。见《雷蒙·卡尔德龙：实现交易》（第二部分）。
② 内维尔推特："转会最后期限给你带来的明确指标：哪些是运营糟糕的俱乐部。" 2012年8月31日。

9 砍价高手、商人和地中海梦：马赛的经纪人

目的是找出并接近那些还未签约的最好的年轻人才。"要管理一名法甲球员很容易，赞助商会来，俱乐部会来；而发现一个U17球员，帮助他成为一个有责任的人是比较困难的。你总是要保护年轻球员。我和他的父母一起喝咖啡，问他们：'你希望你的儿子做什么？'有一个计划是很好的。我和一个年轻球员谈过，他对我说：'我想去英格兰。'我告诉他需要先在法国打好基础。'我不会拿你的事业和我的名誉来权衡。和你的家人呆在一起，先看看从这儿开始你能做成什么样。'"在大陆足球中，垄断年轻球员是正常现象。在英国，球员接近职业年龄时才会有经纪人。在这里，通常代理人员要尽可能早地把最好的年轻人才签下来。

我发现，在葡萄牙，超级富有的经纪人有"间谍"，他们在看那些只有12岁的青训中心的球员。迈赫迪与马赛的教练有良好的关系，他会确保自己不触动任何人的利益。"我有一些一起踢球的朋友（在马赛当教练），他们知道我是可信的人，我有很好的名声。我说到做到，如果我做不到，我就不会说我能做到。你必须尽最大努力实现你的话。如果你不了解我，四处问问，你会发现，我的名声很好。"在一个人人都互相认识的城市里，拥有一个好名声是很重要的。"我们称之为村庄。如果我想和齐达内谈话，我直接就可以找到他。"

拥有良好的声誉也可以促进业务增长。迈赫迪不仅开车去法国南部各地观看比赛、认识球员、与球员签约，他也管理着巴西和英国的球员。全球化为即时通信创造了条件。有了全球化时代的社交媒体，他的人才库得以增长："球员在我的Instagram上与我联系并直接发送信息。两周前，AC米兰的一名年轻球员联系我，希望为他找一个新俱乐部，因为他在那里有财务问题。AC米兰想把他卖给乌克兰，但他不想去。另外一些球员可能已经有了经纪人，但他们对经纪人并不满意，他们也在推特（Twitter）上和我交谈。球员之间会谈论很多事情，也会提到我的名字。"俱乐部也会联系迈赫迪。在欧洲，有些

俱乐部希望他能卖掉自己的球员，迈赫迪会和他们谈判，而在南美，俱乐部会问他是否有球员。

  我们付了账，走出餐厅，来到这座城市熙熙攘攘的街道上。助力车在红绿灯处哔哔地鸣着笛，一个白色遮蓬市场延伸到马路上，妇女们披着披肩站在那里聊天，而他们的孩子们疯跑着。不管人们对马赛有什么误解，欧洲几乎没有哪个城市如此活跃。无论人们对经纪人有什么误解，他们的存在都是必要的。

10 球探的秘密：尤文图斯如何一统意大利

"尤文图斯就像沙漠之花。"看起来他们可能已经死了，但他们所需要的只是一滴水来重新开始丰富多彩的生活。

——法比奥·卡佩罗

他们就像一条有七个头的龙，你砍掉一个，另一个会在砍掉的地方长出来。他们永不放弃，他们的复兴是美丽的。

——吉奥瓦尼·特拉帕托尼

斑马军团是永恒的。我的朋友卢卡·霍奇斯·拉蒙是《超级绅士》的编辑，在访问都灵之前，我和他谈到尤文图斯这个现代的超级俱乐部。现在大多数人已经忘记，仅仅是10年前（2006年），尤文因电话门丑闻被降级。他们失去了教练法比奥·卡佩罗，以及明星球员法比奥·卡纳瓦罗、利利安·图拉姆、詹卢卡·赞布罗塔、帕特里克·维埃拉和伊布拉希莫维奇。留下来可以算得上是一队球员的有亚历克斯·德尔·皮耶罗、大卫·特雷泽盖、帕维尔·内德维德和吉吉·布冯。从那时起，尤文图斯就在正确的球员和教练上进行了明智的投资，不再超出俱乐部的财力。

"很明显，他们已经建立起声誉，可以用合适的费用留住那些有很大潜力的球员，之后可以赚到钱。"卢卡说："在足球重商主义和有着非同寻常转会费的时代，这是一种令人耳目一新的哲学，最终归结为俱乐部的等级制度和谨慎的商业模式。尤文自1923年起就由阿涅利家族经营，很大程度上可看作是一个家族企业。"例如，俱乐部不允许为了短视地追求荣耀而超出能力过度消费这种情况发生。

"在电话门事件之后，他们耐心地恢复就是一个非常优秀的例子。许多意大利俱乐部都受到短期主义和过度消费的影响，最终使他们付出了代价。上世纪90年代早期，帕尔马在卡利斯托·坦齐的帕玛拉特帝国控制下，拉齐奥在塞尔吉奥·克拉尼奥蒂的食品集团奇里奥控制下，而都灵则在吉安·莫罗·博萨诺控制下。类似的还有很多，我们看看每个俱乐部的结局如何：帕尔马财政崩溃，都灵降到乙级，而拉齐奥则在降级边缘。在尤文，是不允许发生这样的事情。"这与阿涅利家族立足长远的观点有关。

我们的车经过了阿涅利家族拥有的位于科萨·乔凡尼·阿涅利的菲亚特工厂，驶向了尤文图斯的训练基地。菲亚特在意大利社会，尤其在都灵，是不可低估的。他们拥有克莱斯勒和吉普，主导了意大利汽车市场。历史上，菲亚特给工厂工人支付工资，他们忠诚地选择支持尤文图斯（整个20世纪40年代都位居都灵俱乐部之后，居次要地位），工人们用爱来回报。随后阿涅利家族成为上世纪八九十年代控制意大利足球的三大家族之一，另外两大家族是贝卢斯科尼（AC米兰）和莫拉蒂（国际米兰）。

这就是意大利足球的激情所在，拥有财富和权力的家族选择购买他们支持的球队。罗马、拉齐奥、桑普多利亚、巴勒莫、热那亚、乌迪内斯和那不勒斯自上世纪90年代以来都由不同家族所拥有。但这种模式从2010年左右开始逐渐消失。以前，家族企业结构非常重要。如今，只有阿涅利家族仍然是拥有良好名声的俱乐部所有人。他们的模式在官网上被总结为："尤文图斯通过努力发展尤文图斯品牌和增强体育组织水平来创造利润，与股东保持稳定的关系。"[xli]这种冷静、以商业头脑处理问题的方法将阿涅利家族和其他

10 球探的秘密：尤文图斯如何一统意大利

地方那些头脑发热的地中海俱乐部老板区分开来，这也是这个俱乐部能够长久的原因。

*

如何签约

他站在那里，在闪光灯前拿着他的新球衣，这是他这一天第10次麻木地露出微笑。上千条"推特"在全球传播着他的形象。粉丝们会对他的到来或吹捧或震惊，但并不了解他签约的来龙去脉。对于大多数人来说，球员加入俱乐部的过程被神秘地掩盖了。这个过程很长、很复杂，要考虑年龄、价值、合同、肖像权、比赛模式、文化、代理关系和竞争对手等因素，这些都会决定俱乐部是否会去竞标球员，或者至少应该考虑这些因素。

好的俱乐部，像波尔图和塞维利亚，会在很长一段时间内对潜在的签约进行分析，并且有其他球员作为紧急情况的后备，以防谈判超出他们预定的底线。"每个月我们都会选出各个联赛的11人最佳阵容，然后在12月，我们开始关注那些在不同环境中定期出现的球员（主场、客场、国际比赛），并尽可能广泛地收集信息。"塞维利亚的主任蒙奇解释道。同样，波尔图在世界各地也有超过300名不同等级的球探，他们帮助俱乐部编制一个"影子球队"球员名单，一旦当前一队首发球员被卖掉可以马上签约。[xlii]

塞维利亚和波尔图可以在购买球员时更加大胆，他们可以负担得起一些不适合的签约，因为他们的收入不会受到奖杯的影响。尤文图斯不断招募完美匹配的球员，他们把大价钱花错地方的空间更小，因为他们必须通过高质量的球员才能继续保持目前超级俱乐部的地位。2014年，尤文毫无疑问是意大利最好的球队，最后超出罗马17分。接下来的一年，他们再次领先罗马17分，但在2016年，那不勒斯威

欧洲足球成功的秘密

胁到尤文的地位，仅落后尤文图斯9分。因此，为了加强自身实力、削弱对手，尤文图斯很精明地签下了两家俱乐部中最好的球员，从那不勒斯签约伊瓜因，从罗马签约皮亚尼奇。关于这两笔交易，《国际商业时报》写道，"这是从他们唯一的真正构成威胁的对手那里获取资产的重要声明。"这两笔交易的费用都来自于卖出法国人保罗·博格巴的交易，而尤文几年前从曼联预备队以低价将保罗·博格巴招至麾下。

尤文图斯负责购买球员的是体育主管法比奥·帕拉蒂奇。帕拉蒂奇会和安德里亚·阿涅利就转会问题进行商谈，他重新创造了高效的现代尤文图斯机器。帕拉蒂奇2010年从桑普多利亚来到尤文图斯，负责改变包括西索科、米洛斯·克拉西奇、文森佐·亚昆塔和阿毛里等在内的老旧阵容。帕拉蒂奇和安德里亚·阿涅利一起，确定了可以留下哪些球员。电话门事件之后，俱乐部想确定自己欧洲强队的地位，他们决定将吉吉·布冯、乔·基耶利尼和克劳迪奥·马尔基西奥保留下来，其他人都可以随意处置。帕拉蒂奇说："我把尤文图斯的钱看作是我自己的，这是我个人和职业道德的一部分。"[xliii]

尤文图斯在2010年获得第七名，其复兴的主要催化剂是廉价签约阿图罗·比达尔和安德里亚·皮尔洛。比达尔厌倦了在工业城市勒沃库森的生活，在教练雅普·海因克斯的建议下，合同到期后他没有续签，海因克斯计划在下个赛季带着这位智利球员去拜仁慕尼黑。"我们出现了，意大利成了他的首选。他的经纪人非常聪明，能理解这种情况。"帕拉蒂奇说。安德里亚·皮尔洛，31岁，他们早就十分熟悉他了。比达尔参加了球探分析，数据显示，他比欧洲五大联赛中任何球员的跑动距离都要多。帕拉蒂奇告诉ESPN："任何在球场上训练几个小时，然后回家再骑马释放多余能量的球员，都适合为尤文图斯效力。我们需要他的能量，需要他令人鼓舞的毅力。这非常适合于我们这个正在建设的、努力工作的俱乐部。"勒沃库森不会把比达尔卖给拜仁，所以他到了都灵。从上一个赛季的第七名（现在由安东尼奥·孔蒂执教），尤文图斯一跃赢得了联赛冠军。

美酒

皮尔洛31岁了，但在意大利，他仍然算是年轻。正如奥朗特博士解释的那样，在法国每个球员都必须全力以赴，无论年龄大小。而与法国不同的是，意大利俱乐部把老球员看作是有特点的奢侈品，他们的经验被认为是一种无形资产，对团队建设来说必不可少。2016/17赛季结束时尤文图斯队里还有39岁的吉安路易吉·布冯、36岁的安德烈·巴尔扎利和35岁的丹尼·阿尔维斯，和他们一起的也有22岁的小球员保罗·迪巴拉。卢卡·霍奇斯-拉蒙认为这种年龄偏爱是一种文化和战术现象。

"首先，我认为指出意大利和年龄之间的一般关系是很重要的。我的意思是，在文化上，意大利人有健康的生活方式，饮食也很好。意大利的预期平均寿命能排进世界前十（82.94岁）。从个人经验来看，我记得尽管我的祖父母年事已高，但仍非常活跃。例如，我的祖父布鲁诺70多岁，甚至80岁还继续在斯基亚翁的波利格拉帕酿酒厂工作。在意大利西南部有一个叫阿西亚罗利的小村庄，在那里，1/10的居民超过100岁，因为他们的饮食很健康，那里有很多迷迭香，他们的生活方式也很积极。"研究发现，2000名阿西亚罗利居民中超过300人达到100岁，其中20%的人达到110岁。研究发现，优质的葡萄酒、较小的负担和压力，以及家庭的支持，可以延长预期寿命。"我认为这种文化传统必须考虑在内，事实上，它与这个国家的运动员有着直接的联系，因为他们是在这种文化的熏陶和影响下长大的。我相信意大利球员通常比一般的英国球员吃得更健康。"

此外，卢卡认为是意大利的战术体系使弗朗西斯科·托蒂、保罗·马尔蒂尼、卢卡·托尼和罗伯特·巴乔等球员踢到40岁。"以皮尔洛和组织核心位置为例。具有组织核心责任的球员最早出现在20世纪初维托里奥·波佐的方法体系中。在英格兰一段时间后，波佐开始欣赏曼联中后卫查理·罗伯茨的踢球方式。罗伯茨有能力发动进攻，这是波佐当教练时希望他的中后卫能做到的。在那个时候，中后卫只是被当作三人防守线的一部分，最初在2-3-5阵型中被看作是三人中场的中心。波佐以自己的方式改写了2-3-5，没有再将其当作后卫。相反，他希望他的中后卫能够分配球，他想要一名指挥家或者组织核心（意大利语为regista）。"

尽管在1930年的世界杯上为阿根廷队效力，但路易斯·蒙蒂却成为波佐的组织核心。1931年，蒙蒂住在意大利，从圣洛伦索加盟尤文图斯。卢卡一边喝着水一边解释道："蒙蒂有意大利血统，波佐将他招致麾下，成为其2-3-2-3战术体系中的中后卫，成为组织核心。"当时蒙蒂30多岁，体重超重，缺乏灵敏度和活力，但他正是波佐想要的。当意大利队没有控球时，他拖后在很深的位置，但当球队拿到球的时候，他就会成为创造者的角色。"

波佐后来赢得了1934年的世界杯。"这一特殊位置的创新使年龄较大、跑动较少的球员能够发挥其特长，这是皮尔洛和这一位置的前身。皮尔洛是一个很好地克服了自己年龄缺点的球员，他用敏锐的位置感和冷静的风格来保持他的运动生涯。"因为意甲的文化环境、较缓慢的速度和对战术的重视，尤文图斯得以保持皮尔洛作为组织核心的职业生涯。皮尔洛不需要跑动，因为有比达尔跑动。

激情与速度

"勤奋的俱乐部"是意大利足球的主要特点。比达尔成为俱乐部每次收购的模板，球探部门重新考虑了他们招募球员的方法，这始于罗伯特·布罗瓦罗内，从2004年起他就是俱乐部的球探负责

10 球探的秘密：尤文图斯如何一统意大利

人。2016年3月，我在尤文图斯的维诺沃训练基地见到了他，当时他的部门正在缩小夏季转会的潜在目标，丹尼·阿尔维斯的名字出现在大多数报告之中。维诺沃是尤文图斯训练的小镇，从都灵市中心到维诺沃是一条笔直的大路，这条路开始名叫科萨·阿布鲁奇，中间一段叫科萨·乔瓦尼·阿涅利（菲亚特工厂的所在地），最后一段叫维勒·都灵。我向南驶向帕拉齐纳·迪·斯图品吉，那是联合国教科文组织保护的18世纪的狩猎小屋，距离都灵约6英里。在我右手边的公寓和宽阔的街道之间，白色的格莱阿尔卑斯山脉时隐时现。这就很容易理解为什么比达尔要离开勒沃库森的工厂烟雾而选择都灵干净的空气。

罗伯特见证了斑马军团从灰烬中重生成为超级俱乐部。在安东尼奥·孔蒂的战术和法比奥·帕拉蒂奇的球员招募之外，罗伯特在幕后发现年轻球员和成年队优秀球员也是尤文重生的一个因素。尤文图斯的每一个球探都要将球员的报告提交到他们的数据库。世界上很少有他们没有发现的球员，尤其是U20。尤文的球探报告分为身体、技术和战术档案，最后他总结道："对我们来说，球探们在做这些报告时可以有一定的自由。"当被问及他所涉及的领域时，罗伯特说："通常情况下，并没有'尤文图斯'球员档案，球探可以用他自己对球员的描述来给我们一个印象。我们有善于分析的球探，也有对球员有很好感觉（直觉）的直觉型的球探，两者的融合是很重要的。"

我们正谈着，罗伯特的手机亮了起来。他很有礼貌，那很可能是一个重要的电话，但他没有接，而是把手机扣在桌子上。重新回到他的思路上，他解释了尤文招募球员的方法，包括招募当地的孩子和国际巨星。"我们有三个部门，第一个是国际一线队球探部，第二个是国际和国家青少年部，第三个是皮埃蒙特地区球探部。14岁以下的球员我们只能与来自皮埃蒙特的签约。在地方球探部，我们有9个年轻的球探，他们就像这个地区的主管，并且有38个志愿者为他们工作，比如去看皮埃蒙特的各种比赛。我们是这里最强大的俱乐部（虽然有都灵、诺瓦拉和维赛利），所以我们必须比对手做得更好，以确保我们在该地区拥有最好的球员。"

他的电话又响了，这个电话显得更加重要。罗伯特看手机振动着，拿起来，拒接了电话，把它静音放在抽屉里。这一系列动作非常有范。他接着说："第二个部门是国家部，有一名主管——克劳迪奥·斯科洛沙（是保罗·加斯科尼在拉齐奥的队友），他已经和我们一起工作了4年。我们在各个地区共有17个球探，寻找15岁至19岁的最佳球员。我们每周要看约80场比赛，重点关注我们的目标。从学术的角度来看，我们知道每个团队需要什么。例如，如果1999年的球队需要一个中卫，我们就会关注意大利最好的中后卫。我们也可签约年满16岁的意大利以外的球员（只要他们是欧盟的）。"

国际球探有两个领域：一队球探（3名）和国际U20球探（4名）。南美球员只有在年满18岁时才能签约，而尤文图斯则受意大利俱乐部每个赛季只能签一名非欧洲球员法规的限制[①]。无论是阿根廷人迪巴拉，还是巴西人阿莱克斯·桑德罗，他一定是世界上最好的球员之一。"这4个U20球探跟欧洲最高水平的比赛，如欧足联发展锦标赛和欧洲锦标赛，他们也去看那些水平较高的国际友谊赛。我们会跟踪瑞士、法国、德国、西班牙和世界各地的U18联赛。"罗伯特解释道："我们正在寻找这些年龄组中最好的球员，我们必须提高我们所有队伍的技术水平。一线队的做法则有所不同，3个一线队球探会去跟欧洲五大联赛和南美的比赛，重点关注最适合我们一线队的球员。在欧洲，我们每个星期会去英格兰、德国、法国、西班牙等地看3~4场比赛，还会安排一个球探一个月去一次南美。我们的首席球探是哈维尔·里瓦尔塔，他是一名年轻的西班牙球探，从2012年起就在这里工作，他现在经常去南美。我们会标出下一个窗口的目标球

[①] 意大利关于俱乐部可签约非欧洲球员数量的法规比较复杂，各俱乐部有所不同。

员，这就是我们的组织方式。"

西班牙人

"说到这个"，罗伯特起身面向门口，帕布罗·朗格利亚恰好在这时走了进来，他刚从机场来到这里。帕布罗刚刚在阿根廷观察了一名球员，当天晚上要更新尤文图斯的数据库。帕布罗可以说是足球界的一个天才，他21岁时因在瓦莱瓦和桑坦德的球探工作中表现出色，而成为纽卡斯尔的欧洲球探。帕布罗从纽卡斯尔又到亚特兰大（尤文在青少年阶段的主要竞争对手）和萨索洛效力，在那里，他为俱乐部雄心勃勃、富有的老板乔治·斯卡兹尼发现优秀的球员。年仅二十多岁，帕布罗就管理着尤文图斯整个欧洲的球探。

互相介绍后，帕布罗开始解释科技在现代球探活动中的应用："这是一个金字塔过程。在底部，你有视频，你可以去看球员。如果我们要去罗马尼亚，那么我们会先在WyScout上看一场比赛。之后我们会通过2~3场比赛做一个球员的全方位视频，然后我们会去罗马尼亚现场（直觉）感觉一下，通常会有2~3个球探去，看看他们是否有同样的感觉。

传统主义者对俱乐部亲自考察球员会更放心。工作效率、决心和无私等因素在生活中比在屏幕上更能清楚地看出来。"然后我们会和首席球探交谈，我们把这个球员推荐给金字塔顶端的体育总监。有时也会是自上而下的方式，如果体育总监喜欢一个球员，他会告诉我们，我们会按照程序考察那个球员。在较低级别的比赛中，例如球员在十五六岁为罗马尼亚踢球时，我们的系统就开始对他们进行观察。没有先对球员进行了解就花钱去观察一场比赛是很冒险的。"

在法比奥·帕拉蒂奇任教练的六年时间里，尤文图斯赢得5次联赛冠军、2次意大利杯，并且进入欧冠决赛。在帕拉蒂奇之前，尤文连续两次获得第七，阿涅利只能看着米兰双雄一统天下。从那时起，

欧洲足球成功的秘密

到2016赛季，尤文在欧足联的排名已经上升到第5位，而帕拉蒂奇到来时尤文仅仅排在第43位（低于哥本哈根，高于西班牙人）。2015年欧洲冠军联赛决赛首发11人中（除布冯和马尔基西奥外），有9名球员是帕拉蒂奇签约而来的，支出如下表：

名字	来自	赛季	成本
安德烈·巴尔扎利	沃尔夫斯堡	2010/11	£255,000
莱昂纳多·博努奇	巴里	2010/11	£13,180,000
斯蒂凡·利希施泰纳	拉齐奥	2011/12	£8,500,000
安德里亚·皮尔洛	米兰	2011/12	£0
阿图罗·比达尔	勒沃库森	2011/12	£10,630,000
保罗·博格巴	曼联	2012/13	£800,000
卡洛斯·特维斯	曼城	2013/14	£7,600,000
帕特里斯·埃弗拉	曼联	2014/15	£1,620,000
阿尔瓦罗·莫拉塔	皇马	2014/15	£17,000,000

谈到在曼彻斯特不受欢迎的卡洛斯·特维斯，帕拉蒂奇告诉媒体："相信我，在这个人的内心深处，他需要证明怀疑他的人是错误的。他需要以一种更好的方式被人们记住，他身上还有太多的雄心，他只需要一个相信他的球队和教练。他真的是一个明星，一个出色的球员。"尤文图斯的球探们对特维斯、皮尔洛和埃弗拉都有"感觉"，并咨询了这些在球员身边工作的人，看这些球员是否有成为新尤文图斯机器的一部分的愿望。

这是这个俱乐部长期以来一直使用的"以人为本"的球探方法。"布冯是一个忠实的球员，也是俱乐部的传奇人物，他的3200万英镑的标价看起来像可以讨价还价的价格。"卢卡说："突然想到了另一个人——帕维尔·内德维德，他们为他支付给拉齐奥3500万英镑，但他却成了另一个俱乐部传奇式的人物，现在内德维德尤文图斯副总裁。这进一步强化了这样一种观点，即尤文不仅仅是在购买他们认为可以在球场上取得成功的球员，他们是在为未来的盈利能力或可持续性购买球员。球员们要符合尤文的模式并相信俱乐部的家族精神。"

进步

与此相反，在《利物浦球探的秘密日记》（为数很少的关于传统球探的书）中，作者西蒙·休斯描述了首席球探杰夫·特恩提曼在20世纪60、70和80年代推荐球员的过程。他的方法并不复杂："只要我看到一点细微的能力方面的暗示，我就会编写一份关于这个球员的报告，然后再回去观察他，确保他不会被漏掉。"在利物浦最成功的时代，他们签下了来自英国北部的球员，而特恩提曼的任务就是在一周内多次连续驾驶几个小时去看各种比赛（低级别联赛、预备队、周日联赛）。他有一个笔记本，上面写满了球员的名字和他看他们比赛的日期，并对球员进行了一些评价，以便日后参考。关于他看了4次的菲尔·尼尔，他的评价是"做得好，前景好"。尼尔当时23岁，在第三级联赛的北安普顿镇踢球，但特恩提曼看好他的双脚技术，而且球迷们都说他的个性很好。1974年10月，特恩提曼告诉鲍勃·佩斯利他要再去看一下尼尔。和他的前任香克利一样，佩斯利相信特恩提曼对好球员的看法，并安排主席彼得·罗宾逊联系了北安普顿镇。他们的秘书开车将尼尔带到梅尔伍德，达成了这笔6.6万英镑的交易。利物浦后来获得4次欧冠冠军和8次联赛冠军，特恩提曼发现了一块宝石[①]。

如今，球探发现球员的过程有很大不同，但其基本道理仍然是一样的，都是为了获得比敌人更大的优势。从历史上看，这一想法起源

[①] Hughes, S (2011). The Secret Diary of a Liverpool Scout. London: Trinity Mirror Sport Media.

于军队的侦察，将军们派骑兵侦察敌人的地形，收集他们的优势和弱点等信息。在足球中，为竞争俱乐部效力的球探们都熟知彼此，他们也是在进行着某种形式的战争。球探们的工作是在竞争对手之前找到最好的年轻人才，这意味着俱乐部可以用更少的钱与球员签约。从特恩提曼的方法到尤文图斯的现代风格，有三件事没有改变：仍然需要持续的沟通（特恩提曼当年邮寄信件，而现在球探有移动电话）；需要信任联系人（许多人想要强行安排议程）；涉及一年到头的多次旅行。然而，现在球探工作的不同之处在于，尤文图斯和其他顶级俱乐部会给软件开发公司（如WyScout和Scout7）支付费用来对全球范围的球员进行录像汇编，这意味着在球探出发之前，他们可以先在屏幕上观看球员。而特恩提曼在冬天的早晨驾车往返于M6公路上时，并不知道他会发现谁或发现什么。

罗伯特告诉我："帕拉蒂奇会与球探和教练交流，分析他们应该关注哪些球员，以及我们是否要和其他球探一起再去多对球员进行观察。每个月我们都会做一份小报告，记录下这个月我们应该关注哪些球员，我们会观察分析他们表现较好的比赛。这是一个简单的组织。在赛季开始的时候，我们会看视频，因为在出发去看一个球员之前，我们会在WyScout上看他们比赛。每一个球探都要看匈牙利、希腊、比利时等所有联赛的大量比赛，因为我们必须在对手之前看到有潜力的年轻球员。在英格兰尤其如此，他们需要非常迅速，在球员非常年轻的时候就引进。"尤文图斯也必须迅速地在南美洲寻找有意大利血统的球员。例如，如果一个阿根廷人有一个意大利祖父，那么尤文图斯就可以签下他。

帕布罗·朗格利亚打开他的笔记本电脑。一份典型的报告包括球员的技术、战术和身体状况，以及观察过这名球员的球探的评论。虽然尤文图斯有特定的比赛模式和战术组成，但他们并不只看那些适合这个模式的球员（3-2-3-2），而是观察每一个天才，包括边锋。"通常我们会和他们（球探）谈论要分析不同的技能。举个例子，对于我们来说，要成为一个好的右后卫，也许他们必须先踢过右边锋，

10 球探的秘密：尤文图斯如何一统意大利

然后逐渐适应更往后的位置，所以他们也会有进攻的能力。所有过去踢边锋的队员，我们的球探都要分析一些特殊的技能。所以，对于我们来说，如果他们看一个边锋，也要看他是否有能力成为一名后卫。"巴伊亚的丹尼·阿尔维斯和OGC尼斯的帕特里斯·埃弗拉，最初都曾是边锋。在签约之前，球探部门希望看到球员是否能适应其他位置。他们很清楚莱昂纳多·博努奇在国际米兰青年队中是中场球员，后来他的成功也受益于他的传球能力。

如果对一个球员感兴趣，杰夫·特恩提曼会去看他的客场比赛，看他是如何应对压力的。这是一个小战术，帮助球探克服发现球员过程中的风险。你可以评估球员的技术、身体和战术定位，但不能了解他的心理特征。帕布罗也承认确实很难看出球员的精神毅力，但他解释说，像特恩提曼一样，在尤文图斯，他们试图在各种不同情况下考察球员，评估他在熟悉区域之外的表现。尤文也会询问是否有可能在训练中观察球员，看球员是如何进行日常训练的。特恩提曼没有这样的机会，所以他会在人群中与球迷交谈，看看球迷对他们的印象。

在招募特维斯时，尤文图斯曾听说他是个很难相处的人（这是给他估价的一个因素）。经过仔细调查，他们发现特维斯是一个有着惊人毅力和求胜欲望的球员。他延续了斑马军团的成功，帮助尤文在2014年和2015年两次获得意甲冠军，并被评为2015年意甲年度最佳球员。

教练的野心

第二天，我回到维诺沃会见青训学院的代表。11月4日，我沿着科萨大街走着，上百名尤文图斯球迷聚集在都灵新建成的奥林匹克体育场外，他们期待着当天下午的德比赛，他们高呼口号、点燃焰火，营造出一种沸腾的气氛。那时才是上午10点，开球要到下午3点。意大利的超级球迷们在比赛开始前发起了一场抗议活动，打算成立一个团体来反对（为亚洲观众安排的）较早的开球时间。对尤文图斯的超级球迷来说，这是足球狂热者在天主教弥撒时间的写照，以证明他们的德比仪式不会被冲淡。

在英国，青少年足球工作往往被视为教练从事的教练工作中重要的一个方面，如切尔西的布兰登·罗杰斯、沃特福德的马克·沃伯顿和肖恩·戴奇、伯恩茅斯的埃迪·豪，然而，意大利文化则希望年轻教练和退役球员绕过青训学院教练而专注于高级教练。为了做到这一点，他们都从较低水平联赛开始。马尔切洛·里皮在意大利足球的业余联赛中执教过庞蒂德拉、锡耶纳、比士托尔斯和卡拉雷塞等俱乐部，也执教过意甲联赛排名靠后的切塞纳、卢奇斯和亚特兰大等俱乐部。里皮后来赢得了世界杯。安东尼奥·孔蒂到尤文图斯之前执教过阿雷佐和巴里。鞋店销售员阿里戈·萨基在米兰之前执教过里米尼和帕尔马。阿尔贝托·扎切罗尼从来没当过球员，在意大利足球第八级联赛中执教过切塞纳蒂科、里乔内和博卡皮特里，最终成为AC米兰和国米教练。世界杯冠军恩佐·贝佐特从意大利三级联赛的普拉托开始，而米兰之父塞萨尔·马尔蒂尼在帕尔马之前执教过福贾和特拉纳。

尤文图斯主教练阿莱格里曾在斯帕尔、格罗塞托和萨索罗工作过，他告诉《独立报》："在各省工作的经历是无价的，它给了你一个成功教练所需的基本经验，因为当你梦想到一个大俱乐部执教的时候，你首先要学习如何做好这个工作。"[xliv]卡尔洛·安切洛蒂从雷吉纳开始执教，他在自传里谈起他第一次当教练时的迟疑心情："在雷吉纳的第一个赛季，我还没有教练执照，当时对我来说很难理解和接受我成了他们的教练。我知道自己的不足、自己的弱点，我不能相信别人看不到这些。"[①]

对于刚开始一个新工作的人来说，这种心情是很自然的。以上的

[①] Ancelotti, C; Brady, C; Forde, M (2016). Quiet Leadership: Winning Hearts, Minds and Matches. Great Britain: Portfolio Penguin.

10 球探的秘密：尤文图斯如何一统意大利

意大利教练是明智的，远离那些品头论足的聚光灯，补足自己的短板，不是去接受一个已经成功的俱乐部的教练工作，而是从基层开始，这反而为他们提供了一个机会来克服自己的弱点。

亚历克斯·弗格森爵士，非常受意大利人尊敬，他在（第一个）自传里发表了类似的观点，他于1974年开始执教东斯特灵郡，当时他被称作亚历克，"我每天都在学习一些新的执教方法，虽然我会犯错误，但我不会重蹈覆辙。"[1]历史长廊的旅程必须从某个地方开始，在英国，它始于足球青训学院，但在意大利，它开始于低级别联赛。

然而，当意大利教练按这样的路径开展自己业务的同时，知识的聚集使得整个体系头重脚轻，结果却削弱了青少年的质量。在维诺沃，我和尤文的技术总监斯特凡诺·巴尔迪尼讨论了这个问题。"这是一个心态问题。在我看来，世界上最好的教练是意大利人，但仅限于男子足球，我不知道我们是否能培养出世界上最好的青少年教练，这两者是不同的。我认为意大利教练是最好的，但我知道在荷兰和葡萄牙等其他文化中，他们在培养青少年球员方面做得更好。在欧洲，人们对青少年足球有不同的感觉或态度。这只是我的看法。"在意大利佛罗伦萨郊区的奥克斯布里奇总部，那些未来的教练在科维奇亚诺（Coverciano）[2]所获得的知识和他们关于战术问题的哲思对青少年足球的影响并没有那么大。对巴尔迪尼来说，缺乏对青少年发展的关注遏制了意大利未来的有潜力的球员。

技术还是战术？

尤文图斯中心是另一个同时承载一线球队和青训学院的训练基地。巴尔迪尼站在一个大窗前，看着尤文图斯和米兰U11的比赛。尤

---

[1] Ferguson, A (1999). Managing My Life. London: Hodder Paperbacks.
[2] 也被称作"意大利之家"，是意大利足协的训练基地和技术总部。——译者注

欧洲足球成功的秘密

文图斯在与亚特兰大竞争"意大利最佳青训学院"的称号，但他们的目标更宏大。巴尔迪尼的工作是帮助尤文图斯成为欧洲最好的球队，而不仅仅是意大利最好的球队。毕竟，"尤文图斯"这个词源于拉丁语"青年"。"我们面临的一个问题是，在皮埃蒙特，我们没有足够的竞赛。我们可以与都灵和诺瓦拉比赛，但是我们必须组织意大利和欧洲的比赛，这样我们才有真正的竞争者，这是我们正在努力改变的。两三年前，我们开始到世界各地比赛。目前，我们2004年龄段第一组在巴西，第二组在葡萄牙。2005年龄段的球队在瑞士。"在较小的国家竞赛不是问题，在伦敦就聚集着切尔西、阿森纳、热刺、水晶宫、查尔顿、女王公园巡游者、富勒姆和西汉姆等著名的青训学院，他们定期举行比赛，提高了合作和发展的质量。在较大的国家，如意大利，俱乐部更分散，在安排竞赛方面面临困难。荷兰青少年足球发展有着悠久的历史，一个重要因素就是其俱乐部的简洁安排。

如今，意大利仍然生产战术理解力强的球员，但足球已经有所发展。谈到培养战术师的文化和意大利现在面临的困境，巴尔迪尼说："我认为这是一个方法的问题，我们和孩子们谈论了很多如何做选择，也给他们讲很多关于思考和战术的东西。在意大利人的思想中，我们首先考虑的是发展战术，然后才是培养技术。历史上我们就是这样，现在我们想要做些改变，因为我们想提高球员的技术水平，同时提高他们的战术理解。在过去的10年里，足球比赛节奏越来越快，在意大利有一个小问题，因为我们想了很多，但是如果我们踢得慢，就会出现问题。在未来，我们必须找到一个平衡点来同时解决这两个问题。"

德国培养那些有球和无球时都有天赋的球员，代表人物是穆勒和格策。拜仁教练尼可·卡曼后来在慕尼黑说："在德国的青训学院，非常强调战术和技术上的认知能力。"对于意大利来说，必须取得平衡，他们面临的危险是如果他们过分关注技术，忽视他们的战术遗产，他们可能会成为巴西，一个由技术大师组成的没有纪律的团队

10 球探的秘密：尤文图斯如何一统意大利

（在2014年世界杯上，德国以7比1击败巴西，观众们看来，这是足球的"红色婚礼"）。巴尔迪尼认为，意大利足球学院必须继续训练战术，同时也要找到一种发展技术的方法。他解释了教练在技术训练中做到这一点的方法："更多的是询问球员，'你为什么跑到这里？''你为什么要回传？''你为什么要向前跑？'等。我们让他们思考、思考、再思考。可以在孩子们六岁的时候就开始，你为什么不这样做呢？他们很小，但一点也不笨。"牛顿第三定律阐述了每一个作用力都有其反作用力。在尤文图斯，他们训练年轻人从小就理解这一点，希望他们长大后能理解那些成为冠军所需要的作用力。

11 风格、历史、声望、米兰

从都灵到米兰只需要一个小时的时间，中途会路过意大利足球早期的冠军——普洛维尔切利俱乐部。米兰给人的第一印象是宏伟，中央车站的设计体现了20世纪20年代末墨索里尼的法西斯主义力量。中央车站简直就是一座宫殿，有漂亮的大理石圆顶和精美的雕像，只是后面本来应该放置王座的地方，现在是来来往往的高速列车。从主站一走出来，就会看到对面一个巨大的屏幕，上面播放着杜嘉班纳的广告。黑色外饰的精品商店出售卡尔文·克莱恩（CK）和范思哲的产品。T台音乐伴随着乘客从扶梯上下来，没人匆忙赶路，每个人都很酷，就好像米兰有要展现于世人的形象。这座城市的时尚自信是有感染力的，一个不是真正想吸烟的人可能会为了视觉效果而吸烟。一家小酒馆外，精心打扮的夫妇在喝着葡萄酒，无论是穿着衬衫的男人还是穿着套衫的女士，都戴着椭圆形的太阳镜。狗仔队们骑着轻便摩托车去抢拍一位看起来很有名的女士，然而这些夫妇们几乎没有中断交谈。老练是一种心态。只有足球，比时尚和食物更能激发米兰人的感官。

在20世纪80年代和90年代，AC米兰俱乐部的名气越来越大，因为它最好地平衡了全球超级明星和青训学院毕业生。俱乐部出场率前三名的球员都是普里马维拉（米兰青年队）培养出来的：保罗·马

11 风格、历史、声望、米兰

尔蒂尼（647）、弗朗科·巴雷西（531）和比利·科斯塔库塔（458）。多年来，米兰投资于各种各样的"灵丹妙药"，以加强与职业球员的关系，同时保持着宏大的形象。在天才中场费尔南多·雷东多因伤病而发生剧变后，米兰于2002年投资了"米兰实验室"，聘用了比利时的脊椎指压按摩师吉恩·皮埃尔·梅埃尔塞曼，并开创了一个全新的视角，"年龄并不重要，重要的是你在身体上和心理上都做好了比赛准备。"

2007年，梅埃尔塞曼的实验室发挥了作用，米兰以平均31.3岁的首发阵容在欧洲冠军联赛决赛中复仇击败利物浦①。在大约10年的时间里，米兰的球员被视为神一样的人物，他们的表现远远超过了许多人认为的"巅峰"。

然而，给米兰带来成功的方法，最终也逐渐导致了他们的失败——伊卡洛斯的飞行②。这种对上年纪球员的过分依赖使米兰迷失了自己，他们失去了对青少年发展的关注。弗格森爵士告诉哈佛商学院，"年轻球员们要得到发展，就要达到老球员之前确立的标准。"米兰不但没有在这个循环中进行投入，反而创造了一个玻璃天花板。2010年到2016年米兰的衰退反映了他们对普里马维拉的忽视。2011年，米兰是意甲球员年龄最大的球队，包括范博梅尔、因扎吉、西多夫、内斯塔、安布罗西尼、阿比亚蒂和赞布罗塔等，平均年龄为31.2岁。5年后，在2016年，西尔维奥·贝卢斯科尼在晚餐上告诉他的新任主教练文森佐·蒙特拉他最终的梦想："我想要一支年轻的球队，球员大部分是来自我们青训学院的意大利人。"[xlv]

---

①他们的首发阵容包括：迪达（32）、奥多（30）、内斯塔（31）、马尔蒂尼（38）、扬库洛夫斯基（29）、加图索（29）、皮尔洛（27）、安布罗西尼（29）、西多夫（31）、卡卡（25）和因扎吉（33）。那一年他们球队里还有卡福（36）和科斯塔库塔（40）。马尔蒂尼40岁时退役，因扎吉38岁，内斯塔离开时36岁，西多夫也差不多，而加图索35岁时去了锡安。

②伊卡洛斯是希腊神话中代达罗斯的儿子，与代达罗斯使用蜡和羽毛造的翼逃离克里特岛时，他因飞得太高，双翼上的蜡被太阳晒融化而跌落水中丧生。——译者注

蒙特拉的米兰成为意甲球员年龄第三小的球队：24.4岁。前米兰球员菲利普·加利是维斯马拉（位于城市郊区的青训学院）的负责人，他是米兰青年复兴的领军人物。维斯马拉再次成为米兰发展模式的核心，吉安路易吉·多纳鲁马和曼努埃尔·洛卡特利对一线队的影响几乎打破那个玻璃天花板。这个训练中心的入口处有一个足球运动员剪影造型的雕塑，他的身体上刻着米兰学院毕业生的名字：奥巴梅扬、科科、阿巴特、德希利奥、克里斯坦特、马尔蒂尼、阿尔贝蒂尼、博列洛、卡西拉奇、安东内利、库迪奇尼、巴雷西、加利、多纳代尔、多纳鲁马、马特里、科斯塔库塔、帕罗斯基、达米安。俱乐部把这个剪影造型放在入口处就是让来训练的年轻球员受到鼓舞，使他们努力让自己的名字也加入到这个形象上。

复苏

几次电话沟通之后，我和加利确定了见面的时间。下午晚些时候，意大利温和的太阳开始西下。通向主楼的门敞开着，没有安保人员。教练、分析师、理疗师和其他一些忙碌的工作人员都穿着米兰著名的红色和黑色队服，忙着自己的工作，并且面带微笑。维斯马拉是一个友好轻松、但处处充满着决心的地方。听到敲门声，菲利普·加利抬头从他的眼镜上方看着："丹尼尔吗？"他微笑着，请我过来坐下。在我们开始讨论米兰的青少年足球复兴之前，他告诉我他是英国足球的资深球迷："尽管我从五岁起就支持米兰，血管里也流淌着沃特福德的血，但自从1984年利物浦在这儿与罗马比赛，我就爱上了利物浦。"然后他在10秒内历数了利物浦当天晚上首发的球员。这位戴眼镜的青训学院负责人大约40岁，当年曾在詹卢卡·维亚利的带领下为沃特福德效力，那时正是英国足球开始对欧洲产生影响的时代。"对我来说，当时球场的气氛真的是太棒了。我敢肯定，如果我回到维卡瑞芝路体育场我会哭的。"

11 风格、历史、声望、米兰

作为足球史上最伟大的后防线的一部分，加利3次赢得欧洲冠军杯。他在比赛中宛若王族。在20世纪80年代的米兰阵中，他的队友是巴雷西和马尔蒂尼，还有古利特、里杰卡尔德和范巴斯滕。作为一名球员，加利从阿里戈·萨基和法比奥·卡佩罗那里学习到很多东西，现在他们又向米兰的年轻人传授着他们所学，这对俱乐部保留遗产是很重要的。加利是当代米兰与昔日辉煌岁月的纽带。

"当然，这两位教练（萨基和卡佩罗）是我们历史的一部分，我们需要一直记着他们所教的东西，但我认为（只看过去）还不够。萨基给我们的是当时意大利文化中最新的内容，之后卡佩罗又在其基础上继续完善。"但现在米兰必须用加利所说的"贝卢斯科尼哲学"来赢得比赛——"以高效和赏心悦目的足球赢得比赛"。他们推崇萨基关于攻防转换过程中无球跑动、向前压上以及在前锋线开始逼抢的理论，以及卡佩罗的完美标准。据加布里埃尔·马尔科蒂写的卡佩罗传记《胜者画像》，卡佩罗和萨基的不同之处在于个性。卡佩罗曾接受过贝卢斯科尼的商业训练，对职业素养有一种白领式的理解，萨基则是一个革命性的战术家。"在防守上，所有的一切都是为了压制对手，如高度一致的4人防线和越位陷阱，但锋线的3名球员则有更多的机会表达自己的想法。"卡佩罗比萨基给予锋线球员更多的自由[1]。

加利经历了以上两位教练，他在萨基的无球跑动训练中甘当马前卒，也得到了卡佩罗深入、睿智的教导。最重要的是，还是球员的时候，加利非常善于倾听，是一个好学生。他对米兰的价值观充满热情，作为俱乐部辉煌岁月的一个见证者，加利对米兰的复兴很有价值。加利说："我们每天都在这里工作，已经牢记这一运动的宏观原则。"在青训学院，教练们从球员很小的时候就教给他们一些简单的要点，如：

---

[1] Marcotti, G (2008). Capello: Portrait of a Winner. London: Bantam Press.

- 发现空间。
- 以合理的方式占领空间。
- 识别比赛的数字情况（人数优势或劣势）。
- 每个决策的时间。

　　萨基曾教过加利、马尔蒂尼、巴雷西、塔索蒂，以及米兰的所有优秀球员如何发现并利用空间。加利高度紧凑的比赛节奏在当时是领先的，他曾告诉马尔科蒂，"如果你的团队作为一个整体移动，每个球员不断适应正在发生的事情，这看起来就像是有13或14个球员在一起踢球。"教练们研究了萨基和卡佩罗的米兰，并在许多方面模仿二人的方法（拉法·贝尼特斯就是一个无所顾忌的追随者），这些教练逐渐赶上并最终超越了他们。然而加利依然保持勤奋好学。后来，加利又到莱昂纳多和安切洛蒂手下工作，特别是观察了他们如何与新一代足球运动员沟通。"有一些原则是可以训练的。我们所拥有的工具就是比赛的方方面面或者比赛的某些时刻，我们必须把这些安排在训练当中，如组织进攻、控球和射门得分，然后，在每周的训练计划中安排相应的训练内容。"米兰的青少年有一个战术周期性的发展计划，与前文提到的波尔图的计划并没有太大不同。

　　作为曾经的球员，加利认为，如果一个退役球员也是一名好老师，那么他可以向年轻人传授为俱乐部效力意味着什么。"这对我们来说很重要，特别是当退役球员意识到这关系到俱乐部的未来，而不仅仅是他们过去所做的事情。这样，这些退役球员把自己的经验传授给年轻球员，我们的球队就会受益。"贝卢斯科尼一直希望目前的球队与米兰辉煌的时代有一些联系，他相信曾经的球员比局外人更了解俱乐部的价值。新千年以来，米兰一直由前退役球员带领——塞萨尔·马尔蒂尼、毛罗·塔索蒂、卡尔洛·安切洛蒂、莱昂纳多、克拉伦斯·西多夫、菲利普·因扎吉和克里斯蒂安·布罗基。

　　虽然加利认为教练对米兰的文化有很大的影响，但他同时也觉得教练必须能提供新的想法。"他们必须从零开始，曾经是一名优秀的球员是件好事，但你需要成为一名好老师，教足球和踢足球是

11 风格、历史、声望、米兰

有区别的。教练员与运动员的关系在学习过程中是非常重要的。青训学院的球员们也可以通过互联网等媒体了解我们的历史,这样,年轻球员就会意识到他们在为一个非常重要的俱乐部训练,而且穿的球衣也有着光荣的历史。"17岁的多纳鲁马在墙上贴了阿比亚蒂的海报,而18岁的洛卡特利已经成为未来的队长(在这里队长的荣誉比大多数俱乐部更重要,曾给予马尔蒂尼、巴雷西永恒的财富)。

前面提到的大多数球员在米兰都有着漫长而光荣的职业生涯,西多夫37岁退役,内斯塔也一样,因扎吉38岁,保罗·马尔蒂尼40岁,亚历山德罗·科斯塔库塔41岁。很多因素影响着职业生涯的延长,就像卢卡谈到皮尔洛时提到的:意大利文化比较重视年龄,意甲的节奏也较慢,教练们也在战术上设法适应老球员,让他们给球队带来无形的影响。

加利本人也一直踢到40岁,他认为维持职业生涯最重要的因素是心理。"我们有一个组织有机会招募到世界上最好的球员,但秘密是要有强大的人物,而不仅仅是强大的球员。我们有强大的意大利的人物,如马尔蒂尼、巴雷西、塔索蒂和多纳多尼,他们都是很了不起的人,渴望进步。当然,你必须有能力达到这个水平,而且要有信念和恒心才能留在那里。"体能很重要,但积极的心态才是最重要的。

这很符合卡罗尔·德韦克《思维模式》中的研究以及"固定"或"成长型"思维模式的区别。简而言之,德韦克认为有些人的观点是固定的,这些人觉得努力是徒劳的。然而,有些人具有成长型的思维模式,他们会寻求克服通常的思维定式的方法[1]。她解释说:"在成长型思维模式中,学生们明白,他们的才能和能力是可以通过努力、良好的教学和坚持来发展的。"她的理论适用于体育,也与加利关于年龄的观点一致。加利的队友们有长久而成功的职业生

---

[1] Dweck, C (2012). Mindset: How you can fulfil your potential. Hachette UK.

涯，这是因为他们希望的不仅仅是保持自己的状态，而是不断提高自己。

前进

菲利普·加利摘下他的眼镜，询问起英国足球的情况。他说，他很想去安菲尔德，并表达了他对英格兰球迷的敬佩之情。室外光秃秃的树上泛出绿叶，预示着即将冬去春来，也预示着未来的美好。我们的访谈变成了聊天，我也成了一个谦卑的粉丝。"防守的艺术已经消亡了吗？"不，他回答，但是不一样了。"在青训学院，我们正试图改变观点。我们想要从后场开始组织进攻，这对意大利足球来说很奇怪，但是我们想这样做，因为这是俱乐部的理念。当你有了球，你就能掌握比赛。""那么，怎样才能成为优秀的后卫呢？""他需要有个性，勇敢地向守门员要球，并开始组织比赛。他必须非常专注，注意周围的情况，撸起袖子努力投入比赛。在AC米兰，我们需要非常擅长于进行一对一防守的球员，他们可以守住身后的空间，并在很小的空间内控制好球。"

在谈论现代比赛中的防守球员时，"勇敢"这个词的含义似乎较模糊。防守球员必须有两种勇气：把自己的身体置于可能受伤的危险的环境中，这是传统的理解；但他们也必须勇敢地接球并向前组织进攻。约翰·斯通可以说是这一现代角色的先驱者，他经常受到责备，尽管球迷反对，但他对自己的能力充满信心，他比大多数人都更勇敢。"那么，对于后卫来说，要善于防守身后的空间，他是不是需要一个清道夫，因为对萨基来说，所有的位置都是互相关联的？"加利笑了笑，他知道我说的是多纳鲁马。全世界都在谈论多纳鲁马。"他从14岁起就在这里训练，进行了大量的从后场组织

11 风格、历史、声望、米兰

进攻的训练。"

到16岁的时候，多纳鲁马就上了米兰的海报。当晚是对拉齐奥的比赛，（我访问的时候）在圣西罗球场外，他的头像被印在围巾上，球迷们唱着他的名字。通常情况下，门将会在21岁到25岁之间进入一队。当然也有例外，卡西利亚斯18岁时在皇家马德里首发出场，而布冯在帕尔马首次亮相时只有17岁，但很少有守门员16岁登场，特别是在具有米兰这样地位的俱乐部。"每个人、每个俱乐部都在看着他，但我们有优势，因为他的哥哥已经在这里踢球了，而且俱乐部也很聪明，和他的父母达成了协议。"因为多纳鲁马的身高（6英尺5英寸），他一直在和比他大的年龄组踢球。他9岁的时候，和U13的队一起踢；14岁时，他代表U18队比赛；16岁时（在我访问的时候），他进入了一队。多纳鲁马的竞争对手是守门员克里斯蒂安·阿比亚蒂，当时阿比亚蒂38岁，也就是说多纳鲁马要和比他大20岁的老将竞争。然而，他的出现并非出人意料，俱乐部花费了25万欧元。据《米兰报》报道，多纳鲁马的哥哥安东尼奥比他大9岁，曾是热那亚的一名守门员，安东尼奥会在后花园指导他年幼的弟弟，并用YouTube放布冯和卡西利亚斯的视频来激励他。[xlvi]

在鹿特丹，费耶诺德的青训学院院长解释说，年轻球员不能过早地进入成年球队阵容，因为他的发展可能会停止。"你怎么知道他准备好了？"我问加利，"通常情况下你怎么知道年轻球员已经做好了准备？""在这样一个大的体育场里踢球，他的态度特别棒。米哈伊洛维奇（教练组长）和一线队的守门员教练认为他已经准备好了，所以主教练让他上场。"他停顿了一下说："我们知道他已经准备好了，他一直以较小的年龄和我们高一级的青年队打比赛，从来没有和同龄的孩子一起踢球，他一直在和大一点的孩子踢球。他是个天才，我们帮助他展示他的天赋。"多纳鲁马超越了人们通常关于年轻球员需要逐渐接触一线队的逻辑认识。"我们激发出了他的才能，拉丁语的教育是'educe（引出）'，意思是取出、显出才能。他拥有这种天赋，教练也给了他展示天赋的机会。"

*

比赛纪事

我到达的那天晚上，米兰和拉齐奥比赛。圣西罗还是米兰的主场，尽管俱乐部并不拥有这个球场，他们和国际米兰每个赛季向地方议会支付租金以获得在那儿比赛的权利（410万欧元）。这也成为俱乐部发展停滞的一个因素：尤文图斯拥有自己的场地（他们是免费获得土地的）并获得收入，而米兰则需要支出。

圣西罗球场没有拿着麦克风的球迷领袖，与欧洲其他地方相比，这里的气氛更真实。在其他足球俱乐部，球迷领袖都会面对观众、背对场地拿着麦克唱歌，他们指挥球迷唱歌来营造气氛。在英国，比赛的特殊时刻球迷会献上歌曲，如角球或射门，球迷会因自发的愿望而共同歌唱；在圣西罗，球迷们买票，并被铁杆球迷带动一同唱歌。在英国，呼喊和唱歌之间有很长的沉默时刻，而在欧洲大陆，铁杆球迷们则自始至终助威不断。

卢卡·霍奇斯·雷蒙是一名意大利裔英国人，他会坐在锡耶纳足球俱乐部铁杆球迷看台中，花很长时间研究他们的文化，他最适合评论英国和意大利观众的相似与不同。"当锡耶纳输球时，一些球迷自然会灰心丧气，并安静下来，而这时铁杆球迷领袖（在球门正后方，通常靠在栏杆或栅栏上）会发挥他们的作用，他们会尖叫'不要看什么结果，球队需要球迷的支持'。"卢卡指的是球迷领袖的奉献，他认为他们是忠于自己支持的俱乐部的，他们会有一种支持的责任感，这与英国的许多消费型球迷不一样，英国球迷是希望通过花钱得到愉悦（参见第一章中引用的朱利亚诺蒂的研究）。"在英国，大多数球迷，甚至包括那些大声唱歌制造气氛的，他们关注的通常是球队的最终结果，而通过对一些意大利超级球迷的采访会发现他们的观点略有

11 风格、历史、声望、米兰

不同，你会经常听到他们谈论，铁杆球迷的思维方式是确保球迷看台持续不断地制造声音去支持球队。球迷领袖带着麦克风领唱，几乎不看比赛，还有一些人的任务是在90分钟内一直挥舞巨大的旗帜。我可以向你保证，这是很大的奉献。"

当晚在圣西罗看球的人贡献了他们的音量，这些人大多是男性，年龄在16岁到30岁之间，没有归属感。在英国，通常的足球消费已大大超出这一人群的消费水平。英国和意大利的一个相似之处是，人们对体育馆安全站立区域的需求增加了，取代一部分座椅。在圣西罗的南看台，座位又危险又不方便。人们会站在座椅上，如果有人想坐下，就必须拿一份《米兰体育报》垫在肮脏的塑料座椅上，当米兰进球得分、球迷们向前冲时，就会很危险。好的情况是可能伤到小腿，坏的情况是摔倒在座椅上。

当我爬上螺旋上升的楼梯时，眼前呈现出最伟大的足球殿堂之一：两边的看台大部分是光秃秃的，但在南看台上，上百面旗帜壮观地挥舞着，空气中弥漫着冷焰烟火。焰火是反抗的象征，是那些自由散漫的人创造的反抗权威的场面，不会造成伤害。大麻的气味缭绕着，却看不到管理人员的身影。尽管如此，那里的气氛依旧是一流的。反主流文化喊得声嘶力竭，对传统支持者来说，这是一个持续的仪式。最大的横幅上写着"巴雷西6"，它在一片红色和黑色的海洋上高高飘扬。弗朗哥·巴雷西比任何球员都更能代表AC米兰，AC米兰在乙级联赛时他在，1988年他也在。铁杆球迷的概念既是对侵略的回应，也是自我价值的宣言。意大利足球高度政治化，米兰必须向现场的拉齐奥铁杆球迷展示他们的实力。这是通过球迷展示的地方主义。

米兰继续获得高水平的赞助，场边广告包括奥迪、妮维雅、阿联酋航空、杜嘉班纳和阿迪达斯。根据德勤的数据，米兰那个赛季的商业收入约10210万欧元，远超尤文图斯的8500万欧元。当天晚上，日本中场本田圭佑是米兰最具技术性的球员，除了他的才华外，他还为球场带来了很多观众。日本球迷在南看台的后面打着拍子，滑稽的是铁杆球迷们不断警告他们不要给那些旗子拍照,其中一个横幅上写着:"禁止拍照"。下半场,特立独行的马里奥·巴洛特利伤愈复出,成为球场上最好的球员(拉齐奥一方则是巴西人菲利佩·安德森),这本身就是这场比赛最生动的例子。最终比赛以1-1的比分结束。33000名观众突然离开,让原本空荡荡的体育场显得更加空旷。几分钟后,圣西罗变成了一个有着蓝色座位的空壳子。几个月后联赛结束时米兰排名第七。施尼沙·米哈伊洛维奇被解雇,取而代之的是文森佐·蒙特拉,新增曼努埃尔·洛卡特利、苏索和穆巴依·尼昂等球员,这也使俱乐部焕然一新。

*

转会专家

他站在那里,在闪光灯前拿着他的新球衣,这是他这一天第10次麻木地露出微笑。上千条"推特"在全球传播着他的形象。

然而,开始这一狂欢节的第一条推特被推入吉安卢卡·迪马济奥的手机,他是前那不勒斯主帅吉阿尼·迪马济奥的儿子,他最先知道什么时候会有转会,近百万的推特粉丝在等待他的确认。

AC米兰与拉齐奥的平局之后,在米兰的一个晴朗的上午,我和我的翻译(《米兰体育》记者达里奥·维斯玛)来到了位于市中心的意大利天空电视台演播室,这是一个庞大的综合建筑,安保级别堪比日内瓦的联合国总部。我们在大厅里等着。"你听到消息了吗?"达里奥突然问道,并低头看他的手机:"克鲁伊夫去世了。"几秒钟后,楼里的人们开始忙碌起来,工作组急匆匆地开始创作这位伟人的蒙太奇。

迪马济奥来了,他穿着牛仔裤和连帽衫,和我们握握手。"太可怕了",他说着克鲁伊夫的过世,我们都认为荷兰人恢复得很好。迪

11 风格、历史、声望、米兰

马济奥的英语很完美，但达里奥仍然很受欢迎。在谈话之前，这位转会专家带我们去看天空体育新闻的幕后工作。在那里，我们默默地在提词机后面看着主持人讨论克鲁伊夫的过世。播放他的画面时，我们突然感到很悲伤。在意大利，他被人们铭记为全攻全守足球的化身，这个战术体系终结了曾经主导意大利的密集防守足球时代。

迪马济奥享有国际声誉，是可靠的代名词，以在媒体发布消息之前公布转会细节而闻名，通常比俱乐部的官方网站都快。当然，最吸引人的问题是他如何从俱乐部获得信息。"他们会和你联系告诉你他们的日程安排吗？""有时会，我们互相合作。在我和我的消息源的关系中，最重要的是新闻的信誉，我会让他们知道他们可以信任我，我也可以信任他们。例如，去年（罗贝托）曼奇尼成为国际米兰的新主帅时，我比任何人都早知道这个消息。那是一个周四的晚上，我有两个选择：我可以在电视上直播，但国际米兰相信我，所以我问俱乐部时，他们告诉我什么都不要说，因为主教练马扎里还不知道。这样，对我来说这是一个风险，因为其他记者可能会抢先报道这个新闻。尽管如此，国际米兰告诉我，一旦马扎里发现，我将是第二个被告知的人，出于对我联系他们的尊重，他们先告诉了我。如果我先公开，可能会造成很多问题，所以我希望和我的消息源建立这种关系。"

"这对你来说是一个利益冲突……""已经发生过了，当我很肯定我的消息但不是100%确定时，我会向俱乐部求证。有时候我真的很确定，我有来自经纪人和球员的消息，所以有时候我不需要向俱乐部核实，即使有时可能会带来问题我也可能进行直播，去年在胡安·伊图尔贝身上就发生了这样的事。当时热那亚确信他们会把他从罗马签下，我在电视上播出了这条消息，所有的罗马球迷都快疯了，因为他们不想失去这名球员，结果交易被取消了!热那亚俱乐部主席打电话给我说：'吉安卢卡，这都是你的错!'但对我来说，我必须要播出。"伊图尔贝最终被租借到伯恩茅斯，在那里他只打了两场联赛的比赛。"经纪人有没有联系过你，说他们的球员想离开俱部?""当然。""那么,如果你和俱乐部有关系,你会怎么做?""哦,这对我来说不是问题,对俱乐部来说是个问题。我会发布这个消息,说球员想要离开,他处于一个两难的时刻,会考虑其他的报价等,但我会试着以一种平衡的方式来说,所以我什么都没确认。这是我的力量所在,我会保持平衡,我不会用消息去挑衅别人,当然这是非常困难的。我总是用正确的方式做事,我不想给任何人制造麻烦。"不过迪马济奥并不是总能做到。

迪马济奥告诉我,在这一现代运动中,俱乐部会操纵媒体以达到他们自己的目的。"所以从理论上讲,如果俱乐部想要签某个球员,他们会和你联系去制造一个谣言吸引球员注意吗?""是的,会有这种情况,但不会经常发生,因为俱乐部更喜欢在没有任何公众关注的情况下开展业务。他们通常告诉我什么都别说,但我首先会对总经理说'如果我知道这是真的,你就永远不能告诉我这是谎言。如果我知道了名字,这不是你的问题,我只是想让你了解我知道这一消息。'然后,联系人可能会对我说'好吧,这是一个困难的时刻,现在先保密,等我们达成协议。'他们不会说'不,这不是真的',然后却变成了官方发布消息。有时俱乐部会告诉我什么都不要说,等到时机合适的时候他们会先打电话给我,然后我会宣布这个消息。我想第一个发布消息,例如要抢在《米兰体育报》之前。"迪马济奥的声誉建立在他获得的信息质量上。有一位主教练父亲让他具有无可比拟的优势,但要达到他的水平,需要胸怀壮志。

"如果消息源对你撒谎,会发生什么?""会有这样的事。有时候经纪人想要发布他的球员被皇家马德里看中的消息,这样他就可以与尤文图斯谈条件了。他会告诉我,因为他有他的目的,所以我会努力判断这是否是真的。我已经有12年的经验了,我知道谁在告诉我真相,谁又在心怀鬼胎有意说谎。如果他们告诉我需要我的帮助,我会帮忙。我可以说他们的球员被皇家马德里看中,我会在电视上播出这条消息,作为回报,当他签约尤文图斯的时候他们会先告诉我。如果一个俱乐部拖拖拉拉,作为帮忙,我会公布这条消息,这样俱乐部就

11 风格、历史、声望、米兰

会跟进,然后在他签约新俱乐部的消息正式发布前一两个小时,我会第一个发布。当消息官方正式发布时,就已经不是新闻了。""那么我们相信什么呢?"

美国演员丹泽尔·华盛顿总结了现代自由主义媒体的动机,迪马济奥便是现代自由主义媒体的一员。他对一位红地毯记者说:"如果你不看新闻,你就不了解情况。如果你看新闻,你就被误导了。"她问道:"你会怎么做呢?"他开始说:"太多信息的长期影响是什么?其中的一个影响是,必须是第一个发布,甚至消息不一定是真实的。我们现在生活在一个人人都想成为第一的社会,我们不在乎会伤害到谁,我们不在乎会毁掉谁,我们不在乎这是不是真的,我们就只管去说、去卖"。迪马济奥向我们证实,经纪人有时会推出虚假的谣言来推动交易,他会为了得到他们的支持而与之配合。表面上看,这是一种合法的谈判策略。这不是迪马济奥的错,这个圈子就是这样。社会作为大众传播媒介的受体,有义务对新闻提供者提出质疑,要求他们确保其报道的真实性;作为消费者,也要有自己的思考。对新闻的一种不可抑制的渴望,无论消息真假,都保持了一个危险的循环,超越足球。从米兰人身上可以学到很多东西,对他们来说,老练是一种心理状态,其相应的洞察力也是如此。

12 城堡、国王和童话：巴伐利亚的拜仁

在一条狭窄的道路上，两边都看不到汽车，一群人聚集在一起等待着通过的信号。他们在那里站了几分钟，眼睛都不眨地等着红灯变绿灯，一直抑制着想要迈步上路的强烈冲动。随着人越聚越多，人们也感到越来越烦躁，但没有人冲动，乱穿马路是违法的。规则是需要遵守的，体系结构是需要坚持的，这使德国社会非常高效。绿灯最终会亮的。这个国家的政治和足球也是如此缺乏争议，这与现代英国的浮躁形成鲜明相比，德国却能使枯燥乏味让人感觉像呼吸新鲜空气一样。巴伐利亚州拥有欧洲最强大的经济实力，失业率仅为4.1%，而且生活质量调查显示该地区处于前列。当地人会谈论独立，但从来没有认真对待过。这是一个富有寓言和民间故事的地区，旨在提供道德指引。英国有传奇故事，巴伐利亚有经验教义。也许，考虑到英国现在很喜欢德国（战后的紧张局势正在整个大陆上消失），英国可能会选择向德国学习。

为了发现拜仁和德国是怎么赢得胜利的，我前往萨本那街去和尼克·卡曼见面。尼克是青训学院的力量教练和体能教练。因为英格兰队的拙劣表现，我们认为两国球员的主要区别之一是比赛管理。德国队在世界杯上以7-1的比分让巴西队难堪，那时巴西球员的技术水平

12 城堡、国王和童话：巴伐利亚的拜仁

其实与他们相当甚至比他们更好。借用别处的一句话：奥斯卡有一双法拉利级别的脚，但穆勒却有劳斯莱斯级别的头脑。德国足球运动员每时每刻都能理解比赛，他们是球场上的战术家。这里的青训学院在培养年轻球员时完美地融合了战术与技术之间的平衡，这是意大利俱乐部正在努力做的。

尼克说："在德国的青训学院，非常强调战术和技术知识。美国人有很好的战术，而且有很强的职业道德，但夸张点说他们连球都传不好。巴西人技术惊人，但有时缺乏优秀的战术或力量。如果你把发展模式看成是一个由竞技精神、特定运动技能和战术组成的三角形，我认为在德国，这三个方面我们都擅长。"

尼克认为德国的年轻人也学习了如何更好地应对错误。在英国的课程中，教练一看到错误必须马上识别并"教授"（纠正）这个错误。在这里，球员们理解发生的错误，并且作为学习过程的一部分允许发生错误。只有一个错误重复出现的时候，才会被认为是缺陷而需要进行一定的训练，"这使德国队成为最好的球队，我认为我们的球员知道自己可以犯错，但不用担心犯错。我们尽量创造一种氛围，允许球员犯一两次错误。"即使是在高级阶段，马茨·胡梅尔斯和杰罗姆·博阿滕偶尔把球传错也是允许的。

科隆的海勒斯-维斯维勒学院是德国教练员培训的中心，在这里，自我批评被认为是所有德国青训学院工作人员应该鼓励球员去做的。其结果是拜仁培养了世界上最聪明的球员之一——托马斯·穆勒。穿着黑色球鞋、短袜，场上勤奋，穆勒回归到更传统的一代。"他的足球智商很高，在这儿。"尼克把胳膊高高举过头顶。"我们和巴塞罗那比赛的时候，他甚至用了篮球动作来阻挡球员。我知道在他成长的环境中，人们认为获胜很重要，这对他有很大帮助。我们经常强调职业道德，你必须教导孩子们，失败也是重要的，是比赛的一部分，但是你不应该因为懒惰而失败。如果你很懒惰，那么会有1000个孩子跪着爬到这里为拜仁踢

球，所以你必须努力。"

景观

萨本那街是郊区的一个安静区域。94号和96号是大型的瑞典主题的独立式住宅，建在长长的道路两边，周围有高高的树木，四处飘荡着轻柔的鸟鸣声。沿着公路上去，55号是一处现代建筑综合体，非常像一个疼痛的拇指，这属于世界上最著名的体育俱乐部之一——拜仁慕尼黑足球俱乐部。

居民们似乎没有意识到那些在这条街不远处训练的著名运动员，一名妇女正在照料她的水仙花，跑车从她身边轻快地驶过。有的人家在遛狗的时候会穿过一排排的建筑物，经过训练场地，再到后面的林地。这里公众观看训练的开放程度非常令人震惊，是非常前卫的想法，这只能是一种自由的德国概念。保守的英国俱乐部绝不允许球迷观看训练课。许多英超俱乐部的球迷甚至不知道他们球队的设施在哪里，而拜仁则将通往萨本那街的地图指引和每周训练计划放在他们的网站上。

这个综合体建筑非常值得炫耀，共有6个室外足球场、1个餐厅、1个奥迪经销商的店面、几个大型罗马数字的宇舶时钟和1个沙滩排球场，道格拉斯·科斯塔和蒂亚戈经常在这里踢球。这里有一种梦幻般的氛围，教练们会越来越喜欢。尼克和我在主训练场旁边的啤酒花园外见面。作为体验的一部分，球迷们啜着啤酒，看着一队教练洛伦佐·博纳文顿安排着训练课（瓜迪奥拉当时仍在负责）。球迷不仅可以免费观看他们钟爱的球员，同时他们还可以喝啤酒。当然，同样的事情在巴列卡诺也可能发生，但是巴列卡诺不参加欧冠。作为拜仁球迷是一件幸福的事情，门票很便宜，他们在社区里很活跃，而且总是赢球。"我们认为球迷不应该像奶牛一样被不断挤奶"，俱乐部主席

12 城堡、国王和童话：巴伐利亚的拜仁

乌里·赫内斯在接受BBC采访时说。xlvii

球员们出来热身的时候，在场的近百人热烈鼓掌了几秒钟，然后就安静了下来。没有歇斯底里，没有唱歌，没有渴望名人的关注，几乎连拍照的都没有。当时佩普·瓜迪奥拉已经告诉俱乐部他打算在赛季结束后离开（他将成为45年内第4个不是被解雇的主教练），他还没有宣布加盟曼城的决定。起初，球迷们被激怒了，认为"我们给了他一切"，但在这一天，他们原谅了他，并在他进入球场时礼貌地鼓起掌来。时间是最好的良药。他穿着红色的背心，双手插在口袋里，比以前更放松了。任期到此时，他确信已经把自己的哲学传递给了球员们，没有必要像他刚开始时那样大喊大叫指手画脚。

随着技术训练的开始，瓜迪奥拉在外围看着，仔细观察每一个传球。在某一点上，他叫停了训练，之后球员们都盯着他看。哈维·马丁内斯过早地从假人后面跑出来接球。"这不是真实情况！"佩普大喊着，展示着完美的情形。他吹响口哨，训练恢复，球员们更加努力。扶着栏杆观看训练的支持者们开始更加专注地看着瓜迪奥拉，不用想拉姆、里贝里和其他队员，球迷们是来看他的。佩普越来越成熟，称赞着他的球队。哈维·阿隆索和哈维·马丁内斯做出了反馈，他们3人交流大多混杂着西班牙语及德语。几分钟后佩普吹响了口哨，示意他的队员们进入下一个练习。这是4对4的控球练习，方阵外还有4名球员，就像帕克·赫梅斯曾听说过的一样，丢掉球的队伍与外面的4人交换，同时也是攻防转换的信号。每次训练开始必须由瓜迪奥拉把球传入场地，他指挥着节奏，像是一个工作的领导者。

在莫扎特、瓦格纳、施特劳斯和奥尔夫曾很受欢迎的城市里，瓜迪奥拉是慕尼黑最令人激动的指挥家，他将一种痴迷注入到前所未见的公开训练课中。他的足球风格是运动的古典音乐，观众对这个观点几乎都很认同。在古典音乐中，听众不再听单个乐器的演奏，而是习

惯听交响乐。在佩普的拜仁，无论是阿拉巴选择向前跑还是罗本切入内场，人们不会注意球员之间的轮换，他们似乎在场上各个区域都能和谐地比赛，创造着经典足球。这令人如醉如痴，球迷们如吸食毒品般地异常兴奋。

场地旁边有木棚，供场地工存放工具，在这些棚子里，大多数情况下场工会一边听无线广播一边放松，不过佩普执教的时候，他们会出来观看比赛。当球员们在湿润的草地上啪啪地踢着球时，球迷们都痴迷地站在那里，甚至连吉祥物也停下来观看。"好！好！"当蒂亚戈将球从两腿中间漏过骗过一个年轻球员时，瓜迪奥拉大喊着。训练结束的时候，瓜迪奥拉和这个年轻球员交谈了近10分钟。他是约书亚·基米希，在后来与多特蒙德的一场平局后，瓜迪奥拉在81000名观众面前鼓励了他，他因此而出名。"我很喜欢他"，瓜迪奥拉后来说，"我喜欢和那些愿意学习和提高的球员一起工作。"[xlviii]

之后，队员们聚集在中圈做拉伸。阿隆索和里贝里试图传球击打横梁，但两人都在球门上角进了球。瓜迪奥拉已经完成了对基米希的指导，他比阿隆索和里贝里离球门更远，他要了一个球。瓜迪奥拉没有要求大家把注意力集中在拉伸上，而是自己踢了一脚球，正中横梁。粉丝们终于兴奋起来了，一些人开始喊佩普的名字，大多数人鼓起掌来。在托马斯·卡莱尔的"伟人"理论中，像拿破仑、甘地、亚历山大、林肯和凯撒这样的人是通过他们的智慧、动力和魅力决定历史，瓜迪奥拉是足球的伟人。他的学生哈维曾经说："如果瓜迪奥拉决定成为一名音乐家，他就会成为一名优秀的音乐家。如果他想成为一名心理学家，他就会成为一名优秀的心理学家。"[xlix]

在过去，克劳迪奥·皮萨罗要去说服年轻球员尊重球迷，迫使他们去给球迷签名。现在，在训练开始之前，球队会决定哪些球员要去签名。当天要去签名的是哈维·马丁内斯和菲利普·拉姆。球员都进去后，阿隆索还呆在外面，他让他的小儿子向他射门，他在享受着他职业生涯的后期。阿隆索曾被认为是巴萨的哈维·埃尔南德斯的对

12 城堡、国王和童话：巴伐利亚的拜仁

手，在拜仁，他根据瓜迪奥拉的要求调整着自己的比赛方式。

体能

带着对这一天活动的深刻印象，尼克和我在萨本那街的办公室找了一个空房间谈话。因为尼克曾参与美式足球工作，拜仁聘请他为力量教练和体能教练。安德里亚斯·科纳梅尔（聘请尼克来，而最近受雇于利物浦）有柔道背景，他很看重用其他项目来帮助球员预防受伤。足球是一种高度专业化的运动，会对同一肌肉施以持续的压力，"总是小腿肌肉、腹股沟、臀屈肌和下背部受伤"，尼克抱怨道，"因为他们从9岁开始每天都在做同样的事情。球员可能某个部位较脆弱，或可能形成笨拙的动作模式。"

尼克参与青训学院各年龄组的训练，重点是恢复、力量、协调、运动模式和比赛准备。"我已经进行了很多美式足球的训练内容，可能会做一些小场地比赛，这些比赛既有英式足球的特点，也有美式足球的特点，训练中他们可以接球、传球、掷球、铲球，而且还有球门区或者球门进球得分。这是一种混合的运动方式，球员会使用各种方法，而并不总是使用足球运动的动作。"有时候，尼克会要求队员们进行拳击练习，球员会觉得很有意思，这也会使他们的"足球"肌肉得以放松。

然而，在这一现代运动中，多运动项目的训练方法并未在所有俱乐部中得以普遍应用。虽然尼克可以在拜仁的训练中自由实施这种方法，但是他还是认为未来的比赛应该融合其他运动不同训练内容的灵感。简单地说，使用不同的肌肉意味着更少的损伤，因为减少了肌肉的压力。"这是体育训练背后的理念，会带给球员一个全面发展的运动肌肉形态和更大范围的运动能力。我们永远都不希望把他们培养成优秀的篮球运动员，但是当你隔一段时间进行一些投篮练习时，你就

会看到一种转变。这提升了球员的运动系统的能力，使一个动作和另一个动作区分开，并使两个动作都变得更好。"在拜仁，尼克有时候会布置一个柔道场地，让球员们进行柔道比赛，他们会试图把对方从场地中拉出来。观看的球员会赌谁能赢，失败者和他的支持者要做俯卧撑。这使训练具有了竞争性、愉悦性，还提升了训练的灵活性。

尼克认为多运动项目训练方式是未来足球的一个明显的演变。他觉得足球中许多事情做得不对，要想提高，就必须看看其他体育项目的专家在做什么。"假设你需要提高球员的跑动速度，那就不要绕着锥桶运球，球会限制你的频率、强度和步长，而要像田径运动员那样练，因为他们知道如何提高零点几秒的时间。要提高切入能力，可以看看橄榄球运动员是怎么做的，他们非常擅长这方面的技术。我不是跟普通人学的举重技巧，而是从德国国家队的举重运动员塞巴斯蒂安·坎德尔那里学的，因为他知道如何调动最后10%的力量。"伊布拉希莫维奇难以置信的柔韧和灵活性来自跆拳道。吉格斯因为练习瑜伽，因此他一直踢到40岁。也许要应对足球攻防转换的快速变化，球员应该进行一些篮球风格的训练。当问到战术周期化以及在西班牙和葡萄牙人们认为训练应该以真正的足球为基础等问题时，卡曼承认，这种多运动项目训练主要适用于年龄组训练，但他强调，即使在一线队，也应该进行多样化的训练以减少关键肌肉的压力。

体格

在现代的比赛中，各条战线之间的空间越来越小，也需要球员有更好的身体状况。卡曼告诉我，在一些俱乐部，球员从14岁就开始控制自己的体重。"如果教练不学习运动科学，从长远来看他就不会取得成功。某些伤病模式会随着主教练的出现而出现，特别是他们拒绝引入合适人选的时候。"卡曼是正确的人选之一。"在力量和体能时代之前，教练作为球员越成功，他的头脑就越封闭。阿森纳五年前引

12 城堡、国王和童话：巴伐利亚的拜仁

进了一个有橄榄球背景的人，后来俱乐部意识到他们未能带来预期的效果，所以俱乐部又请来了爱尔兰橄榄球联合会的德斯·瑞安。如果我没记错的话，在过去两年里他们的青训学院没有发生过一例膝关节前交叉韧带损伤。这是一种投资，从青训学院的角度来看，如果球员受伤少，他们就有更多时间训练和发展。"

有一些足球运动员的职业生涯因重伤而受影响。迈克尔·欧文和罗比·福勒在利物浦很早就达到职业生涯的顶峰，但后来却受到了伤病的困扰。"这可能是因为他们身体的同一个部位反复承受压力，或者是因为他们年轻时没有建立起好的运动计划。"（英国没有冬季休整的时间，这也是英格兰在国际比赛中成绩不好的另一个原因）。但是，尽管有多重伤病，尼克却重复了欧亨特医生在里昂说的：没有一个球员天生就容易受伤，所有的伤害都是可以预防的。

欧文和福勒是在没有营养计划的情况下成长起来的一代足球运动员。如前面所讨论的，在里斯本竞技，每个球员从小就有饮食计划。尼克说："需要有人帮助你的球员，让他们了解自己应该吃什么。我的一个朋友与纽约巨人队、纽约红牛队和摩纳哥队合作，她会努力让球员的家人和女友参与进来，这样你对球员的安排会变得容易，而且更容易消除误解。你的身体里需要有葡萄糖，你需要乳制品，因为它们是较好的蛋白质来源。一位营养学家告诉球员不要吃茄子。什么时候蔬菜变得不能吃了！？其实关于营养、运动训练、恢复等方面有很多错误的观点，你必须通过真实的科学和数据来捍卫自己的生活方式。"

不过，足球运动中身体类型的变化方面与美式足球有所不同。足球场上的大多数位置都很相似，可以保证体能训练是通用的："当然，如果球员缺乏体能，他需要进行额外的训练。如果我是一线队的教练，我可能会要求边线球员和中后卫做不同的跳跃练习，但不是因为他们的位置，而是因为他们的体型和运动能力水平。我需要重新考虑的是守门员的训练。"尼克与拜仁的替补守门员汤姆·斯塔克一起训练，斯塔克还是青训学院里的教练。之前，斯塔克和球队的其他队

员一起进行了"回旋曲"训练,以提高他的步法。斯塔克是一线队哲学与青训学院之间的桥梁。年轻一代的球员试图用相似的位置打法来模仿一线队,以三角形形成4-1-4-1阵型。这就是为什么德国总是赢球,从青训学院到一线球队的过渡,他们的风格是非常相似的。

*

斯塔克精神

德国人用一根筋的冷酷来取胜的能力是一种技能。尽管他们有明显的精神力量和对比赛的完美管理,德国人和早于他们的西班牙人一样,也有一个年轻球员从青训学院到国家队的清晰的路径,这意味着,当球员们第一次穿上他们著名的黑白两色球衣时,这种过渡就是无缝衔接的。在德国2000年欧洲杯惨淡的表现之后,德国足协和德甲联赛共同制定了一个计划,这项人才培养计划培养了更多的教练和球员。《卫报》写道,"2000年欧洲杯之后,人们开始改变哲学观念,雇佣了更多的全职教练,并进行了设备升级。德国足协希望摆脱直线的打法和依靠"德国精神"赢得比赛的方式。"[1]

下面是拜仁慕尼黑为德国国家队输送核心球员的途径,类似的情况也包括巴塞罗那2010年世界杯为西班牙国家队提供人才,里斯本竞技在2016年欧洲杯帮助葡萄牙国家队取得胜利。

1. 孩子在8岁或9岁时首次进入青训学院。

2. 他所学的足球风格,从基础阶段到成年队都是同步的。

3. 当他17岁签下职业合同时,他被送进B队,这是从青少年到具有竞争性的成年足球的铺垫。

4. 他从B队加入一线队。一线球队的风格与B队和青训学院的风格是一样的,使他的过渡更加容易。

5. 一线队的足球风格和国家队的风格是一样的。

6. 他加入国家队时,已完全理解自己在队里的角色和要求,并且

12 城堡、国王和童话：巴伐利亚的拜仁

已经能够掌控自己在球场上的位置。

7. 国家队球员大多数是他在俱乐部多年一起踢球的队友，他们通过非言语交流就能理解对方的意图。[1]

以安德烈斯·伊涅斯塔为例。他16岁第一次在巴萨训练时，从拉玛西亚走100码就到了一队集合的地方。在门口安检处，路易斯·恩里克在欢迎他，并把他介绍给了队长佩普·瓜迪奥拉，当时的队友后来成为他的教练。伊涅斯塔很容易取得进步，因为这里的足球风格与青训学院是一致的。他和杰拉德·皮克、塞斯克·法布雷加斯，维克多·巴尔德斯和佩佩·雷纳等当时同住一个宿舍的队友们一起赢得了世界杯。

在英国，各青训学院对于他们想招募的球员的类型有不同想法，他们培养这些球员的方式也有所不同。各地方足球协会提供课程并检查青训学院的执行，但它们是自治机构，可以创建自己的发展规划。但德国足协则覆盖了这个国家的每一个年轻球员，这一点后面《北莱茵-威斯特法伦》一文会继续解释。

我与尼克讨论到，在英国的青训学院之后，没有明显的从青少年到成年足球的进身之阶，除非被租借到一个不熟悉的环境中，而这可能又会扼杀球员的进步。即使一名年轻球员幸运地进入一线队，球队也很少会和青训学院用同样的比赛风格，英国教练生存主义的短期心态也正是如此，他们很少积极主动，更多的是被动适应。有时可能青训学院的风格和一线队是一样的，但也难以让国家队受益，因为没有哪一支英超联赛球队是真正由本土球员组成的。在国家层面上，没有两支英超球队使用的是完全相同的足球风格（有些球队是相似的，但不完全一样），最终导致了英超和国家队发展的不匹配。总而言之，当一个年轻球员进入国家队时，他对他的队友和比赛风格都感到很陌

---

[1] Ruesch, J. and Kees, W., 1982. Nonverbal communication (Vol. 139). University of California Press.

生。里纳斯·米歇尔斯解释说,"团队建设"不仅仅是社会凝聚力,而是建立一种清晰的方法或比赛模式的过程。在英国,由于各有各的发展方案,平滑过渡的方式不容易实现。

要让灯泡开启发亮,就必须"打开"所有的开关,以确保路径完整畅通。要想拥有一支成功的国家队,让青年球员努力进入的大门必须全都打开。遗憾的是,在英国,从青训学院到国家队的大多数道路都是"封闭的",英国国家队的比赛也一直前景黯淡。相比之下,德国和西班牙的足球协会是在和他们的俱乐部共同努力。联盟主席何塞·路易·阿斯提扎兰在谈到他们的十年规划时说:"我们有一个'忠诚战略',确保西甲联赛中有77%的球员是能够为国家队效力的。"[li]

球员们在国内联赛中也使用着类似的足球风格——高压和快速转换,这也是他们国家队的风格。不仅如此,无论在巴伦西亚还是沙尔克,年轻球员的通路是"开放的",而且他们国内大部分的竞争对手基本是一致的。巴塞罗那的拉玛西亚青训学院有7名毕业生参加了2010年世界杯决赛,而2014年有7名拜仁慕尼黑球员(包括即将离开的托尼·克罗斯)进入德国国家队,最著名的是他们还培养了拉姆、穆勒和施魏因施泰格。在那届获胜的德国国家队中,6名球员(诺伊尔、赫韦德斯、博阿滕、胡梅尔斯、赫迪拉和厄齐尔)从2009年欧洲U21锦标赛时就在一起比赛,在决赛中以4-0击败英格兰队(而那支英格兰队中只有詹姆斯·米尔纳在5年后参加了巴西世界杯)。德国的球队有5年的时间是在一起踢球,以完善场上关系并排练阵地战打法,而英格兰则是把一群陌生人带到陌生的地方去打比赛。

*

当我们走到外面时,等候的人群已经散去。天色渐暗,球场又开始了喷水作业。这里看起来和大多数训练中心一样,但却感觉不同。

12 城堡、国王和童话：巴伐利亚的拜仁

拜仁最特别的地方，也是使他们在欧洲和德国都独树一帜的地方，不仅在于他们开创性的体能训练和给年轻人提供的开放通路，更在于他们无可挑剔的高标准。当被问及这种独特性时，尼克并没有把这个问题浪漫化，而是用德国人直截了当的方式进行了回答："这里最独特的是，每天我路过一线队的训练场地，只要穆勒、拉姆和球队在训练，我就会看到他们十分努力。世界杯后的第一次训练，球员们就100%投入。如果一个球员没传好球，其他球员会冲他大叫，因为这不符合我们的标准。"历史上最伟大的球队，从上世纪70年代的阿贾克斯到80年代的米兰，再到90年代的曼联，都有共同的特点，那就是他们堪称典范的标准。尽管世界上很多人都在研究，但这一点却是学不会的，这必须要真实经历。

后来，尼克在与拜仁同处于巴伐利亚的奥格斯堡俱乐部获得了更高的职位。

13 变革的翅膀：萨尔茨堡红牛

1778年，莫扎特从巴黎写信给一位朋友，他说："我讨厌萨尔茨堡。音乐方面，这里什么也没有，没有剧院，没有歌剧！"而现在最讽刺的是，萨尔茨堡非常爱他。2014年，有480556名游客参观了莫扎特的出生地，他的音乐之魂萦绕在古城的鹅卵石间，他的头像被张贴在每个礼品店里。莫扎特渴望离开这座城市，只是把这里作为他年轻时游历欧洲大陆的大本营。在莫扎特儿时，他的父亲利奥波德带着他去了布拉格、维也纳、伦敦、巴伐利亚、法国和意大利的王室，把他的才华展示给贵族，希望得到创作委托。对莫扎特来说，萨尔茨堡是通向伟大之路的跳板。

但以上说的只是那个时候，现在这个城市很奇妙。这里的美是自然的，这是被阿尔卑斯山环绕着的绿色平坦土地。从慕尼黑到这里几个小时沿途的美景都足以制成明信片。开始的时候，在巴伐利亚州，高大的黑树围绕着木制的大房屋，虽然位置比较偏僻，但他们仍然会在高大的旗杆上炫耀着拜仁慕尼黑俱乐部的旗帜。从慕尼黑到萨尔茨堡的火车每小时一趟。每个城市街道都有各自的标志，他们就是这样亲密无间。从巴伐利亚郊区可以看到远处的阿尔卑斯山，犹如幻境，就像一幅你永远也无法到达的画面。然而，你最终还是会从它们旁边经过，沿途经过湖泊、林地和遥远的城堡。这是

13 变革的翅膀：萨尔茨堡红牛

童话故事般的场景。

这座城市的居民迪特里希·马特希茨的故事就堪称童话。38岁时，他还是一家很小的德国牙膏公司的主管，到60岁时，他成了奥地利乃至周边地区最富有的人。他的红牛公司在各地随处可见，无论是在陆地上还是在空中，红牛成为极限运动和赛车的代言人，他们甚至赞助了当地男孩菲利克斯·鲍姆加特纳的太空跳伞。马特希茨的公司基地在萨尔茨堡郊区的"Hangar-7"（意为"7号机库"，是被有历史意义的飞机环绕的酒吧和餐馆）。在那里，红牛指挥着他们在世界各地的足球俱乐部的方向。

历史

马特希茨比较保守，"社会活动是最无意义的时间浪费"，人们基本无法想象他会在萨尔茨堡的社交活动中出现。然而，他却经常与他的朋友、德国超级巨星弗朗茨·贝肯鲍尔谈论足球的力量，他认为足球既有壮观的场面，又可以作为一种商业投资。久而久之，马特希茨说服贝肯鲍尔帮助他的公司投资足球俱乐部，2005年，红牛公司收购了奥地利萨尔茨堡足球俱乐部。

"这与激情、爱玩或分析性神经症无关"，马特希茨解释道，"在我们所做的每一件事上，我们都必须把品牌的活动和我个人的行为区分开来。"他解释说，这并不是个人对足球的嗜好，而是为了红牛的发展。[lii] 他的朋友贝肯鲍尔向德国媒体推销"萨尔茨堡是一个沉睡的巨人"，并利用他的关系说服了拜仁慕尼黑的乔瓦尼·特拉帕托尼和洛塔尔·马特乌斯管理新更名的"萨尔茨堡红牛"[①]。

[①]他们在纽约（2006）、圣保罗（2007）、莱比锡（2007）和索加科佩（2008）收购了几个俱乐部。

欧洲足球成功的秘密

红牛的收购与切尔西、曼城和巴黎圣日耳曼有所不同，他们没有一接手就进行任性的支出，而是实施了一个深思熟虑的商业计划。"买一个雇佣兵球队是不对的"，马特希茨说，"俱乐部的时间和自然成长比天文数字的预算和耀眼的名字更重要"。[liii] 他们没有（像印度超级联赛俱乐部2014年签约大卫·特雷泽盖、罗伯特·卡洛斯、尼古拉·阿内尔卡和卢西奥等人那样）通过签约曾经的明星球员来吸引新球迷关注他们的品牌，而是通过精确计算购买一些鲜为人知的人才①。

前体育主管拉尔夫·朗尼克在苏黎世的一次会议上告诉西装革履的观众们红牛是如何有组织地安排转会的："我们和其他俱乐部的区别在于，首先，当我们要签约或寻找球员时，我们就像在一个很小的池塘钓鱼，我们只对17~23岁的球员感兴趣。我们的转会政策是与那些可能只是他们职业生涯第二份合同的球员签约，这些球员希望一步步地发展他们的事业，如果你得到合适的报价，你就必须允许他们离开，并让其他球员补充进来。"②

姓名	来自	金额	转至	金额
阿兰	巴西德斯普	£2,980,000	广州恒大	£9,440,000
凯文·坎普	阿伦	£2,550,000	多特蒙德	£10,200,000
萨迪奥·马内	梅茨	£3,400,000	南安普敦	£12,750,000

---

①在收购和随后改变奥地利萨尔茨堡足球俱乐部身份（名称、标识和颜色）的过程中出现了一系列争议。他们从奥地利第七级联赛开始，那一年俱乐部进行了凤凰涅槃般的改革。在我访问期间，敌意已经减弱，因为两家企业已经逐渐认识到他们的困境。奥地利萨尔茨堡足球俱乐部是由球迷拥有的，俱乐部将他们的地位作为一种正义力量，为冈比亚和其他地方的正义行动提供帮助。2015年难民危机最严重的时候，俱乐部敞开了大门，给难民提供食物、水和其他必需品。作为一个由球迷拥有的机构，球迷们确信，他们的未来掌握在自己手中，与联合足球俱乐部和温布尔登足球俱乐部一样，他们知道他们再也不会被商业所利用。有人鄙视红牛，但并不是盲目的敌意。毕竟，有13000名普通的萨尔茨堡球迷选择留下来支持萨尔茨堡红牛，他们对俱乐部的走向及所获得的胜利感到满意。

②2014年国际足球竞技大会。

13 变革的翅膀：萨尔茨堡红牛

（续表）

姓名	来自	金额	转至	金额
彼得·加卢奇	利物浦	£0	莱比锡红牛	£2,550,000
斯蒂芬·伊尔桑克	马特斯堡	£0	莱比锡红牛	£2,550,000
贝尔纳多	巴西红牛	£0	莱比锡红牛	£5,100,000
马丁·辛特艾格尔	青训学院	£0	奥格斯堡	£5,950,000
纳比·凯塔	伊斯特尔	£1,280,000	莱比锡红牛	£12,750,000
	总计	£10,210,000	总计	£61,290,000

这成了一个长期战略，很符合这个城市的耐心。通过足球，马特希茨觉得他可以使萨尔茨堡更受关注，同时也可以确保红牛受益。（上表中列出的莱比锡红牛的转会，只是让球迷们了解他们的球员的价值，并不具有代表性，因为红牛同时拥有两家俱乐部，很有可能将转会看作是资金转移的一种方式。）

方法

也许，因为它位于阿尔卑斯山的脚下，是个适合安静的漫步者的地方，萨尔茨堡作为一个年轻人成长的地方的心态从莫扎特时代延续至今。"山的另一边会有什么？"是某种进身之阶。红牛没有做无用的努力，而是顺应这种心态去发展。"我们可以让他们有机会与成年人在竞争性较强的联赛中踢球"，俱乐部年轻的球探主管克里斯托弗·维维尔说。红牛研究转会市场，投资于有潜力的球员，为他们提供一个平台然后把他们卖掉，进而"球员们能够适应并进入下一阶段。"

"你们是否会从那些不那么有名的联赛中挑选人才？""当然，我们有一个很大的球探部门，尽量了解每一个市场，这对我们来说很有用。我们尽量使用所有不同的球探方式。"和在尤文图斯一样，俱乐部会使用网络、统计、视频和现场分析。"如今，几乎每一个职业联赛都有视频，有各种统计数据。所以，我们想在实地考察前做好准备。"和尤文一样，萨尔茨堡知道，挑选球员时进行现场考察花费很高，所以他们对球员进行现场观察之前，会尽量先对球员进行一定的了解。然后，他们会用最先进的设施和欧洲的常规比赛（以及可能安排的周末滑雪）来吸引球员加入俱乐部（前文提到，现代足球运动员喜欢在比以前更国际化的环境中踢球）[①]。

"《魔球》这本书的内容在招募人才时会经常提到，你在签球员时使用统计数字吗？""一直在用，我们尽力去做好每一件事，我们希望能准备得更好，要比对手更快。我们必须了解世界各地的年轻球员，招募球员时，你必须要积极主动。"分析的数据包括成功的向前传球、进入前场的次数、空中球的争夺、得分比率以及其他一些确定核心位置人才的特定数据。

迈克尔·刘易斯的《魔球》一书讲述了总经理比利·比恩通过革命性的选人政策，将奥克兰运动家棒球队从一个贫穷、低于平均水平的球队转变为胜利之师。他们根据重要的基础统计数据（如击球率和平均上垒数）发现和招收球员，而不是采用传统的"观察和讨论"方法。

比利·比恩的许多签约都是外人无法理解的，就连老将捕手斯科特·哈特伯格也不相信奥克兰对他那么感兴趣，但他的数据表明他是即将离开的最有价值球员杰森·吉安比的理想替代者。哈特伯格的统计数据表明，他有可能成为一名优秀的一垒手，因此他被留下来并进行了角色转换，后来他以49次本垒打证实了这次收购的价值。球探工

[①] 因此，用不了多久，那些有修养的球员就将拥有在这里踢球的雄心。这座城市有博物馆、城堡、大教堂、酒吧和夜生活，都在很小的范围内（只有65平方公里）。"这是一个学习不同文化的好机会"，安德雷·威斯提到他在萨尔茨堡红牛踢球的经历时会这么说，而他则是一个反常的在国外踢球的英国人。旧城的建筑都是对建筑艺术形式很好的致敬。这些建筑都是精心设计的，有巴洛克风格的大理石大厅。无论对这些建筑、对这座城市还是对现在的足球俱乐部，他们都会着眼长远。

13 变革的翅膀：萨尔茨堡红牛

作从老先生们围着桌子讨论转变成计算机前的哈佛学生。这当然会产生阵痛，并伴随着很多形式上的变化。传统的球探以类似教会对伽利略的方式指控着这些"书呆子"，他们认为新事物是可怕的，因此肯定是错误的。但体育运动随着社会科技的进步而逐渐发展，《魔球》的思想后来被认为可以转移到包括足球在内的很多体育项目中，并在分析方面引起了人们更广泛的兴趣。

然而《魔球》的思想与足球的关联是模糊的，许多记者在描述低价购买的球员时引用了它，有人在讨论球员招募中使用统计数据时也会提到。两个例子使用得都比较准确。关于《魔球》与足球的关系有一些谬见。首先，棒球招募球员涉及球员交易，而不是转会费。棒球界没有低于预期价值降价500万英镑进行的收购。其次，《魔球》发布时并没有考虑足球运动员的量化问题。这本书出版前很多年，在一些俱乐部，就已有长期形成的购买球员时要遵循的范式。换句话说，它对足球的影响不像对其他运动的影响那么大。尽管如此，它的流行也使人们在足球统计分析方面产生了极大的兴趣。《魔球》背后的想法并不是用数据来识别球员，而是使用统计数据来找到"哈特伯格"，找到市场中被低估、没有被有效利用的球员。

对于萨尔茨堡红牛来说，来自加泰罗尼亚的前锋乔纳森·索里亚诺（在巴塞罗那B队裹足不前）最终会证明他是红牛的哈特伯格，他在2013/14欧联杯中的表现使整个欧洲大陆为之侧目。在萨尔茨堡红牛以6比1的总比分战胜阿贾克斯之后，人们的兴趣到达了顶峰。球队的高压逼抢组织得非常好，他们允许阿贾克斯非常擅于带球的戴利·布林德和迈克·范德胡恩控制球，但是一旦他们通过中场或任何一个边后卫，萨尔茨堡就会迫使他们进入逼抢陷阱。阿贾克斯受到挫败，失去冷静，试图在其他区域挽回局面。萨尔茨堡的第3个进球是索里亚诺从中线位置挑射得分（门将贾斯珀·西利森后来成为巴塞罗那门将）。

这对萨尔茨堡红牛来说，是品牌认知的一个关键赛季，这要归功于拉尔夫·兰尼克（现在在莱比锡红牛）的哲学理念。红牛于2012

年聘请他为每一个红牛俱乐部创造清晰明确的战术打法。马特希茨打电话给他时,萨尔斯堡红牛队的平均年龄是29岁。兰尼克告诉老板,公司的口号"红牛给你翅膀"是针对年轻人的,用老球员是无法体现这个特点的。"我告诉他我会通过签约年轻、不知名的天才球员来发展(俱乐部),会在攻防转换阶段高压进攻,这会十分贴合红牛的品牌。"

"我们整个俱乐部的哲学是红牛哲学的一部分,是我们的前体育总监拉尔夫·兰尼克提出的。我们仍然践行这种想法,进行快速、具有攻击性的整体配合,重视团队精神和快速反抢。"维维尔回忆道:"我们通过快速的攻防转换来进行整体防守,这是由兰尼克提出的一种清晰的思想。"他们签约球员会经过仔细考虑,球员们必须符合兰尼克的指导方针,发挥适合的心理适应能力和技术能力。"如果他的性格不善于逼抢,俱乐部就不会和他签约。但我们有时无法在现有的环境中发现球员的潜力,也许他的教练告诉他失去控球权的时候可以放松,所以我们需要发挥我们的想象力。"

拉尔夫和雷内

在他的祖国德国,拉尔夫·兰尼克被认为是战术发展的先驱。"他上世纪90年代末(很可能是1999年)在电视上用战术板解释战术安排。"战术网站(spielverlagerung.de)的托拜厄斯·埃舍尔回忆道:"当时他招致很多非议,很多人对此感到不快,因为他们认为足球是一项简单的运动,不需要搞得那么复杂。"在萨尔斯堡,兰尼克找到了归宿,这里的人们普遍对战术常识和智慧比较关注。每天会有成年男子在卡皮特广场的大棋盘下国际象棋,而游客们则拍着对战的照片。

在广场的北面,风景如画的萨尔察赫河边是红牛学院。毫无疑问,这是奥地利最令人印象深刻的学院设施——200米长,用当地的

13 变革的翅膀：萨尔茨堡红牛

木材制成。对于俱乐部老板马特希茨来说，这是一个长期战略的中心，这个战略是由兰尼克开发的。"通过我们的青训学院培养出优秀的毕业生，球队自然会恢复活力。"[liv]维维尔很赞同地说："我们希望年轻球员得到完美的发展，不仅在足球方面，也包括他们的生活技能。这对红牛来说非常重要。我们有完美的青训学院，在欧洲名列前茅，而且非常新。"未来的曲棍球和足球明星共同生活在寄宿学校，俱乐部会鼓励他们以适度的竞争来互相激励。

雷内·马里奇是在萨尔茨堡红牛工作的一名年轻教练，他介绍了这个青训学院的训练模式："重点是高压逼抢和以球为导向的跑动[①]，高度的紧凑性、向前而不是向后防守[②]，高度重视攻防转换的两个阶段和如何利用转换。青训学院的每一个球队都是这样训练的，只是方式不同而已。这意味着每个教练都可以根据球员年龄等不同情况进行一些方式上的调整，比如球员的角色和特定的模式，但是原则是保持不变的。"

雷内大约二十出头，是年轻一代，也是喜欢对比赛进行剖析的足球教练中的一员。他训练的是U18和U19年龄段的队伍（也被称为欧足联青年联赛队，他们在2017年的比赛中大放异彩，以5-0击败巴黎圣日耳曼），红牛因他对战术的理解而雇佣了他。马里奇强调说，贯穿于整个俱乐部比赛模式的不仅仅是拉尔夫·兰尼克的思想，也包括赫尔穆特·格罗斯和恩斯特·坦纳。"这里面有大量的细节，在青训学院里是共享的。这确实是属于红牛的，在它背后有许多思想家或教练，每个教练都会添加自己的小细节。"

罗杰·施密特是兰尼克赞赏并帮助俱乐部招募来的教练，他为这个模式增加了内容，而现为俱乐部青少年发展负责人的恩斯特·坦纳以其培养的人才为俱乐部助力。赫尔穆特·格罗斯曾经是建筑工程师，他"白天建造桥梁，夜间执教业余球队"，保罗·坎贝尔这

[①] 以球为导向的跑动意味着球员和球队在无球时要根据球的位置（和运行）进行调整。
[②] 向前防守意味着在每个防守过程中进行逼抢，阻止向前和斜线的传球。这样做可以避免长距离回防跑动。

样写道，他认为是格罗斯将以球为导向的防守引入德国和奥地利足球。"1989年，格罗斯接管了斯图加特青年队，为青训系统奠定了基础，培养出马里奥·戈麦斯、萨米·赫迪拉和蒂莫·希尔德布兰等人才"。坎贝尔写道，格罗斯把拉尔夫·兰尼克当做好朋友，两人经常观看萨基执教的米兰的视频录像，甚至把录像机都用坏了[1]。格罗斯在红牛担任顾问，他与兰尼克、施密特和坦纳一道开发的模式使萨尔茨堡有了莫扎特以外的名声。

---

[1] Campbell, P (2015). The Blizzard – The Football Quarterly. Sunderland: Blizzard Media Ltd.

14 间歇阅读：投资于潜力及欧洲转会

"俱乐部会与分析部门合作起草一份补充球员名单。在过去，提名单的只有主教练和俱乐部主席，但现在足球是一项大生意，除了球员在球场上的表现之外，还要考虑很多其他因素，比如球员的年龄和潜力、将来的价值、商业收入以及诸如此类事项。"

——卡尔洛·安切洛蒂的传记《安静领导》[1]

创造收入是足球最主要的一项决定因素，可以说，自19世纪土地所有者建造体育场以来，就一直是这样。转会是收入面对公众的一面，因此对于球迷和俱乐部来说是非常重要的，特别是在当前的转会方式下，自从博斯曼法案后，人们就已经习惯了重新定义成功的概念[2]。正如安切洛蒂所强调的，多年来欧洲大陆的体育主管们在进行转会时都会考虑上述因素。以前一章的拉尔夫·兰尼克为例，所有的俱乐部都会考虑年龄、潜力和销售价值，但是也有一些俱乐部，比如萨尔茨堡红牛，会非常重视这些因素，积极塑造他们的商业形象，

---

[1] Ancelotti, C; Brady, C; Forde, M (2016). Quiet Leadership: Winning Hearts, Minds and Matches. Great Britain: Portfolio Penguin. 125.
[2] Kranz, A (1998). The Bosman Case: The Relationship between European Union Law and the Transfer System in European Football.

投资于潜力。"我们只对17~23岁的球员感兴趣",他在苏黎世的一个会议上说,"如果你得到合适的报价,你就必须允许他们离开,并让其他球员补充进来。"本章将研究一些类似的具有自我意识的俱乐部。

"年复一年,他们卖出、买进、培养球员,在市场中寻找价值。"《每日电讯》在2016年10月报道南安普敦的转会模式时这样写道。报道中还写了这是一种让人耳目一新的方法。这也是自20世纪90年代博斯曼法案生效以来,欧洲大陆各俱乐部所开展的工作,从那时开始,俱乐部意识到了球员的价值。赛博和瓦图姆研究发现,"要对投资进行评估,这有助于(俱乐部)了解球员的市场价值并发现被低估的球员。"[①]换句话说,各俱乐部试图寻找被低估的人才。赛博和瓦图姆描述的过程适用于那些典型的聪明的经营者,如波尔图、本菲卡、塞维利亚和乌迪内斯等。

在足球的等级财富市场中(俱乐部理解他们的地位),这种方式是很常见的,需要提出一个专门术语。许多资料将这种方式描述为"对潜在增长的金融投资"(FIPG,潜能投资),被定义为"拒绝入不敷出的开支,同时可以确保获得利润"。[lv]这是对"销售型俱乐部"的体面的描述,为了方便,本章中将使用这一术语。

近年来有关转会的研究有所增加,特别是关于俱乐部在转会方面做出正确选择的重要性的研究。"转会投入被证明对联赛积分有非常显著和积极的影响。"(罗德&布鲁尔 2016)[②]"大众对足球关注度的提高和经济利益的提升给职业俱乐部带来了更大的压力,要求俱乐部精明地投资于核心竞争力——足球运动员。"赛博、瓦图姆(2015)与罗德里格斯(2016)得出结论:(欧洲五大联赛)对高

---

① Sæbø, O. & Hvattum, L. (2015) Evaluating the efficiency of the association football transfer market using regression-based player ratings. Molde.
② Rohde, M. & Breuer, C. (2016). 'Europe's Elite Football: Financial Growth, Sporting Success, Transfer Investment, and Private Majority Investors'. Int. J. Financial Stud. 16 (4), 12.

14 间歇阅读：投资于潜力及欧洲转会

水平球员的需求很强，对球员的竞争也很激烈[①]。所有这些都与上一个时代的董事会成员和股东的心态形成了鲜明的对比，那个时候他们认为亏损是自然的，不会在合适的时候将球员卖出，只是依靠资助人帮助他们走出困境。

现在俱乐部的官员已经有了更高的自我意识。德国学者西比尔·弗兰克和西尔克·斯泰茨于2010年写了一篇关于财富等级和跨国行业人才流动的文章，他们认为，"很多俱乐部依靠的是本国的球员，大部分是年轻、有抱负的球员，国外球员则作为补充，而对这些国外球员来说，这些俱乐部通常是他们获得更好职业生涯的跳板。"正如他们所强调的，这是球员和俱乐部的共同约定，他们都欣然接受这种"踏脚石"的身份[②]。法国国脚拉斯·迪亚拉证实了他在23岁转会朴茨茅斯时就是这种想法。他在发布会上对英国媒体说道：

——"朴茨茅斯人知道我不会在这个俱乐部度过我的一生。"

——"如果我光芒四射，如果一个大俱乐部想要我，我就已经知道这一切都会好起来的。"

——"我真的很想考虑一下自己，考虑那些欣赏我的人。"

拉斯·迪亚拉表现良好，赢得了足总杯并以2000万英镑的价格被皇马签下。[lvi]与债务缠身并被接管的朴茨茅斯不同，其他地方的俱乐部会通过转会市场投资于迪亚拉这样处于上升阶段的球员。从历史上看，其实不存在为了将来卖掉而买进球员的概念。在博斯曼法案裁决之前，俱乐部不需要出售球员，俱乐部拥有球员及其全部价值。然而，随着球员权力的演变，俱乐部不得不在球员价值下降和他们可以自由离开之前，像卖掉股市资产一样把他们变现。"信任"这一概念现在受到质疑。只有在资金大幅减少的时候，资产驱动的资本主义才

[①] Rodrigues, P.M.M., (2016). 'Football players' transfer price determination based on performance in the Big 5 European leagues' (Doctoral dissertation, NOVA‐School of Business and Economics).

[②] Frank, S. & Steets, S (2010). Stadium Worlds: Football, Space and the Built Environment. Great Britain: Routledge.

允许对成功的想法进行质疑和重新定义。现在，俱乐部不用赢得奖杯也能做到成功、健康和繁荣。对于那些爱争论的球迷，因为他们从来没有考虑钱，但是对于俱乐部来说，利润代表着胜利。

下面的子类别是关于转会类型的，具体来说就是投资人才的理念。我将根据俱乐部在财务刺激的足球世界里所处的层次位置，对各俱乐部的心态进行比较，他们要么追求成功（奖杯），要么追求利润（销售）。吉尔茨（2016）把这两个概念看作是利润最大化和成功最大化之间的利益冲突："前者是指那些以利润为主要目标的足球俱乐部，而后者是以运动成绩为导向的俱乐部，可以承受零利润预算限制。"尽管如此，随着时间的推移，通过精明的运作，俱乐部最终会将利润转化为奖杯（见塞维利亚）①。

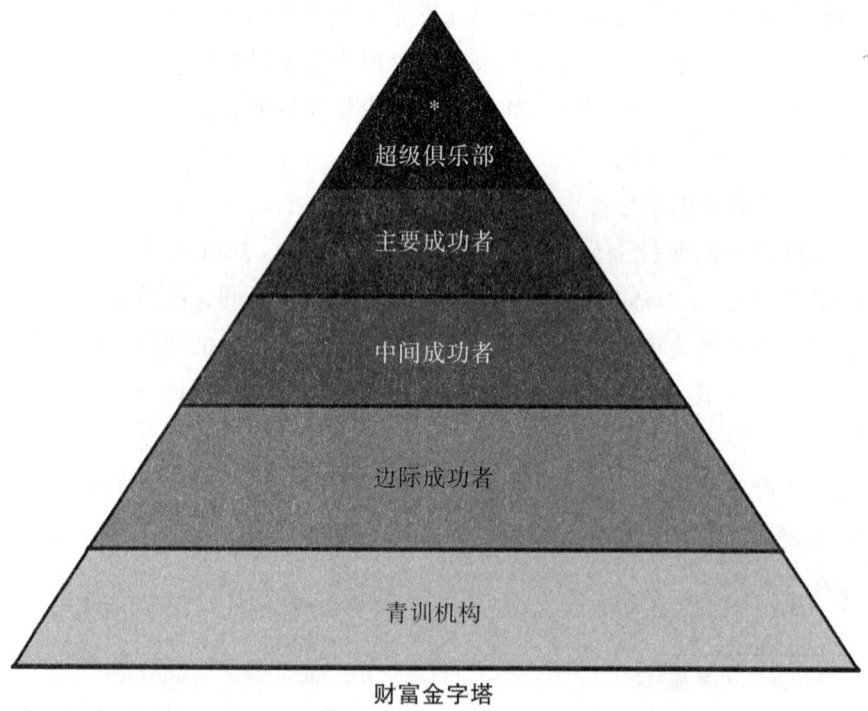

财富金字塔

---

① 大多数的研究都支持这样的观点，俱乐部支持成功最大化，结果就要承受由此带来的不可避免的收入损失。因此，当追逐利润的俱乐部（马竞、波尔图、塞维利亚）在实现其目标的同时又获得了奖杯，就非常值得深思。

14 间歇阅读：投资于潜力及欧洲转会

所有的俱乐部都可以参与到投资于潜力（FIPG）的过程中。诺巴克、奥尔森和皮尔森（2016）对这一过程的解释是，"培育型的俱乐部在球探和培养方面进行高额的投资，增加了发现和培养出明星球员的可能性。天才球员的真正品质会自然展现出来"，进而形成转售和利润[①]。

在投资于潜力方面，自然阶段尤其重要。以路易斯·苏亚雷斯的发展为例。作为蒙特维多国民队（市场价值1680万英镑）的青年球员，被格罗宁根俱乐部（市场价值2053万英镑）以68万英镑的价格买走。20岁时，他以600万英镑的价格加入了阿贾克斯（市场价值10290万英镑）。考虑到荷兰足球的经济，俱乐部报出了较高的价格，于2011年以2270万的价格将24岁的苏亚雷斯卖给利物浦（市场价值32900万英镑）。在水平更高、财务实力更强的联赛中，在拥有强大财务实力的俱乐部里，苏亚雷斯的表现和他的价值以同样的轨迹一路飙升。2014年，他已经达到了他的巅峰，被巴塞罗那（市场价值64300万英镑）以6900万英镑的价格买走。苏亚雷斯的职业生涯是俱乐部投资于增长潜力的完美范例。（在自然阶段）随着他在更有价值平台上的水平提升，他的价值和费用也水涨船高，并为所有的俱乐部创造了利润。

1. 投资于潜力：超级俱乐部

那些非常明确将自身定位为在转会市场上获得成功的俱乐部，通常来说是可以实现目标的，因为在资本链的顶端，总会有愿意过度消费的人，他们要么是为了证明某件事，要么是为了展现自我。2005年以来，切尔西的罗曼·阿布拉莫维奇、安智的苏莱曼·克里莫夫、皇家马德里的弗洛伦蒂诺·佩雷斯、巴黎圣日耳曼的纳赛尔·阿

[①] Norbäck, P. Olsson, M. & Persson, L. (2016). The Emergence of a Market for Football Stars: Talent Development and Competitive Balance in European Football. Research Institute of Industrial Economics. 1126

尔·凯赫莱菲以及曼城的谢赫·曼苏尔，都投入巨资。中国国家主席习近平提出要把中国变成一个足球强国，2015年，中国商人不惜一切代价收购资产。对这些人来说，花多少钱他们都不觉得多，他们创造了浪潮，其他俱乐部的老板可以乘浪前行。

在这种不同收入水平的俱乐部和联赛的生态系统中，对于相关单位来说，明确自己的定位是很重要的。最顶层是那些超级俱乐部，他们的职责是在追求成功的过程中进行大手笔的买入并承担相应债务。他们最不可能投资于潜力，而是选择购买具有能力和营销潜力的现成的明星。作为这一层级最典型的例子，皇家马德里曾买下路易斯·菲戈、齐内丁·齐达内、卡卡、克里斯蒂亚诺·罗纳尔多和加雷斯·贝尔，连续5次打破世界转会记录。

西蒙·库珀和史蒂芬·西曼斯基在《足球经济学》中指出，如果西班牙最大的两家俱乐部调整他们的策略，停止在购买球员上的大笔支出，那么这将影响他们在联赛中的位置："如果巴萨想要实现利润最大化，他们将不得不把目标定在联赛第15名，因为俱乐部需要削减球员的工资。皇家马德里如果以利润为驱动，预计联赛排名仅为第17。"《足球经济学》贯穿始终的一个主题是，所有渴望获得竞技成功的俱乐部在追求成绩的过程中都负债经营，但他们心甘情愿这么做。为了保持竞争力，他们必须花钱，因为如果他们不这样做，其他俱乐部会投入，他们就会落后[1]。他们是"追求成功"的俱乐部，位于资本金字塔的顶端。

这样的超级俱乐部有义务购买处于价值顶峰时期的球员，并在他们状态最好的时候将他们留在俱乐部。巴塞罗那在与两家米兰俱乐部进行伊布拉希莫维奇转会的过程中损失3500万欧元，但他们几乎连眼睛都不眨一下。他们的损失可以由奖金和商业收入进行弥补，因为在交易之前和之后的两个赛季他们赢得了欧洲冠军杯（1500万欧元奖金，加上德勤估算的约2.44亿欧元的商业赞助）。这些俱乐部承担

---

[1] Kuper, S. and Szymanski, S. (2012). The Worst Businesses in the World. In: Soccernomics. 3rd ed. Great Britain: Harper Sport. 74 - 5.

得起错误的交易。皇家马德里以其第一支"银河战舰"获得2002年欧冠冠军。在经济上，在那个时代他们成长为一个全球品牌，但是因签约处于巅峰阶段的球员，他们在转会市场上损失惨重（尽管有商业利润补贴，随着财政公平竞争政策的引入，这种方式将来不太可能出现）。

以下是皇家马德里那个时期的一些损失：

名字	来自	金额	转入	金额
路易斯·菲戈	巴塞罗那	£37,000,000	国际米兰	£7,000,000
齐达内	尤文图斯	£62,480,000	退役	£0
大卫·贝克汉姆	曼联	£31,800,000	洛杉矶银河队	£0
沃尔特·萨穆埃尔	罗马	£19,550,000	国际米兰	£15,300,000
罗纳尔多	国际米兰	£38,250,000	AC米兰	£6,380,000
	总计	£189,080,000	总计	£28,680,000

损失 £160400000

除沃尔特·萨穆埃尔外，所有球员在最佳状态时都留在了俱乐部。

2. 投资于潜能（FIPG）：主要成功者——西班牙的案例

接下来是被夹在金字塔中间的俱乐部，对他们来说，主要工作是投资那些一直稳定地进步、并有潜力达到超级俱乐部水平的球员。他们（从价值较低的联赛）购买这样的球员，目的是为了提升俱乐部的地位，但是如果有机会，他们在将球员卖给超级俱乐部（或者愿意花钱的人）时会处于非常有利的位置，因为他们会获得较稳定的财政收入。马竞主席恩里克·塞雷佐这样评价说："马竞会买入球员……有球队会支付（球员）更多，所以他们会离开……这不是我所担心的问题。类似特点的球员还会到来，也许他们可以做得更好。"[lvii]

马竞在2016年世界最具价值俱乐部中排第七位（德勤），即将进入超级俱乐部的行列。然而，费尔南多·托雷斯初次登场之前，马竞在西班牙的乙级联赛中日趋衰弱。19岁成为队长的厄尔尼诺，是马竞重返西甲的焦点人物。2007年托雷斯转会去利物浦以后，俱乐部主席恩里克·塞雷佐得以实施投资于潜在有价值球员的策略：

名字	来自	金额（英镑）	转入	金额（英镑）
费尔南多·托雷斯	青训学院	0	利物浦	26,000,000
塞尔吉奥·阿奎罗	独立	18,500,000	曼彻斯特城队	34,000,000
罗梅达尔·法尔考	波尔图	34,000,000	摩纳哥	37,000,000
迭戈·科斯塔	布拉加	1,280,000	切尔西	32,300,000
安东尼·格里兹曼	皇家社会	25,500,000	*	*
马里奥·曼朱基奇	拜仁慕尼黑	18,700,000	尤文图斯	16,150,000
杰克逊·马丁内斯	波尔图	31,150,000	广州恒大	35,700,000
费尔南多·托雷斯	AC米兰	0	*	*

对于潜力的投资，马德里竞技队可以说是达到了登峰造极的地步，他们两次离登顶欧冠联赛只有一步之遥，只因他们的邻居皇家马德里因更商业化、更加消费驱动而以更大的资金投入占据上风。同样，现在贝尔格莱德红星这样的球队也不太可能夺冠，1991年这个球队打破"钱少就意味着赢不了"等固定思维模式赢得冠军。在南斯拉夫的那场胜利之后，基本情况是富裕的俱乐部通常比贫穷的俱乐部更容易成功。然而，随着时间的推移投资于潜力则使较穷的俱乐部变得富有，因此更有可能获胜。塞维利亚就是一个这样的例子，是另一个在西班牙由穷到富的故事：他们是安达卢西亚的一个码头工人俱乐部，生活在邻居皇家贝蒂斯的阴影下，后来成为赢得欧联杯最多的俱乐部，是从1974—1976年贝肯鲍尔时代的拜仁慕尼黑以来第一个连续三年赢得欧洲冠军的俱乐部。

塞维利亚黄金时代的设计师不是单一的主教练或球员，而是一个

14 间歇阅读：投资于潜力及欧洲转会

训练总监。2000年，蒙奇担任了俱乐部的训练总监，当时俱乐部正在债务和降级中徘徊。他解释了当时的状况："16个人负责一系列的联赛。在前五个月，我们看了很多足球比赛，但没有特别的目标，我们只是在积累数据。每个月我们都会为各个联赛创造一个理想的11人最佳阵容。然后，在12月，我们开始关注那些在不同环境中定期出现的球员（主场、客场、国际比赛），从而形成最广泛的个人材料库。"蒙奇每个赛季都会建一个超过200个潜在目标的数据库。"如果一个球员说'切尔西想要我'，我说'那你还和我说什么？'但如果斯旺西或热刺想要你，我们就需要谈谈。"他完全了解塞维利亚的等级水平。塞维利亚一些最赚钱的交易如下：

姓名	转自	金额	转入	金额
克里斯蒂安·波尔森	沙尔克	£0	尤文图斯	£8,290,000
塞杜·凯塔	朗斯	£3,400,000	巴塞罗那	£11,900,000
丹尼·阿尔维斯	巴伊亚	£468,000	巴塞罗那	£30,180,000
阿德里亚诺	科里蒂巴	£1,790,000	巴塞罗那	£8,080,000
加里·梅德尔	天主教大学	£2,550,000	卡迪夫	£11,050,000
孔多比亚	朗斯	£3,400,000	摩纳哥	£17,000,000
赫苏斯·纳瓦斯	青训学院	£0	曼城	£17,000,000
阿尔瓦罗·内格雷多	皇马	£12,750,000	曼城	£21,250,000
费德里科·法齐奥	费罗	£680,000	托特汉姆	£8,500,000
伊万·拉基蒂奇	沙尔克	£2,130,000	巴塞罗那	£15,300,000
阿尔伯托·莫雷诺	青训学院	£0	利物浦	£15,300,000
阿莱克斯·比达尔	阿尔梅里亚	£2,550,000	巴塞罗那	£14,450,000
卡洛斯·巴卡	布鲁日俱乐部	£5,950,000	AC米兰	£25,500,000
凯文·加梅罗	巴黎圣日耳曼	£6,380,000	马竞	£27,200,000
克雷霍维亚克	兰斯足球俱乐部	£4,600,000	巴黎圣日耳曼	£28,560,000
	总计	£46,648,000	总计	£259,560,000

签下不能适应球队的球员是转会的问题。聪明的俱乐部，像巴塞罗那，会在与他们风格相同的环境中寻找目标，也就是塞维利亚，如凯塔、阿尔维斯、阿德里亚诺、拉基蒂奇和比达尔。创造凝聚力应该是每一次购买球员的目标。

3. 趁球员年轻签约

在转会市场上，臭名昭著的剥削者是波尔图和本菲卡。葡萄牙的环境比较适合希望在欧洲定居的美洲球员。文化上，葡萄牙炎热的天气和轻松的氛围使其成为一个令人愉快的跳板，尤其是在里斯本，这里几乎不存在对外国球员工作许可等相关规定，这在其他地方几乎是不可能的，加之曾经存在的第三方所有权交易，使波尔图和本菲卡一直可以签约来自世界各地的球员。西班牙俱乐部只能有3个非欧盟球员，意大利俱乐部每个赛季只能签一个。脱欧后的英超还有待验证，但可能需要办理工作许可。然而葡萄牙却没有这样的规定，一旦到了这个国家，南美球员就可以申请欧盟护照，进而可以规划他们的下一步行动。

案例一：波尔图

赛苏阿尔瓦诺是一个沉睡的广场，这里的生活节奏是由缓慢移动的猫所设定的。广场上有公共汽车站、面包店和理发店。这里也是我2月份访问过的训练中心波尔图盖亚的所在地。正午时分，教堂的钟声在远处响起，理发店的老人们纷纷向窗边望去，看着大型跑车从街上驶过。"卡西利亚斯来了"，一个人指了指。"不，那是赫利拉，墨西哥人。你可真瞎！"自从2002年波尔图盖亚在这条街开张以来，老人们看到了许多大型轿车从广场穿过，法尔考的、霍克的、詹姆斯的、佩佩的和卡瓦略的等。

这家理发店的正面，实际上波尔图的大多数房子和教堂的门面都是这样——看起来就像是由漂亮的蓝色瓷器制作而成，外面拼贴着成千上万的瓷片——这是19世纪巴西的建筑理念。波尔图是葡萄牙开始的城市，它的港口曾被国王用来探索美洲。波尔图很自然地有着从巴西招募人才的悠久历史，现在这里的足球俱乐部也反映了这一点。

通过战术周期化培训机制，球员的成长接近其最大潜力，然后球员被卖到更富裕的市场。几年前，波尔图体育总监安特罗·恩里克解释说，俱乐部有超过300名球探在不同等级的赛事中工作，他们帮助俱乐部组建一个"影子球队"，随时准备在一线队球员被出售时签约。

《世界足球》杂志的汤姆·肯特尔给我讲述了波尔图的甩卖策略，也就是建立一支球队来销售。"他们从南美签下那些年轻而有才华的球员，把他们培养成世界级球星，从他们那里得到优质的服务，然后为了高额利润将他们卖掉。波尔图会提出较高的价格，因为他们已经获得了拥有高质量球员的名声，所以费用就那么高，因为你知道你在购买市场上最好的球员。"作家约翰·勒卡雷曾经写道，不管质量如何，一幅画越贵，买家越不会怀疑它的真实性，换句话说，它这么贵一定是有原因的。这种观点也适用于足球。一些俱乐部愿意在波尔图球星上进行大手笔支出，因为这些球员似乎理所当然地有保障。但没有一名球员是一定合适的，也没有一幅画能确定带来转售利润。

下表显示了从2004年欧冠夺冠（至2017年）以来超过1000万英镑的转会。售出的球员中有近一半是前夜总会老板豪尔赫·门德斯所代理的，前8名球员中有7名是葡萄牙人。随着比赛变得更加全球化，买入和卖出的球员不再葡萄牙人，2009年卖出的16名球员中只有3名是葡萄牙人，大部分是来自美洲。

名字	成本	转自	转入	年份	金额	年龄
里卡多·卡瓦略	n/a	波尔图B队	切尔西	2004	£22,500,000	26
德科	£6,000,000	波尔图	巴塞罗那	2004	£15,750,000	26
保罗·费雷拉	£1,500,000	维多利亚	切尔西	2004	£15,000,000	24
马尼切	£0	本菲卡	莫斯科迪那摩队	2005	£12,000,000	26

欧洲足球成功的秘密

（续表）

名字	成本	转自	转入	年份	金额	年龄
安德森	£3,750,000	格雷米奥	曼联	2007	£26,630,000	18
佩佩	£1,500,000	马里蒂摩	皇马	2007	£22,500,000	23
夸雷斯马	£4,500,000	巴塞罗那	国际米兰	2008	£18,450,000	24
何塞·博辛瓦	£750,000	博阿维斯塔	切尔西	2008	£15,380,000	25
利桑德罗·洛佩斯	£1,730,000	赛车俱乐部	里昂	2009	£18,000,000	25
卢乔·冈萨雷斯	£7,700,000	河床	马赛	2009	£14,250,000	27
阿里·西索科	£225,000	维多利亚	里昂	2009	£12,150,000	21
布鲁诺·阿尔维斯	£750,000	雅典AEK	泽尼特	2010	£16,500,000	28
劳尔·梅拉莱斯	£0	博阿维斯塔	利物浦	2010	£10,000,000	26
法尔考	£4,070,000	河床	竞技	2011	£30,000,000	24
霍克	£14,250,000	东京贝尔迪	泽尼特	2012	£41,100,000	26
詹姆斯·罗德里格斯	£1,880,000	班菲尔德	摩纳哥	2013	£33,750,000	21
若奥·穆蒂尼奥	£8,250,000	里斯本竞技	摩纳哥	2013	£18,750,000	26
埃利亚奎姆·曼加拉	£5,000,000	标准列日	曼城	2014	£30,000,000	23
费尔南多	£540,000	加亚	曼城	2014	£11,250,000	26
胡安·伊图尔韦	£3,000,000	基尔梅斯	维罗纳	2014	£11,250,000	20
杰克逊·马丁内斯	£6,670,000	美洲虎	马竞	2015	£27,830,000	28
达尼洛	£9,750,000	桑托斯	皇家马德里	2015	£23,650,000	23
亚历克斯·桑德罗	£7,200,000	马尔多纳多	尤文图斯	2015	£19,500,000	24
吉安纳利·因布拉	£15,000,000	马赛	斯托克城	2016	£18,190,000	23
合计	£104,015,000		总计		£476,130,000	

被卖出的球员平均年龄为24.3岁。随着球员年龄的增长，他们的价值自然会下降。波尔图能获得如此高昂的转会费用的原因之一是他们连续在过去的22届欧冠联赛小组赛中出线，能做到这一点的只有皇家马德里和巴塞罗那（2017年）。然而，波尔图从皇马购买了赢得世界杯冠军的34岁门将伊克尔·卡西利亚斯，使其成为球队

14 间歇阅读：投资于潜力及欧洲转会

历史上收入最高的球员，这标志着他们不再进行潜力投资，为其十年的繁荣埋下隐患。卡西利亚斯的年龄和工资意味着他没有可以被再次出售的潜力，即波尔图无法脱手。一年后，波尔图被财政公平竞赛官员警告。

但是，前主席豪尔赫·努诺·达科斯塔先投资于来自莱拉的何塞·穆里尼奥，然后投资于来自青训学院的安德烈·维拉斯·博阿斯，两人都曾是波尔图的幕后工作人员，这也成为现代足球的伟大故事之一。波尔图盖亚训练中心是达科斯塔作为主席的一个里程碑。达斯科1976年成为俱乐部的足球总监，那时当地的竞争对手博阿维斯塔对球员更有吸引力。波尔图那时只有5个联赛冠军，最近一次获得冠军是17年前（1959年）。开始作为足球总监，后来成为俱乐部主席，他创造了一个王朝，在他到来的1976年到2016年间，波尔图又获得了27个联赛冠军和2个欧洲冠军奖杯。

案例二：本菲卡

这支光荣的鹰既不投资于购买球员，也不投资于青训学院，在荒野中自由发展，在千禧年之后几乎失去了它的身份和认同。然而，在2010年，本菲卡开始模仿波尔图的潜能投资模型，利用球员产生的暴利来开发他们的设施（前面描述过）。后来他们采用了以青训学院为引领的模式。主席路易斯·菲利佩·维埃拉介绍了他们减少债务的模式："这种模式给我们的年轻人提供工作机会，并让他们与主队一起成长。"[lviii] 在成熟之后，他们将被售出以获取利润。

名字	转自	金额	转入	金额	年龄
拉米雷斯	克鲁塞罗	£6,380,000	切尔西	£18,700,000	23
大卫·路易斯	维多利亚	£425,000	切尔西	£21,250,000	23
安赫尔·迪马利亚	罗萨里奥	£6,800,000	皇马	£28,050,000	22
法比奥·科恩特朗	里奥阿维	£765,000	皇马	£25,500,000	23
哈维·加西亚	皇马	£5,950,000	曼城	£17,170,000	25

（续表）

名字	转自	金额	转入	金额	年龄
埃克塞尔·维特塞尔	标准列日	£7,650,000	泽尼特	£34,000,000	23
内马尼亚·马蒂奇	切尔西	£4,250,000	切尔西	£21,250,000	25
伯纳多·席尔瓦	青训学院	£0	摩纳哥	£13,390,000	20
扬·奥布拉克	奥林比查	£1,450,000	马竞	£13,600,000	21
恩佐·佩雷斯	拉普拉塔大学生	£2,040,000	瓦伦西	£21,250,000	28
拉扎尔·马尔科维奇	游击队	£8,500,000	利物浦	£21,250,000	20
若奥·坎塞洛	青训学院	£0	瓦伦西亚	£12,250,000	20
伊万·卡巴雷罗	青训学院	£0	摩纳哥	£12,750,000	20
安德烈·戈麦斯	青训学院	£0	瓦伦西亚	£17,000,000	21
罗德里格	皇马	£5,000,000	瓦伦西亚	£25,000,000	24
尼克·盖坦	博卡青年	£7,140,000	马竞	£21,250,000	28
雷纳托·桑切斯	青训学院	£0	拜仁	£29,750,000	18
	合计	£56,350,000	合计	£332,160,000	

2010年以来，本菲卡售出球员的平均年龄为22.5岁，这也进一步证明了年轻人的价值。

4. 中间层成功者

中间层销售型俱乐部知道自己的位置，他们可以从下面一些价值更低的俱乐部签约球员，也可以将球员卖给价值更高的俱乐部。乌迪内斯足球俱乐部是这方面的最佳例证。乌迪内斯位于靠近卢布尔雅那的一个只有10万居民的城市，他们本来应该是一个小俱乐部，但在波佐家族的掌控下，乌迪内斯将自己从名不见经传的小俱乐部打造成欧洲强队，他们通过敏锐的球探和出色的销售来做到这一点。在乌迪内斯的工资单上，有遍布全球的50个球探，主要在南美、非洲和东欧工作，这些地区都有廉价的环境。"我们在国际转会市场上的秘密很简单,或者至少听起来很简单:我们必须比其他人早到那里,或者确保比拥有更多金钱和声望的球队早到。"球探主管安德里亚·卡尔内瓦莱说。[lix]

乌迪内斯用两种方式与年轻球员签约并将他们留住:要么租借出去(他们比意大利其他俱乐部租借的球员都多),要么卖给他们的姐妹俱乐部。毕业于哈佛大学的吉诺·波佐拥有西甲的格拉纳达和英超的沃特福德,因此能够在俱乐部之间建立三角流动关系。

潜能投资的方法对于乌迪内斯的成长至关重要。只有30%的电视收入被重新分配到意甲各俱乐部,尤文图斯占据了剩余的大部分,所以俱乐部必须得创造其他形式的收入。十年来,他们通过销售球员收入约2.15亿英镑。从2006年到2017年,他们平均每个赛季购买23.6名球员。球员被卖掉以后,收入会被重新投入到俱乐部。2015赛季,波佐花费2500万英镑将弗留利球场进行了现代化改造。

下表是超过5百万英镑的转会(注意与乌迪内斯做生意的那些无名小俱乐部,而且乌迪内斯的渠道多样)。"他们在全世界建立了一个球探网络,专门关注来自二线国家的年轻人。"(《独立报》,2011)。

名字	转自	金额	转入	金额
苏莱伊·蒙塔里	自由加纳	£0	朴茨茅斯	£8,500,000
文森佐·亚昆塔	卡斯泰尔迪桑格罗	£180,000	尤文图斯	£9,610,000
阿萨莫阿·吉安	自由加纳	£0	雷恩	£6,800,000
安德里亚·多塞纳	特雷维索	£340,000	利物浦	£7,650,000
法比奥·夸利亚雷拉	桑普多利亚	£6,210,000	那不勒斯	£15,300,000
卢科维奇	红星	£2,300,000	泽尼特	£5,950,000
西蒙·佩佩	巴勒莫	£2,130,000	尤文图斯	£6,380,000
克里斯蒂安·萨帕塔	科鲁尼亚卡利体育会	£425,000	比利亚雷亚尔	£7,650,000
格克汗·因勒	苏黎世	£850,000	那不勒斯	£15,300,000

（续表）

名字	转自	金额	转入	金额
亚历克西斯·桑切斯	科布雷洛亚	£2,550,000	巴塞罗那	£22,100,000
毛利西奥·伊斯拉	天主教大学	£446,000	尤文图斯	£11,820,000
萨米尔·汉达诺维奇	多姆萨勒	£0	国际米兰	£12,750,000
克瓦德沃·阿萨莫阿	贝林佐纳	£850,000	尤文图斯	£12,750,000
安德里亚·坎德雷瓦	特拉纳	£425,000	拉齐奥	£6,970,000
迈赫迪·贝纳蒂亚	克莱蒙费朗	£0	罗马	£11,480,000
胡安·夸德拉多	麦德林	£680,000	佛罗伦萨	£17,000,000
马捷·维德拉	俄斯特拉发巴尼克队	£2,550,000	沃特福德	£7,140,000
路易斯·穆里尔拉	科鲁尼亚卡利体育会	£1,280,000	桑普多利亚	£8,930,000
佩尼亚兰达	拉瓜伊拉	£655,000	沃特福德	£9,000,000
艾伦	格拉纳达	£2,550,000	那不勒斯	£9,780,000
罗贝托·佩雷拉	河床	£1,700,000	尤文图斯	£12,750,000
尼科·洛佩兹	罗马	£3,400,000	国际队	£7,720,000
彼得亚雷·泽林斯基	卢宾	£85,000	那不勒斯	£11,900,000
	合计	£29,606,000	合计	£245,230,000

5. 边际成功者——荷兰人

价值主要由联赛实力、电视收入、俱乐部价值、债务和合同长度等因素决定[①]。但是无论一个俱乐部规模多大或多么微不足道，无论其地位有什么限制，总会有利润存在。海伦芬是拥有荷甲球队的最小的城市，那里只有3万人，大多数是讲着自己的语言的农民。在体育

[①] Feess, E. and Muehlheusser, G., 2003. 'The impact of transfer fees on professional sports: an analysis of the new transfer system for European football'. The Scandinavian Journal of Economics, 105(1), pp.139–54.

14 间歇阅读：投资于潜力及欧洲转会

和经济上，海伦芬俱乐部都创造出了超乎想象的巨大成就。他们的转会方式和他们的北方竞争对手格罗宁根（北部德比）一样，二者都在荷甲联赛获得了持续的边际收益，从而使他们能再投资于设施和更好的球员。这是一项已经进行多年的长期战略，同时也使得两家俱乐部的市场价值上升。销售球员的利润被投入到青年教练、球场扩建方面，当然还有格罗宁根在欧罗堡球场的赌场。格罗宁根过去10年的主要销售业绩如下表：

名字	转自	金额	转入	金额
苏亚雷斯	民族队	£680,000	阿贾克斯	£6,380,000
布鲁诺·席尔瓦	达努比奥队	£170,000	阿贾克斯	£3,190,000
菲利普·科斯蒂奇	瑞德尼基	£1,000,000	斯图加特	£5,100,000
维吉尔·范迪克	威廉II	£0	凯尔特	£2,550,000
杜桑·塔迪奇	伏伊伏丁那	£935,000	特温特	£4,600,000
蒂姆·马塔夫兹	哥列卡	£950,000	埃因霍温	£5,950,000
马库斯·贝里	哥德堡	£3,400,000	汉堡	£8,500,000
	合计	£7,135,000	合计	£36,270,000

海伦芬俱乐部过去10年的主要销售业绩如下表：

名字	转自	金额	转入	金额
阿尔夫·芬博加松	洛克伦	£425,000	皇家社会	£6,800,000
戴利·辛克格拉芬	青年	£0	阿贾克斯	£5950,000
菲利普·尤里西奇	瑞德尼基	£0	本菲卡	£6,800,000
巴斯·多斯特	赫拉克勒斯	£2,340,000	沃尔夫斯堡	£5,950,000
丹尼尔·普拉尼奇	萨格勒布迪纳摩	£425,000	拜仁	£6,500,000
米拉莱姆·苏莱曼尼	贝尔格莱德游击队	£221,000	阿贾克斯	£13,810,000

（续表）

名字	转自	金额	转入	金额
阿方索·阿尔维斯	马尔默	£3,850,000	米德尔斯堡	£1,4450,000
克拉斯·亨特拉尔	埃因霍温	£765,000	阿贾克斯	£7,600,000
奥萨马·阿塞迪	格拉夫夏普	£1,020,000	利物浦	£3,400,000
	合计	£9,046,000	合计	£71,260,000

边际潜能投资的方法是从（财务方面和竞技水平方面）水平较低的俱乐部购买那些努力拼搏的球员，为他们提供一个平台，然后把他们卖给更富有的俱乐部。

6. 青训学院业务

如果做得正确，潜能投资的利润最终可以再投入到青训学院，这样俱乐部就可以培养出与他们的打法理念一致的人才。青训学院也是一项生意，每年的费用由董事会支付，这一支出必须合理。因此，只有那些可能对一线队产生影响的最优秀的球员才会被留下，其他人都可以出售。如果某学院每个赛季的运营成本是200万英镑，那么他们必须卖出某个或某些球员，从而获得相应的资金以维持业务发展。

尽管没有像"青训机构"那样处于金字塔的底层，但阿贾克斯是俱乐部利用青训学院保持经济来源的最突出的例子。他们一线队的结构和进入一队的途径像传送带一样持续不断。如果一个球员被出售，那么青训学院的优秀人才将会填补他的空缺。集体比任何个体都重要，因此，如果克里斯蒂安·埃里克森离开，戴维·克拉森就会补充上来，他们是绿色的能源。荷甲联赛中大约30%的球员来自阿贾克斯学院。

14 间歇阅读：投资于潜力及欧洲转会

名字	转入	金额
维克多·菲舍尔*	米德尔斯堡	£ 4,250,000
戴利·布兰德	曼联	£ 14,880,000
西姆·德容	纽卡斯尔	£ 7,400,000
克里斯蒂安·埃里克森*	托特纳姆	£ 15,300,000
托比·阿尔德韦雷尔	马德里竞技	£ 8,500,000
扬·费尔通亨	托特纳姆	£ 12,750,000
菲尔农·阿尼塔	纽卡斯尔	£ 5,100,000
范德维尔	巴黎圣日耳曼	£ 7,650,000
斯特克伦博格	罗马	£ 6,230,000
托马斯·费尔马伦	阿森纳	£ 10,200,000
约翰·海廷加	马德里竞技	£ 8,500,000
韦斯利·斯内德	皇马	£ 22,950,000
瑞恩·巴贝尔	利物浦	£ 14,250,000
	合计	£ 206,140,000

*由青训学院购买。

《足球天文台》的统计数据显示，阿贾克斯是欧洲最频繁的人才输出者。他们发现，在欧洲大陆前30名的联赛中，有77名球员是阿贾克斯俱乐部培养出来的。[lx]维持这种声誉花销并不低，但确实有长期的好处。2014年，青训学院主任维姆·杨克要求额外投入180万欧元用于精英教练和设施，但董事会只愿意提供90万欧元。独立金融专家波士顿咨询集团随后被董事会召集来解决争端，很少有俱乐部对青训学院的事务如此重视。[lxi] "几十年来，阿贾克斯青训学院一直被认为是最高水平的"，杨克总结道，"许多俱乐部都试图复制这里发生的事情。从这方面讲，我们没有多少秘密，真正的不同在于细节和人。"[lxii]这就是他对教练的评价。

欧洲足球成功的秘密

几个因素确保了阿贾克斯在培养年轻人方面处于最佳地位，因为这样的方法在其他地方是不可行的。首先，荷兰联赛的标准不像欧洲五大联赛那样具有挑战性，而且他们也储备了大量年轻球员。第二，荷兰社会重视青年、思想家和创新者，并喜欢年轻球员的加入，其他环境对青训学院球员的不佳表现不会那么宽容。因为在英超生存的要求（2017年每支英超球队得到约1亿英镑的电视收入分配，相比而言，这里的冠军俱乐部收入约300万英镑），没有哪个英超俱乐部董事会能允许主教练依靠青年球员。荷兰的青训学院有很好的生存土壤。关于负面的争论，如超级俱乐部巴塞罗那和拜仁慕尼黑，虽然两家俱乐部都会吸纳有天赋的年轻人，但球队并不依赖于他们，相反，俱乐部有B队，允许年轻球员在达到要求的标准之前继续成长，这些俱乐部也通过签约世界上最好的球员来填补空缺。

*

投资于潜力没有既定的规则，但欧洲俱乐部更多的是参考一定的标准。塞维利亚的蒙奇说，他们渴望创造一个"有利于球员成功和进步"的环境。上面提到的例子说明了这种界限，并展示了各个俱乐部在不同层次上有机地生存的方法，总地来说，他们：

●避免购买年龄超过26岁的球员，年轻的人才拥有更大的潜力和价值（波尔图和本菲卡）。

●不要追逐"聚光灯"下的球员，要发现那些不知名的球员（乌迪内斯）。

●不要从同一联盟购买要求高工资的球员（海伦芬）。

●不要从更高级别联赛购买球员，除非他们是不被认可、球队不想要的（塞维利亚和乌迪内斯）。

14 间歇阅读：投资于潜力及欧洲转会

●发现那些在低价值联赛中努力拼搏的人才。无论处于何种水平，下面总会有一个联赛。

●改变对成功的心态和理解，从赢得奖杯到获得资本收益。

尽管投资于潜力会有明显的销售收益，但蒙奇再次总结道，随着董事会逐渐调整目标，最终利润最大化应该成为成功最大化，他说："没有人会把'经济成果好'的旗帜带到体育场。"确实，他是对的。

15 多瑙河上的挑战（一）：维也纳和对某地之爱

多瑙河起起伏伏流过边界，它根本不在意自己属于哪个国家。它起源于黑森林，时而奔腾咆哮、滚滚而来，时而涓涓细流、缓缓流淌，经过奥地利、斯洛伐克、匈牙利、克罗地亚、塞尔维亚、罗马尼亚、保加利亚、摩尔多瓦和乌克兰，流入黑海。这条河曾经被用作罗马帝国和日耳曼部落的分界线，考古学家们至今仍在沿着河岸寻找防御工事。在不同年代，这条河见证了在它上面驶过的商船和战舰。

在这条"皇帝和国王的路线"上，乘客们喜欢参观奥匈帝国用其财富建造的历史悠久的宫殿和哈布斯堡家族的城堡。除了紧张局势和贸易之外，这条路线在足球圈也很有名。在奥匈帝国解体多年以后，得知奥地利和匈牙利要进行比赛，家族继承人奥图·冯·哈布斯堡问道："我们和谁比赛？"奥地利、匈牙利和捷克的俱乐部1897年至1911年每年都进行挑战杯比赛，维也纳俱乐部是最成功的。我们一起沿着"皇帝和国王的路线"探索一下现代足球，从维也纳开始，几天后在布达佩斯结束。

20世纪20年代，维也纳热情地拥抱了足球。与当年英国一样，这项运动被工人阶级所接纳，因为它简单、具有成为社区表演活动的潜力，而且它也吸引了那些着迷于足球战术策略的中产阶级。正

15 多瑙河上的挑战（一）：维也纳和对某地之爱

是这些中产阶级进行了理论研究，并且重建了一种与当时的战术不同的比赛风格。

在奥地利和匈牙利，犹太社区的中产阶级和当地的教练们开发出了一种多瑙河风格的足球，这是在当地咖啡屋中虚拟推演出来的。在《倒转金字塔》中，乔纳森·威尔逊描述了维也纳的这些文化中心，这种足球现象在那些地方开始发展：

> 咖啡馆在哈布斯堡王朝末期蓬勃发展，成为一个公共沙龙，以其艺术、波希米亚风格而闻名。人们会在那里读报纸、打牌和下棋。政治候选人把它们作为开会和辩论的场所，而知识分子和他们的助手则会讨论当天的大事：艺术、文学、戏剧，以及20年代以来越来越多谈论起的足球。①

从本质上讲，这是非正式的公共对话论坛。[lxiii]当代的英国，许多酒吧保留了这种传统，保留着各自的特点。当时的维也纳，各种咖啡馆也有着不同的特点，有些以政治聊天闻名，有些则以哲学和音乐著称。环形咖啡馆、黑山咖啡馆，最初是讨论板球的中心，但也吸引了足球理论家。社会舞台上的一个重要人物雨果·迈斯尔开始执教国家队，他使用了咖啡馆氛围里产生的2-3-5阵形，球员们要表现出"芭蕾和优雅……维也纳球迷亲切地将其称为'舍伯尔'游戏。"②奥地利于1931年战胜了骄傲的苏格兰队（5-0），随后战胜邻国德国（6-0），它还成为1934年世界杯热门球队，也维护了他们"梦之队"之名。

有了传奇球星马提亚·辛德拉尔，"维也纳咖啡社交界终于有了以他们希望的形象出现的球员和比赛：有文化、有智慧，甚至有头

---

① Wilson, J (2008). Inverting The Pyramid: The History Of Football Tactics. Great Britain: Orion.
② Hesse-Lichtenberger, U (2002). Tor!: The Story of German Football. London: WSC Books.

脑、有运动天赋，但同时又有芭蕾天赋。"大卫·戈德布拉特这样写道[①]。然而到1938年，梅斯尔和辛德拉尔都死了。奥地利不受欢迎的儿子阿道夫·希特勒结束了这个国家社会和足球的光辉岁月。除其他因素，希特勒将自己对犹太人的仇恨归咎于他25岁时在维也纳作为一个无家可归的画家的时光，那时他有了这样的信念：犹太人控制了销售市场，所以要对他的失败负责。由于他在艺术方面的不足和更广泛的反社会问题，希特勒屠杀了欧洲的犹太人。他发动的战争推迟了欧洲大陆足球的发展，在这个意义上更是对奥地利伤害至深。犹太人思想家们逃离了这个国家，而辛德拉尔当时为资产阶级犹太俱乐部奥地利维也纳效力，他有一个犹太女朋友，并且公开反对纳粹主义，之后他在一个夜晚"自杀"，神秘地死去。

　　大约过了一个世纪，我留了一天给这座首都，这么短的时间是永远不可能让人充分领略任何一座城市，尤其是像维也纳这样富有文化的城市。我联系了一个具有当代意义的俱乐部——辛德拉尔的奥地利维也纳，他们最近发现并培养了优秀的天才大卫·阿拉巴，他当时已经去了拜仁慕尼黑。阿拉巴是一个天赋超群的球员，也许最终能与辛德拉尔媲美，成为奥地利最伟大的球员。

　　那天早晨，在训练中心，初升的太阳掠过晶莹的露珠，给人一种乐观的感觉，但乌云很快吞没了这一切，使这一天变得阴郁下来。然而，维也纳却一点也不凄凉。如果一个足球队的成功反映了周围环境的美，那么奥地利维也纳应该是世界上最好的球队之一，与哥德堡、博洛尼亚、尼斯、布鲁日、图恩湖、马斯特里赫特，以及兼职面包师组成的圣马力诺队一起，在一个"漂亮的联赛"中竞争。

　　维也纳的公民一如既往地令人印象深刻，他们英勇地坚持着这座城市的历史文化。维也纳到处都有音乐，情侣们自发地跳起华尔兹（比人们想象的要频繁得多）。晚些时候，在歌剧院的外面，在夜空下，一群人坐在椅子上盖着温暖的毯子，听着管弦乐队的演奏，铜

[①] Goldblatt, D (2007). The Ball Is Round. England: Penguin.

15 多瑙河上的挑战（一）：维也纳和对某地之爱

管、弦乐和木管乐器和谐共鸣，和19世纪他们的前辈演奏得一样优雅而轻松。所有这些都令人羡慕，毕竟，所有城市几乎都是道路和建筑物，而真正赋予城市价值的是生活在其中的人们。

位置

我到达的时候拉尔夫·穆尔正在门口迎接我，他是奥地利维也纳青训学院的主任，他通过自己创立的哲学培养出了阿拉巴。直到今天，教练们还在谈论这位去了拜仁慕尼黑的天才球员："他会成功的，如果他不能成功，其他球员还有什么希望呢？"他们会在练习后聊到这些。阿拉巴最令人印象深刻的是他对比赛的理解，而不是他的技术能力。他的智慧使他可以胜任任何位置——防守、中场、进攻、左边、中间或右边，看起来这些能力好像是与生俱来的。"大卫·阿拉巴是我们的上帝，他几乎在所有的位置都踢过"，瓜迪奥拉称赞他是一个没有弱点的球员。[lxiv] 奥地利维也纳教会了阿拉巴，以及其他所有的青年毕业生——在场上任何位置踢球，包括在球门里。"我们的理念是不仅仅培养一个位置的球员"，穆尔说，"对于这些小家伙，我们不安排守门员，但球门里必须要有一个场上球员，因为在这个位置也能踢球是很重要的。"

阿拉巴在青年队中曾是一名攻击型中场，但16岁初次登场时则是左后卫。"这是他在拜仁慕尼黑的位置（在瓜迪奥拉手下他踢中卫），因为我们在青年队中努力培养能在大多数位置踢球的队员。"有一种理论认为，如果年轻球员在成长过程中在不同的位置踢球，他们就不能成为某个特殊位置的专业人才。在2015年的一次会议上，一位英超青训学院院长给观众讲述了他杀死一个男孩的经历，不是真的杀死（他还活着，还在踢足球），而是打个比方，因为他扼杀了这名球员的天赋。这名前锋很优秀，教练们花了很长时间思考如何才能进一步提高他的水平。教练们决定教他如何在更深的位置踢球，这样他就能得到更多的球，从而提高他的球技。男孩这样做了，而且成为一个相当好的10号球员，但当他后来回到最初的9号时，他却没有那么出众了。没过两年，这名球员就被放走了。抛开其他因素，演讲者觉得教练们剥夺了球员在他的位置上进行专项训练的时间，因此限制了他的成长。

虽然有时候会发生这种情况，但是现在的比赛非常流畅，位置也有很多变化，对年轻人进行各种角色的教学有助于他们对整个比赛战术的理解，从而培养团队学习战术的敏感性。穆尔说："中卫应该能够在中场发挥作用，边线球员应该学会在防守和进攻两方面发挥作用。"阿尔赛纳·温格在摩纳哥将年轻的利利安·图拉姆从中场转变为后卫，而对埃曼努埃尔·佩蒂特的安排正好相反，这两名球员后来都在新位置上赢得了世界杯。

能力理论

在这项现代欧洲运动中，位置变化是很常见的。有很多这方面的例子，比如佩蒂特和图拉姆，还有大卫·阿拉巴，这些球员能重新适应新的位置并表现出色。哈维尔·马斯切拉诺就是一名这样的球员，他之前是一名中场球员，在巴萨被安排在中后卫的位置，并且两次赢得冠军联赛。2014年，约翰·克鲁伊夫对《每日电讯报》说，前锋德克·库伊特很有"战术天赋"，在世界杯上可以踢左边后卫。[lxv] 而可靠、兢兢业业的后卫菲利普·拉姆则成为中场核心，他的教练瓜迪奥拉说："他可能是我职业生涯中训练过的最聪明的球员，他完全在另一个层次。"[lxvi]

关于位置变化以及如何将一个球员从他原来的位置换到不熟悉的位置并使他表现得更好，这方面有好多理论。应该考虑的是，在一场比赛中，球员的大脑要使用许多复杂的机制，从而使他能够正常发挥。首先，球员通常会根据通过枕叶看到的东西做出决定，他做出快

15 多瑙河上的挑战（一）：维也纳和对某地之爱

速决策、考虑空间意识和周围环境时的思维速度是这里控制的。其次，大脑边缘系统调节情绪反应，以保持理性思维。小脑对于协调和运动有着重要作用，颞叶与语言和记忆相关，使球员能够接受战术上的建议。

对于球员适应新位置来说，最适用的两种机制是额叶和背流/腹侧通路。在一个新位置进行运动和动作，如边后卫插上，是额叶内组织的。而背流控制学习如何比赛的过程，腹侧通路影响球员对位置的掌握。"研究表明，专家们在做出运动判断时会使用不同的大脑区域，无论是在他们擅长的运动中做决定还是在不熟悉的运动中做出决定。"佐伊·维姆胡斯特博士于2012年这样写道[1]。

把大脑的特定区域组合成一种训练方式是很困难的。建议运动员，特别是年轻的运动员，要在不同的位置上尝试和体验，从而打开他们的额叶、刺激他们的腹侧通路。为了在一项颇具挑战性的任务中给年轻球员提供支持，心理学家克里斯·哈伍德提出了5C模型理论，包括：敬业（Commitment）、沟通（Communication）、专注（Concentration）、控制（Control）和信心（Confidence）。这些行为是哈伍德描述的"意志坚强、情商高的球员"所具备的特点。但其中的一个"C"——"专注"，与年轻人适应新位置有十分密切的关系。作为一个指导性框架，通过在训练或比赛过程定期间歇中询问球员"在那个时刻想什么、做什么或打算做什么"，会增强球员的注意力[2]。奥地利维也纳在整个训练过程中都这样做，例如在年轻球员的比赛中，教练们会定期地"暂停"来询问一个7岁的中场球员他防守时的想法。教练还会在比赛中将球员轮换到不同的位置，这样他们就能完整地体验比赛。这也使球员们可以为将来的比赛做好准备。举个例子，如果把一个年轻的中卫放到边路，让他运球，随着

---

[1] 维姆胡斯特，Z.（2012）."优秀运动员视觉技能"，见：http://epubs.surrey.ac.uk/791906/1/Wimshurst2012.pdf.
[2] 哈伍德，C."将运动心理学融入精英青少年足球：球员、教练和家长参与"．见：http://www.innovatefc.com/members/resources. Last accessed 31/12/2016.

年龄的增长，他会更有信心突破防线，将球带进中场。在训练和比赛结束后，分析人员会给年轻人展示他们的跑位，并询问他们的思维过程。

大卫·阿拉巴在奥地利维也纳各种位置上的训练，使得他的足球认知和运动理解得到了发展，从而他能够比较全面地掌握比赛，所以在拜仁的新位置上踢球时，他表现得很好。"我可以在任何能够帮助球队赢得比赛的位置踢球"，他谦逊地告诉记者。后来他的主教练瓜迪奥拉说道："难以置信，太令人吃惊了……他绝对可以胜任任何位置。"[lxvii]穆尔相信足球运动员通过尝试不同的位置，对比赛的理解会更全面。但是，究竟是想要培养一名多才多艺的球员还是特别专业的球员，这取决于教练。

弄潮

阿拉巴在拜仁的前6个赛季赢得了14个奖杯，包括5个联赛冠军和1个欧冠冠军。虽然他只有24岁，但新闻机构还是连续5年提名他为奥地利年度最佳球员。然而，虽然阿拉巴具有超常的天赋，但他是他所成长的环境的产物。穆尔解释说，他很聪明，"我们有一个心理教练与学校密切合作，我们会为孩子们提供有关体育科学和足球相关话题的额外课程。"阿拉巴有很强的动力，"我们尝试为更小年龄的孩子进行身体训练。"他是来自这个城市的孩子，"我们的目标是把来自维也纳的青年队员带进一线队。我们有4~5名球员来自其他地区，但大多数球员可以和他们的父母一起住在家里。"奥地利维也纳希望自己成为服务这座城市人民的青训学院。"这里有很多较小的俱乐部，他们在本地培养球员，我们会引进这些俱乐部中最好的球员。这是一个循环，我们以后也会把球员还给这些俱乐部。"

这位青训学院主任向后靠在椅子上，若有所思。他的办公室里有一个很大的白板，上面写着U18球队的比赛安排和结果。到处都是阿

15 多瑙河上的挑战（一）：维也纳和对某地之爱

拉巴的照片，有些是他身穿比赛服的照片，有些则是他和奖杯的合影。"我1994年作为一名青少年教练来到这里，我当时带的是U8年龄组，我在这里工作了4年，成为青少年部的主任。在一个地方呆这么长时间，这在足球圈里是不多见的。"就像伟大的哲学家洛奇·巴尔博亚曾说的："如果你在一个地方待久了，你就会成为那个地方的一部分。"穆尔已成为奥地利维也纳的一部分，他踢过这里的每一个球，能感觉到每一个铲球。看到俱乐部在为边际收益而努力维持，这让他感觉很沮丧。"（要留住球员）非常困难，6个月前有一个孩子去了米德尔斯堡，这很正常，因为我们有很好的在国家队踢球的球员。虽然在奥地利我们是很大的俱乐部，但在欧洲却很小。"对维也纳的年轻人来说，欧洲大陆金钱和成功的诱惑太大了。"大多数顶尖球队都很擅长培养球员，包括米德尔斯堡，但球员很难进入这些俱乐部的一线队。我们告诉球员们只要在这里发展，他们会得到这样的机会，我们需要年轻人在我们的一线队踢球。"

2016年，在美世咨询进行的一项关于生活质量的社会经济研究中，维也纳名列前茅。这说明维也纳是世界上最适合生活的城市，但球员仍然选择去其他地方。穆尔咬牙承认其他俱乐部有更好的基础设施，因此更有吸引力。奥地利维也纳面临的问题是整个联盟的典型问题——最好的球员都想离开，所以他在这场漫长的比赛中稳住了自己："最重要的是要有更多的青训学院。我们从2000年开始，把青少年培养变得更职业化，我们有职业的教练和职业的运动科学专家，这对培养更好的球员来说是最重要的。"

奥地利的俱乐部正在展望未来，他们的目标是将销售青少年球员所获得的资金再投入到青训学院，以培养更高标准、价值更高的优秀球员。"现在所有的国家队队员都是这里的青训学院培养出来的，而不是像前些年是在德国或英格兰培养的。球员们在这里踢球，我认为对这里足球的发展非常重要，我们会更多地投资于青少年培养，使我们的联赛成为培养年轻球员的联赛，让那些大俱乐部知道可以从这里购买顶级球员。"

也许这是最令人惭愧的事，曾经是欧洲最伟大的帝国，曾经有过令人钦佩的足球队，但奥地利可能永远都不会再成为一个足球强国。穆尔和这个国家的青训学院不得不把孩子们兜售，希望他们像放在商店橱窗里的商品一样有人来争抢。这与"梦之队"的时代相去甚远，在那时，创新可以取得胜利。现在大家都在复制或买断。环城大街以内的建筑如议会、博物馆和曾经繁忙的咖啡馆，现在都成了漂亮的空壳。这些都只是那个被遗忘的时代的纪念碑，但进步的痕迹清晰可见。奥地利在辛德拉尔和阿拉巴之间走了70年，在后者身上，他们发现了意义。穆尔对正在进行的小的改进持乐观态度。也许20年后会出现另一个阿拉巴，会致力于改变当地俱乐部的命运，但这是一个高尚却不太现实的想法。

16 多瑙河上的挑战（二）：汉维特的历史

"铁路是大地的脉络，
文化和进步随其繁荣，
他们带来空气的搏动，
催生国家的伟大。"

——山多尔·裴多菲，匈牙利诗人和自由革命者，1842年

随着时间的推移，奥匈帝国的伟大似乎有些被遗忘了。匈牙利将萨格勒布、布拉迪斯拉发以及布达佩斯视为自己的城市，而奥地利则包括维也纳、布拉格、特里亚斯特和克拉科夫。贵族们努力取悦着从意大利延伸到特兰西瓦尼亚地区的许多不同种族。当局利用发展铁路来分散注意力，试图掩盖民族主义紧张局势的裂痕，但政治动荡最终还是导致了第一次世界大战。从那以后，匈牙利就一直处于艰难的境地，他们经历了战争、土地损失、大萧条、大屠杀、斯大林主义和接下来的完全共产主义。我沿着裴多菲的路线到布达佩斯去探寻足球，足球是这里唯一永恒不变的。这是"皇帝和国王路线"上的第二站，也是最后一站。

直到今天，匈牙利最出名的还是20世纪50年代的"黄金团队"。虽然奥地利一直都未从"梦之队"的衰落中恢复过来，但匈牙利足球

却在共产主义的统治下蓬勃发展。在工会成员古斯塔夫·西贝斯的指导下,"黄金团队"在1950年到1956年间以其革命性的2-3-3-2阵型赢得了42次胜利,在1953年的"世纪之战"中击败英格兰,他们只输了一场比赛,就是1954年世界杯决赛对阵西德。大部分队员都被国家征召来为布达佩斯的汉维特队踢球,队员们都因其实力而出名。球队的辉煌也要归功于西贝斯能够以汉维特为基地全年对球队进行训练。

然而,在1956年由贝拉·古特曼教练组织的赴意大利、西班牙、葡萄牙和巴西的巡回赛期间,国内的学生们上街游行,反对苏联的统治,其中一人被警察开枪打死,他也成为该事业的殉道者。他死亡的消息传开后,数千人组成了多个民兵组织,匈牙利革命开始了。黄金一代的球员拒绝回到他们的祖国。汉维特的桑德尔·科西和佐尔坦·切博尔前往西班牙为巴萨效力,而他们最著名的核心人物费伦茨·普斯卡什则加盟了皇马。匈牙利足球和汉维特随着球队的分裂一落千丈,从那之后,俱乐部和国家队再也没有回到高水平阵营。

虽然目前看来革命家山多尔·裴多菲写到的那些铁轨已经破烂不堪,但当前匈牙利仍在使用。从奥地利穿越边境,一切仿佛又回到大约30年前,汽车停放在杂草丛生的花园里,车身的油漆锈迹斑斑几近剥落,房子暗淡无色,男人们胡子拉碴。这对于那些生活在这里的人来说是一种耻辱,他们是政府糟糕决策下的无助的受害者。不管怎样,他们充分利用了他们所拥有的一切。这是游客所看不到的匈牙利。我们的火车停在杰尔车站,这里的环境比较适合古老的意大利式西部片,站台寂静得可怕。乘客们等车的时候,几列货运列车呼啸而过驶向首都。所有东西都运向首都。

布达佩斯是匈牙利人口密度最大的城市,在总理维克多·欧尔班的领导下,这个国家正逐渐恢复过来。1989年匈牙利剧变后,人们都不知所措。第一个对这种情况做出反应的人是乔治·萨博,后来人们称呼他为乔治·海明威。海明威曾在纽约和洛杉矶学习多年,他了

16 多瑙河上的挑战（二）：汉维特的历史

解资本主义是如何运作的。回到家乡后，他开办了必胜客和肯德基连锁店，迅速成为这个国家最富有的人之一（可能是第一个白手起家的百万富翁）。2006年，在俱乐部遭受磨难的时候，他收购了汉维特。三个赛季之前，俱乐部刚刚降到第二级联赛，而且在第二年就进行了清算。这个俱乐部有着成千上万的债务，意大利老板皮尼考虑与多瑙新城合并，并搬到其他地方。但正如历史告诉我们的，救世主只有在危机时刻才会到来。对于基斯柏斯的粉丝来说，海明威就是这个救世主。在他收购之后，俱乐部随之稳定下来。

*

时代困境

阿贝尔·劳伦茨已经在俱乐部工作了两年，我们在熙熙攘攘的凯莱蒂车站外碰头，并乘出租车来到基斯柏斯附近。这个地区就位于布达佩斯城外，在社会主义时代发展起来，当时的法律规定人们需要有通行证才能进入城市，商人们在这里建造工厂以躲避政府。如今，不用担心遭遇国家权威的压迫，工业已经集中在布达佩斯城里，基斯柏斯被甩在了后面。从出租车向外看，高楼大厦吞噬了仅有的阳光，直到我们拐过一个弯来到汉维特明亮的博希克体育场，入口处的一个牌子上写着"普斯卡什俱乐部"。

阿贝尔是一位有野心的分析师，他是我这一天的导游，开始向我展示一线队的场地。体育场左边是围栏包围的站立区域，水泥台阶上长着一片片的草，这里通常是主队的铁杆球迷区域。在这个区域里，扶手上是被客队球迷撕掉一半的褪了色的贴纸，最新的是伏伊伏丁那和安郅马哈奇卡拉的，欧洲之夜的记忆早已消逝。一队球员们陆续来到比赛场地准备当晚对维迪奥顿的比赛，他们有些是一起拼车来的，会将车停在训练场的草地上，这也使场地工感到很烦恼。训练场的左边有一个五人制场地，右边是一片墓地。"球员如果把球踢到墓地，他必须去把球取回来"，阿贝尔笑着说。有100多名青少年球员住在这个训练中心。俱乐部办公室的窗外，工厂的浓烟弥漫在午后的空气中。

体育场里的走廊似乎已经破旧不堪，设备、铁管之类的东西沿着墙跟儿放着，没人管理。整个装饰很陈旧，暗淡无色。尽管如此，这个地方的友好气氛使它显得谦逊、迷人，而且绝对不单调乏味。到达老板办公室的门口，阿贝尔敲了几下，没人应答。后来，一位接待员替我们进去通报，海明威先生出来迎接了我们。他是一个魁梧的绅士，比一般人高大很多，热情地和我们握了手，把我们招呼进了他的办公室。

与外面的走廊形成鲜明对比的是，海明威的办公室简直就像是纳尼亚传奇。他的橡木书桌周边悬挂着油画，地板中间铺着一张厚地毯，客人们用的是豪华的红色椅子。这位美国口音的男人让我们坐下，我们开始了交谈。我对他的钦佩之情油然而生。"作为俱乐部的所有者你需要做什么？"我一边打开录音设备一边问道。"我必须为俱乐部设定一个长远目标，并批准所有重大的财务决定。"他坦率地回答说，"我必须确定全年的预算，批准我们的销售和收购。我不参与日常的运营和球队的组织。"海明威会让总经理来处理这些问题。足球方面的事留给足球人去做，或者至少应该是这样。

海明威曾经有过一位来自意大利的总经理——法比奥·科德拉，他与人合作进行葡萄酒生意，主要客户包括韦斯利·斯内德、安东尼奥·孔蒂和罗贝托·曼奇尼等人。在科德拉的带领下，汉维特成了小意大利队，俱乐部引进了达维德·兰扎法姆、安德里亚·曼奇尼（罗贝托的儿子）、伊马努埃尔·特斯塔迪、埃米利亚诺·波纳佐利和前阿森纳预备队的阿图罗·卢波利。俱乐部几乎还签下法布里济奥·米科利和亚历桑德罗·德尔·皮耶罗，甚至同意为皮耶罗重新启用已经退役的普斯卡什10号球衣，但最终还是悉尼对他有更大的吸引力。科

16 多瑙河上的挑战（二）：汉维特的历史

德拉说服了曾获得过世界杯冠军的后卫皮埃特罗·维耶希奥德来管理俱乐部，但是并没有取得好的结果，所以二人还是分开了。然而，在这位意大利人掌管时期，最神秘的一件事是任命了不为人知的主教练马科·罗西，罗西在一年前因排名垫底被区级俱乐部卡瓦兹解雇。我到俱乐部访问的时候，罗西第二次作为主教练回到俱乐部，而科德拉和其他意大利人都已经离开。

猎户座

夜空如此辽阔，斗转星移、变幻莫测。几千年来，农民和诗人注视着黑暗的夜空，看着闪烁的星光。实际上星座并不存在，但却被天文学家用来当作定位某个恒星的助记符。只有通过如此完美的排列才能看到星座。如果没有恒星的绝对一致，猎户座就没有腰带。匈牙利要想再现光芒，青训学院和一线队必须保持一致。这意味着从青少年到成年队的足球风格必须走同样的路线，俱乐部和国家队层面都要一样，就像在拜仁讨论的那样。在我访问的时候，汉维特并不是这样。

在主教练马科·罗西的带领下，俱乐部踢的是保守的意大利式5-3-2，很少有从后场组织起来的进攻。他的足球哲学与青训学院的足球哲学形成鲜明的对比。在青训学院，荷兰人贾斯帕·德穆伊纳克教球员们使用的是充满活力的4-3-3阵型，从守门员开始组织进攻。"我们从荷兰引进了一位青训学院主管，是为了确保我们所做的和阿贾克斯或埃因霍温所做的一样"，海明威在他的办公室里说，"虽然从意大利引进一名青训主管可能会有更好的效果。""我们有东欧最好的足球学院，球队26名队员中有16人来自我们的青训学院，而这只是从2007年才开始的。"布拉格斯巴达和基辅迪纳摩也许都不同意他的这种说法，但这是海明威引以为荣的。每年，他们的青年队都会在"普斯卡什杯"中对阵皇家马德里,并且通常会赢得比赛。汉维特的问题在于他们的青训学院和成年队有两种截然不同的风格,这种明显的差别意味着有才华的年轻人晋升到一队时往往得不到好的发展。

问题

几年前,贾斯帕·德穆伊纳克第一次与汉维特打交道,他来到布达佩斯考察匈牙利足球,那时他还与路易斯·范加尔一起为荷兰国家队效力。到体育场时,贾斯帕问道:"我怎么才能看到MTK布达佩斯青年队和汉维特的比赛?"接待员给他画了一张地图,他需要穿过铁轨、走过桥下,走到山下的一片长满杂草的足球场。"这也是为什么我对东欧足球有这种浪漫的感觉。这是匈牙利规模最大的两所青训学院,而他们却在这样的小场地上比赛。"他回忆说。贾斯帕是一个真正的足球迷,只有纯化论者才会发现这项运动的这一面,就像其他地方闪烁的灯光一样可爱。当汉维特解雇皮埃特罗·维耶希奥德时,贾斯帕当了一个月的主教练。"对我来说,走在普斯卡什曾经走过的台阶上简直难以置信。"作为青训学院的主管,他会用普斯卡什的故事来激励汉维特的球员们。

然而,自从科德拉离开以后,青训学院和一线队之间就没有联系。贾斯帕说:"这很困难,因为我们没有体育主管。我们的政策似乎只是为了在第一级别联赛中保级,但以这种心态,我们迟早会降级。"汉维特在青训学院中有30多名国际青少年球员,他们采用进攻型、压迫式的打法,但一线队却是老派的意大利保守主义打法。"我们有两种截然不同的思想流派。老板聘用我来确保青训学院走荷兰的道路,你无法培养孩子要求他利用各条线中间的空间,因为一线队不允许这样踢。等他适应了一线队的踢法,他已经23岁了,而他应该在

16 多瑙河上的挑战（二）：汉维特的历史

17岁的时候就能做到这一点。"

由于哲学上的差异，汉维特一队和汉维特青训学院就像两个独立的组织。"打一场算一场是一个大问题"，贾斯帕说。对他来说，与那些对他的球员感兴趣的外国青训学院建立联系也是一种成功。贾斯帕曾经派了一名球员去阿贾克斯，回来的时候，他能够看到不同水平之间的鸿沟以及要达到更高水平所需要的全心投入。在这个意义上，贾斯帕保持着前瞻性。因为他对周围社会的了解，他被任命为匈牙利足球协会的兼职技术总监。

"去年，我们在荷兰举办了一次比赛，与世界上一些规模较大的青训学院同场竞技，比如埃因霍温和国际米兰，甚至还有新成立的中国的青训中心。我们在比赛中取得了不错的成绩，最终排名第四，我们控制了每一场比赛，踢得很漂亮。匈牙利的教练水平很低，因为教练培训太差。匈牙利一直都有天赋很高的球员，但是他们的训练没有对抗，也不切合实际，他们不能适应真正的足球。"贾斯帕认为这与历史和社会有关："那时的社会使他们对优秀卓越不再感兴趣，遵守规则、保持常态更容易，所有有创造力的人都离开了这个国家。我问每个人'匈牙利的比赛风格是什么？'但没有人知道答案。过去球员在球场纵向换位转换方面非常出色，但现在他们不知道他们的风格是什么。现在他们和其他小球队一样进行密集防守和反击。"

汉维特也是这样。根据贾斯帕的说法，罗西是打一场算一场，根本没有兴趣打造比赛模式遗产。"如果你有两名1996年以后出生的球员打满全场，那么政府就会给俱乐部钱，因为他们想培养年轻球员。"贾斯帕说他给罗西提供了13名才华横溢的年轻人，但他不并想要。"打一场算一场是一个大问题。我需要保护年轻球员不要过早到（罗西的）一线球队，因为我们会失去他们，他们会停止发展。"如果一个球员过早地进入一线球队，危险在于如果他不能立即上场发挥，他就不会有第二次机会。他可能会失去信心，会停止尝试那些当初使他被征召的事情。这对欧洲大陆所有俱乐部来说都是一个问题。

守护者

阿贝尔·劳伦茨是一位二十多岁的年轻分析师，他自掏腰包走遍欧洲大陆，去发现自己领域中最具开拓性的方法。数据分析在匈牙利还只是刚刚起步，事实上，这里的足球已经很过时了，阿贝尔已经多年没有观看过电视转播的匈牙利联赛。为什么要研究过时的方法？那天早些时候，我们坐在那里等海明威，食堂的屏幕上正播放着阿森纳和沃特福德的比赛，阿贝尔很快解释了球队的阵型，正赞扬着阿莱克斯·伊沃比给阿森纳带来的平衡，这个年轻人就进球了。

阿贝尔在几个月前访问了莱斯特城，了解到俱乐部"在他们成名之前"就已经完成的工作。他将自己与他们的一线队分析师进行了比较："我访问时学到了一些如何进行赛后分析的新观点。例如，作为莱斯特大学的招聘分析师，罗布·麦肯齐谈到了让球员参与这个过程的重要性。我更关注的是了解球员们在不同情况下的感受以及哪些是可以改进的。球员可能会说他们知道如何做得更好，但他们不确定。如果他们参与了，他们就会学到更多的东西，会比你在那儿讲他们在那儿睡的学校上课模式效果好很多。"

如果说莱斯特当时的预算很低，那么相比而言汉维特则可以说是贫困不堪了，但是分析部门的财务障碍并没有让阿贝尔感到担忧。他认为，技术的质量并不是真正重要的，更重要的是如何使用它，他认为80%或90%的分析可以用廉价的技术来完成，比如用摄像机来编制集锦。"最重要的是你和教练对足球的理解，而不是钱。"在汉维特，青训学院和一线队之间似乎是分离的，长期而言这是不可持续的。二者像是两个不同的俱乐部，这在研究室里也有所反映：青训学院中阿贝尔不知疲倦地投入在年轻人身上，但一线队根本没有技术分析。

当然，阿贝尔可以做这两份工作，随着我询问他青少年和高水平比赛分析的差异，这一问题变得非常明显。"很显然，目标是不同的，因为对一线队来说结果是最重要的，而在青训学院，你可以输掉比赛，但如果球员得到发展，你就实现了你的目标。"在青训学院，更专注于球员个人，在一线队，更多的是针对即将到来的比赛进行整体的赛前分析，而不是用来培养球员的赛后分析。"在青训学院，我们更注重赛后的细节分析，不太重视他们的下一个对手是谁，以及他们应该如何阻止对手。"

阿贝尔对他的球员强调他们要知道如何为自己的发展负责。"我会给他们进行分析，并鼓励他们来找我询问比赛的情况，或者他们觉得自己在某个方面有所欠缺也可以来找我。最有天赋的球员也会得到一个持续3~4个月的发展计划。他们必须决定要从教练那里得到什么帮助。"为了充分了解如何帮助这些球员，阿贝尔将自己融入了青训学院的足球风格中，充当着迷你顾问，以强化他们的比赛模式。"青少年球队都踢控球打法。我们要控制和主导比赛，并尽快地把球拿回来。这很有攻击性，我们在对方半场开始防守。"从这个意义上讲，这就是荷兰足球的风格。

玩弄政治

作为商人，海明威很聪明，他知道俱乐部只需要一个很好的赛季就可以成功。除了几个明显的因素外，万事俱备，他意识到了这个计划的潜力。"2006年，在俱乐部偃旗息鼓10年后我们买下了它，我们尽全力进行重建。明年我们将建造一座新球场，我们希望能在匈牙利足球的复兴中处于领先位置。"他们并不是这一复兴中唯一的俱乐部，费伦茨城同样享有盛誉（汉维特以普斯卡什为荣，而费伦茨城有弗洛里安·阿尔贝特），还建造了一座全新的、最先进的、有22000座位的体育场——安盟保险体育场。除费伦茨城和汉维特以外，德布勒森自千禧年以来一直统治着匈牙利足球，欧洲赛场上也飘扬着他们的旗帜。

然而，当时最有可能推动匈牙利重生的队伍仍在第二级别联赛。普斯卡会学院创建还不到10年，就已经拥有了全国最好的青训设施，是由一位狂热的足球迷——总理维克多·欧尔班——创建的，总部设在他出生的菲尔苏特村。这个村庄虽然只有约1000人，但2014年，这里建成了一座可容纳3500人的体育场。"潘乔体育场"（取自普斯卡什在皇家马德里时的昵称）是体育领域最有趣的建筑之一，类似于中土世界的建筑，有10个训练场地，供匈牙利最有天赋的年轻球员使用。

在典型的东欧风格中，体育场的建设是有争议的。很多人生活水平下降，许多批评人士要求知道为什么1300万欧元巨额国家资金用于欧尔班的个人梦想？反对人士还指出，"奥朗德总统没有建造橄榄球场，戴维·卡梅伦也没有建设板球场。"[lxviii] 除了他的普斯卡什学院梦想以外，欧尔班还为比赛引入了身份卡和手持扫描仪。"激情不再受欢迎了，他们想让我们礼貌地鼓掌，然后在中场休息时像在剧场里一样买昂贵的饮料。"一名费伦茨城铁杆球迷这样说道。[lxix]

欧尔班的现代化和现实的足球水准使现场观众人数有所下降。尽管如此，他所做的投资还是受到了俱乐部所有人的欢迎。在被问及对未来投资安全性的考虑时，海明威在他的豪华办公室里指出总理所做的工作是有高额回报的，"我认为，如果这届政府继续执政，匈牙利足球的白银时代就会到来，不是黄金时代，那是20世纪50年代。我们有很多年轻球员，几年的时间国家队在国际足联的排名已经从第77名上升到第18名，这是我们多年来第一次

16 多瑙河上的挑战（二）：汉维特的历史

回到前20名。我们希望成为强大的欧洲中等俱乐部，像荷兰和比利时的俱乐部那样。"

*

那天晚上几千人观看了比赛。在中场休息时，海明威走到球场上对球迷们讲话。那天是普斯卡什的生日，这就是他给俱乐部留下的遗产，他们每年都会进行庆祝。这位俱乐部所有人通过10分钟的演讲向"疾驰少校"致敬，盛赞他对汉维特所做的贡献。早些时候，我曾问过海明威历史的重要性，以及俱乐部如何平衡过去的历史和对未来的展望，"没有其他的匈牙利球队能像汉维特一样在国外被人所熟知。"他认为，费伦茨城和德布勒森在匈牙利国内的名气很大，但汉维特的名气却超出了这个国家。也许他是对的，这就是为什么他把俱乐部的名字从基斯柏斯足球俱乐部改为汉维特。

海明威知道名气只能将俱乐部带到目前的位置，现代足球是由财富决定的。超级富豪安郅马哈奇卡拉，一个来自达吉斯坦的俱乐部，几乎没有任何粉丝、历史和名气，在达吉斯坦亿万富翁、球队所有人苏莱曼·克里莫夫的支持下，在超级巨星萨穆埃尔·埃托奥的带领下于2013年来访，在5000名球迷面前以4∶0击败了汉维特。这对海明威来说是一个实现价值的时刻。"我们的历史是具有决定性的。正因为如此，在过去的10年里，我们以进攻性的理念培养了我们的风格"，而球场上的表现则不是这样。马科·罗西踢出的是迟缓的、保护性的足球风格。如果进攻性的足球可以通过勇敢的无球跑动、向前跑、截断传球、多种组合以及进入对方球门区来定义，那么汉维特的打法绝对不是。后来，当我离开体育馆步入夜晚黑暗的布达佩斯时，一个足球俱乐部里引用的比尔·香克利关于

"三位一体"的名言突然闯入脑海，他们都热爱汉维特，但却用着不同的方式。

九个月后……

后来情况发生了变化。发现汉维特正在和维迪奥顿争夺冠军，我4月份给阿贝尔打了个电话。"发生什么了？！"我问道，既困惑又高兴。"来观看比赛的人数比以往我见过的都多"，他告诉我说。我也回想着那个长满苔藓的波兹西克·乔泽夫体育场。乘着欧尔班的"白银时代"浪潮，海明威甚至提交了一个新的8000座体育场的计划。"我们也请回了大卫·兰扎法姆，他在这个水平的比赛中非常出色"，阿贝尔继续说道。这位意大利前锋曾被他的教练安东尼奥·孔蒂描述为"巴里的克里斯蒂亚诺·罗纳尔多"，直到后来假球丑闻威胁到他的职业生涯。在匈牙利，他稍有慰藉，可以轻松得分。"他可以战略性地管理比赛，什么时候放慢速度、什么时候要积极拼抢、什么时候控制好球拖延时间。我们球队里没有人知道这种踢法，以前也不可能做得到。"阿贝尔说道。

汉维特命运的转变并不是某一个球员的功劳。海明威做出了统一俱乐部哲学的决定，要用统一的思想来指导。他选择了意大利风格，于是贾斯帕走了，罗西的一个朋友被聘为分析师，从他们的结果可以看出这是正确的决定。不管是意大利、荷兰、西班牙还是德国的方法，从U6到U23的踢球方式都必须协调一致。海明威本可以选择用荷兰风格，最终也会有同样的效果。不管怎样，汉维特的进步和提高以及训练营氛围的改善都可以说明，在这一现代运动中，连贯一致的哲学是至关重要的。

我们只有通过亲自与人交谈的经历才能真正了解一个机构（比如酒吧、餐厅或足球俱乐部）。如果不是因为海明威和贾斯帕的个性，

16 多瑙河上的挑战（二）：汉维特的历史

以及阿贝尔的帮助，汉维特也仅仅是我访问过的一个俱乐部而已。因为他给了我一瓶红酒和一件汉维特球衣作为礼物，因为"黄金团队"的光环、普斯卡什的故事和历史的感觉，因为业余和专业结合的特点，因为所有这一切，我将会永远记住汉维特。我希望，对读者您来说，这种情感是相通的。

17 黄色骑士：北莱茵-威斯特法伦

从布达佩斯到布拉格，然后是纽伦堡和多特蒙德，田地被工厂所取代，足球在西德随处可见。这里有13个职业俱乐部，共获得22个联赛冠军、18个杯赛冠军和5个欧洲冠军。获得这些荣誉的俱乐部有勒沃库森、沙尔克04、科隆、杜塞尔多夫、埃森、多特蒙德和门兴格拉德巴赫。这一章讲述了我在这个地区的火车旅行，探寻德国是如何成为世界冠军的。旅行从科隆开始，到盖尔森基兴结束。

到达这里

德国足球的重生得益于北莱茵-威斯特法伦州（NRW），或者说至少得益于这里的发展。1998年，出生在这里的国家队教练贝尔蒂·福格茨指出了德国足球的衰落，尤其是曾经帮助他们获得胜利的依靠体能的风格打法已经不再适用于这一更新的、更具技术性的运动。他提出了一项人才计划，以培养技术好的年轻球员，但这项计划却从未得以实施。而巧合的是，激发德国创造这样一个体系的人，正是福格茨的继任者、同样来自北莱茵-威斯特法伦州的埃里希·里贝

17 黄色骑士：北莱茵-威斯特法伦

克。他带领的德国国家队在2000年欧洲杯上球员动作迟缓、平均年龄31.5岁，在小组赛阶段就被淘汰，进而引发了全国的愤怒。

在葡萄牙人将德国队送回家后，德国非常权威的足球杂志《踢球者》用17页的篇幅专门报道了这支国家队首发阵容的缺点。德国足协（DFB）与德甲俱乐部一起制定了一项计划，并在2001年提出了"扩大人才振兴计划"（ETPP），这一计划意在确保2000年欧洲杯的尴尬不会再次发生。

"人才振兴计划"要求德国俱乐部和协会投资于足球基础，表示除非基础得到改变，否则顶层设计依旧保持不变。德国足协在所有德甲俱乐部的合同中加入了一条规则，即如果他们想进入顶级联赛，就需要建立精英中心。"这个规则甚至明确这些精英中心的球队里要有多少获得德国国家青年队资格的球员、俱乐部要聘用多少教练和理疗师、俱乐部要如何与当地的学校进行互动等"，乌利·黑塞解释道，"如果不这样做，俱乐部执照将会被吊销。简单说，俱乐部会被要求做这些事情，做不到就要承受降级到业余联赛的痛苦。"

大多数俱乐部都不愿意，因为这一项目每年要支出4800万欧元，但俱乐部在这个问题上几乎没有发言权。事情这样定了，他们不得不接受。后来全国各地的电视都播出了广告，并发布了广告语："我们的业余球员，真正的专业人士"。后来，在全国范围内共有54个由俱乐部为德国足协设立的"高水平"训练中心，这成为足协的选材基地，他们掌握着全国范围内最好的年轻球员的信息。"人才振兴计划"主任约格·丹尼尔预言说："如果世纪天才碰巧出生在山后的一个小村庄里，那么我们也会发现他。"从那以后，有才华的年轻人会被要求每周在最近的德国足协基地进行一次两小时的训练。那些被挑选出的代表国家比赛的最好的球员是从这些基地而不是青训学院选拔出来的。

在通过高水平基地重建青少年足球的同时，德国足协和德甲联盟还决定，应通过教育来提高每个村庄和城镇的业余青少年足球水平。

"德国足协移动教练"面包车每周都会开到业余俱乐部，教授教练们各种课程，使他们的执教理念与培养技术型"德国"球员的理念相一致。大约有22000名球员接受训练，然后由科隆体育学院的研究人员进行分析，这些球员全年的表现都会被跟踪。德国所有的这些累积，最终培养出了梅苏特·厄齐尔、托尼·克罗斯和马里奥·格策，他们在2014年世界杯的胜利中发挥了核心作用。德国足协每年会组织387个训练营，教练们会告诉参加训练营的年轻人："你是德国足协的会员，这意味着你是世界冠军！"对他们来说，每个孩子都是潜在的国际明星。这就是我所走过的德国，一个对自己的球员、球迷和成就有明确认识的国家。

旅程

2016年4月7日上午9：30左右，从科隆火车站出发的德铁（DB）火车搭乘着300名球迷驶向多特蒙德火车站，他们有的穿着红色球衣，但多数穿的是黄黑球衣。那一天，每20分钟就有一列同样行程的火车。那天晚上，多特蒙德在欧联杯的四分之一决赛中对阵利物浦，《图片报》将那场比赛命名为"国王归来"（国王指的是多特蒙德前任主教练尤尔根·克洛普）。

足球专家会发现这段旅程是最令人愉快的。北莱茵-威斯特法伦州是一个有意思的地区，它是德国人口最稠密的州，当地人称其为"煤炭和钢铁之乡"。二战后，北莱茵-威斯特法伦州成为德国从灰烬中重建的重要地区。在战后的工业萧条时期，这里的俱乐部开始不断获得胜利。这个背景与格拉斯哥凯尔特人在20世纪的蓬勃发展非常类似。正如《先驱报》所描述的，"他们的成功就像湿冷的鹅卵石"。

在20世纪早期，由于西德的重工业化，这个地区历史性地建立了很多足球俱乐部。肖恩·布朗写道："该地区的历史是一个不断迁徙

17 黄色骑士：北莱茵-威斯特法伦

的历史。"①随着工业生产的出现和扩大，工人的需求量非常大。移民从欧洲各地来到这里，一些是来自曾经的普鲁士地区。德语中的普鲁士就是Borussia，当时在这个地区成立的几家俱乐部的名字中都有这个词，多特蒙德和门兴格拉德巴赫就是两个著名的例子。像多年前的英国一样，随着自由时间的增加，足球也成为一种社区资产，并被北莱茵-威斯特法伦州的每个城市、城镇和郊区的工人所享用。

在第三帝国时期，足球在德国的受欢迎程度急剧上升。1936年，北莱茵-威斯特法伦州的俱乐部沙尔克（又名沙尔克04）在斯图加特与纽伦堡的比赛吸引了7.5万名球迷。有意思的是，作为钢铁城市盖尔森基兴郊区的一家俱乐部，当时无论文化上还是经济上都落后于埃森、杜伊斯堡和多特蒙德，但却能够吸引来自德国各地的众多球迷。沙尔克的成功取决于他们的比赛风格——"沙尔克陀螺"，要求场上完美的衔接，这也同样使俱乐部成为国家队的基地。沙尔克的流行也取决于当时的政治环境，纳粹党摧毁了社会主义运动和劳工运动，因此社会力量缺乏一个组织中心。汤姆林森和杨研究发现，"在那些圈子里，显示出对沙尔克04的同情意味着对已不再存在的劳工运动的同情。"②尤其是当时沙尔克被认为是一个工人俱乐部。

上午9:32

在今天的科隆，圣彼得大教堂是这座城市最著名的象征。教堂宏伟壮观，双尖顶直刺云霄，它是德国访问量最大的标志性建筑，每天会有2万人参观。在18世纪和19世纪，教堂必须是地面上最高的建筑，它们的高度是对上帝的敬意。但随着社会的发展，优先权也发生了变化。如今，为金融机构而建的摩天大楼是最高的建筑，体育场馆

---

① Brown, S (2013). Football Fans Around the World: From Supporters to Fanatics. New York: Routledge. 62.
② Tomlinson, A. & Young, C (2006). German Football: History, Culture, Society. New York: Routledge. 8.

往往位居第二。在现代社会,对很多人来说,金钱和体育比宗教更重要。然而,科隆的圣彼得大教堂却将穿梭而过的列车笼罩在其阴影之下,这似乎形成一种矛盾。这座教堂高516英尺,而当地俱乐部科隆的主场莱茵能源体育场只有108英尺高。

在德国,科隆俱乐部可以用来作为审视球迷关系的工具。在英国的足球比赛中,竞争是俱乐部之间最明显的主线,而在德国,俱乐部和他们所在地区的球队以及联赛中的球队都有着友好的关系。例如,多特蒙德与科隆是友好的,因此,科隆会同多特蒙德与沙尔克04竞争。科隆还与门兴格拉德巴赫竞争,因为这两家俱乐部在上世纪70年代末曾竞争冠军;他们与杜塞尔多夫也保持着紧张关系,因为两家俱乐部所在地是北莱茵-威斯特法伦州经济实力较强的两个最大的城市。勒沃库森是由拜耳制药公司支持的一个资金雄厚的俱乐部,许多该地区和其他地区的球迷都不喜欢他们。科隆和勒沃库森彼此最不喜欢对方,因为他们的距离很近。不过,正如鲁德·汉斯·科宁所发现的,那些被归为"德比"的比赛一定会有竞争性。虽然同处一地,但这个地区没有哪个俱乐部特别不喜欢波鸿或帕德伯恩,因为他们不是竞争对手。

上午9:40

那天早上的火车体现了德国的高效,列车经过了一堆堆的砖块和未使用的托盘货架,附近的烟囱冒着烟,天空也是灰蒙蒙的一片。火车到达拜耳04(勒沃库森足球俱乐部)的主场所在地勒沃库森,天空变得阴暗下来。勒沃库森俱乐部是由拜耳医药公司的工人创立的,在1980年之前,一直在德国的低级别联赛徘徊不前。工厂塔楼上拜耳公司的标识(在阿司匹林包装袋上可以看到)照亮了这座城市。拜耳勒沃库森的装备上有公司的标志,公司名字也在俱乐部的名字中,这使俱乐部多年来饱受诟病。然而,在富裕的迪特玛·霍普的支持下,乡村俱乐部霍芬海姆获得了一些成绩与优势,以及大众对沃尔夫斯堡

17 黄色骑士：北莱茵-威斯特法伦

的影响，霍芬海姆从勒沃库森吸引了许多重视经济和体育公平的支持者。随着2016年莱比锡在德甲联赛中表现突出，拜耳看起来开始变得很传统。

近年来勒沃库森表现最突出的是2002年，有卢西奥镇守后防以及自称金童的迈克尔·巴拉克担任中场，他们一路击败了利物浦和曼联，进入欧冠联赛决赛。2002年4月，他们志在冲击三冠王（德甲联赛、德国足协杯和欧冠联赛冠军），但到5月却最终空手而归。这几乎是巴拉克职业生涯中最令人失望的夏天，甚至在世界杯决赛中又输给了巴西。勒沃库森一直在联赛中游徘徊，直到2014年他们任命了罗杰·施密特。勒沃库森的董事会很羡慕多特蒙德所创造的模式，认为俱乐部要发展就需要一种强有力的比赛风格。董事会看到了萨尔茨堡红牛的表现，尤其是欧联杯中对阵阿贾克斯的比赛，在考察教练的技战术后决定聘请施密特。

施密特推行4-2-4阵型，更多是为了实现高压效果而不仅仅是传统的进攻目标。在有克洛普和瓜迪奥拉等名帅的联赛中，他使勒沃库森成为联赛中攻防转换最好的俱乐部。2017年1月，他们比欧洲五大联赛中任何俱乐部通过快速反击获得的进球（43）都要多（这一数字可以追溯到2012年7月）。瓜迪奥拉认为，"勒沃库森是德国最好、最紧凑的球队之一。"

但是，在2017年3月5日，施密特被解雇了（另一个贝拉·古德曼规律的受害者[1]）。"我相信罗杰·施密特绝对是一位顶级的教练，但如果我们不打算失去目标，现在就必须采取行动。"体育总监鲁迪·沃勒说。然而，那时候施密特的比赛风格已经成为德国所有俱乐部比赛风格的代名词。Spielverlagerung.de网站作家托比亚斯·埃舍尔告诉我说："高结构化的压迫是一个普遍的趋势。他们（俱乐

---

[1] 这位伟大的奥匈帝国教练曾经说过："第3年是致命的，如果一个主教练在一个俱乐部超过3年，他的队员们开始感觉乏味或自满，对手也研究出反制战术。"他知道这一点。古特曼在40多年的职业生涯中执教过25支球队，包括波尔图、本菲卡、米兰、圣保罗和汉维特等。

部）都在战术上遵循他的模式，这是很多球队的比赛方式，甚至包括红牛俱乐部。瓜迪奥拉来的时候推行了新的'位置打法'，托马斯·图赫尔在多特蒙德也使用了这种打法，所以现在有两种思想流派在进行竞争。""但是克洛普和施密特并没有发明压迫式打法，对吗？""是的。每个球员都必须同时参与防守和进攻，这始于20世纪30年代的奥托·奈尔兹和塞普·赫贝格尔。你不用告诉德国的前锋去反抢，他知道他必须这样做。克洛普和施密特只是改进了风格。"

德国球员技术不错，但战术十分突出。"在年轻人的教育中，是有什么特别的内容培养了这些球员吗？""是的，但我们必须从2000年以前说起。1990年我们赢得世界杯后开始变得自满，而那时正是青训体制发生改变的时候，那时已经有了萨基的压迫式打法和克鲁伊夫的战术理念，青年学院也得以发展，但在德国却没有发展起来。我们在2000年欧洲杯小组赛被淘汰的时候，一切都变了。"之后德国足协到荷兰、法国和西班牙去研究他们是如何培养人才的，并创建了"人才振兴计划"模型。"俱乐部基本都建立了青训学院，而现在足协对他们也有了严格的规定，如果俱乐部想要通过德甲准入，它需要为青少年队提供一定数量的训练场地，有的甚至需要有照明系统。每个俱乐部的一线队都需要有一定数量自己青训学院培养的球员，我们现在有很多教练在U10以上孩子的训练中会使用战术语言。在这个年纪，他们渴望学习新思想。这是一种文化上的改变，20世纪90年代人们根本不会谈论战术话题，而现在的球员会不断地面对战术问题。"

上午10:03

23分钟后，在杜塞尔多夫站，100多名球迷聚集在一起，大多数球迷身穿红色球服。杜塞尔多夫是北莱茵–威斯特法伦州的首府，拥有德国第三繁忙的机场。利物浦队的球迷们坐飞机来到这里，他们踏上火车时的那种气氛使列车长感到很烦恼。

17 黄色骑士：北莱茵-威斯特法伦

在杜塞尔多夫以西约半小时车程，有一个不在火车路线上但很值得参观的地方，就是门兴格拉德巴赫。这个城镇有25万人，只相当于其他地方的零头，而当地的俱乐部却有着非常精彩的历史。直到1959年，他们都从来没有参加过高于德国西部高级联赛这样的业余联赛，但1963年，俱乐部让一个名叫君特·内策尔的19岁当地天才球员上场，之后他们开始赢得比赛。1966年，格拉德巴赫和未来的竞争对手拜仁慕尼黑一起升级到德甲。慕尼黑有着强大的金融实力，而门兴格拉德巴赫却不行，俱乐部几乎没有钱花。因此，门兴格拉德巴赫从青少年球队选拔球员，包括贝尔蒂·福格茨和雅普·海因克斯。

内策尔是球队的明星，像弗朗茨·贝肯鲍尔成为拜仁的标志一样，他也成为门兴格拉德巴赫的象征。这两个年轻人都是1968年以来德国价值体系中社会政治剧变的代表。他们出生在战争结束那年的普通家庭里，并在他们所在城镇附近的俱乐部踢球。"内策尔成为左翼知识分子的宠儿，人们看到了一个在球场内外打破保守传统的人。"汤姆林森和杨写到[1]。这位开跑车的中场球员在与皇家马德里签约之前，对格拉德巴赫的影响相当于年轻的克鲁伊夫对阿贾克斯的影响。

门兴格拉德巴赫当时的主教练是亨尼斯·维斯维勒，现在在他教学的地方（科隆体育学院）有一个以他的名字命名的教练学院。这个学院是科隆的一个精修学校（德国足协分析部门所在地），这里有德国最好的思想家，包括罗杰·施密特，他在当着机械工程师和普鲁士明斯特队主教练的同时，还安排了10个月的学习。另外，还有乔基姆·勒夫，他设计的教练哲学帮助德国在2014年世界杯上取得胜利。历史是会重演的。50年前，瑟普·赫伯格（带领一支业余球员组成的足球队）获得世界杯冠军后，也转向科隆体育学院去寻找潜在的

---

[1] Tomlinson, A. & Young, C (2006). German Football: History, Culture, Society. New York: Routledge.

继任者。在整个过程中，员工们对科隆球员亨尼斯·维斯维勒大加赞扬，认为他是80多名教练中最好的一个。因此，像尤尔根·克林斯曼培养勒夫那样，赫伯格让维斯维勒作为助手，训练他成为下一届国家队的教练。

然而维斯维勒是一只"家鸟"，他只是想在莱茵地区工作，所以在1958年，38岁的他成为了科隆体育学院的负责人。他所有的天赋都献给了对未来几代教练的培养以及支持当地俱乐部方面，而不是为国家队效力。维斯维勒成为了科隆的教练，与维多利亚科隆竞争，后来在1964年，他被任命为门兴格拉德巴赫主教练。他执教的俱乐部的比赛风格是进攻和反击，通过伊戈尔·贝兰诺夫和马尔科·瑞斯这样的球员持续多年。现在许多德国人仍然把反击进球称为"格拉德巴赫"。

在下莱茵，维斯维勒建立了一个技术团队，他将自己描述为"擅长以结果为导向的反击"[1]。他作为科隆体育学院的负责人所获得的很多想法都是创新性的，如果不能说是欧洲最好的（当时大多数国家对教练执教都没有研究），也可以说是德国最好的。他把自己学到的一切，如心理学、训练练习和战术，都倾注到了小小的格拉德巴赫身上。球队锋线上有丹麦金球奖得主阿兰·西蒙森，与球队共同赢得了1970年、1971年、1975年、1976年和1977年联赛冠军，还拿下了1975年和1979年的欧联杯。

金钱万能，或者说至少在这些年里金钱的作用越来越大了。"最好的团队获胜"的时代已经过去，取而代之的是"最富有的球队获胜"。格拉德巴赫的黄金时代结束得很自然，曾在青少年队的贝尔蒂·福格茨和雅普·海因克斯也成为老将，获得了教练资格，然后退役了。他们被新的天才球员取代，特别是一个叫洛塔尔·马特乌斯的男孩，但他来自巴伐利亚，而不是北莱茵-威斯特法伦州，所以在他23岁拜仁报出创纪录的价格时，他就离开了。足球的梦想对那些小镇

---

[1] Weisweiler, H. (1980). Der Fussball. Taktik, Training und Mannschaft. Schorndorf.

17 黄色骑士：北莱茵-威斯特法伦

来说太大了，门兴格拉德巴赫就这样掉队了。

回到科隆，1983年，2万当地居民参加了维斯维勒的葬礼，仪式在圣彼得大教堂举行（历史上还有另外两人获得如此殊荣）。随后，人们十分恰当地以他的名字对体育学院进行了重新命名。现在，德甲和德国足协的代表们齐聚在这个体育学院，为前4个级别联赛的所有教练制定训练计划。官方网站写道："德国足球协会目前确信，为了使教练员达到绝对高水平的要求，教练员需要进行额外的培训。德国足球联盟（DFL）也持这样的观点。这就是为什么足球教师证书现在是成为德甲和第三级联赛教练的必要条件。"这一证书的含金量也被认为超过欧足联教练资质，高于职业资格证，持证的德国精英教练可以像亨尼斯·维斯维勒一样成为学校的"足球教师"[①]。

上午10:21

离开杜塞尔多夫18分钟后，火车到达多特蒙德。"哦，红军来了！"当多特蒙德和利物浦的粉丝们一起走在站台远端，欢呼声随之而来。这将是一个欢庆的日子，双方都非常友好。两家俱乐部之前就有相似之处，他们都有一个Kop看台——多特蒙德的更大，利物浦的更有名气，两支球队都有"你永远不会独行"的球迷歌曲。1996年，当地的"Pur Harmony"乐队录制了他们的歌曲，在威斯特法伦球场比赛前演奏，但这首歌是在1977年由门兴格拉德巴赫球迷引入到德国足球当中，当时在罗马举行的欧冠决赛期间，门兴球迷和利物浦球迷在酒吧和餐馆里唱起了二重唱。5月那一周出现的一段友谊一直持续了多年，吸引了许多格拉德巴赫的粉丝到多特蒙德去看老朋友，他们的旗帜在老市场广场的红色旗帜中飘扬。

[①]德国教练质量有潜在的联赛教练数量作为支撑。根据欧足联数据，德国有28400名持B级证书的教练，而英国只有1759人。也有人说这会使德国教练更难达到最高水平，所以施密特在执教勒沃库森前不得不到奥地利去工作。但在这个高度竞争的国家，知识得以扩散，使业余到职业赛事的质量都得以提高。

欧洲足球成功的秘密

广场上气氛热烈，红黄两色的球迷聚在一起喝酒唱歌。所有的树和灯杆上都挂着条幅，有些是平时就有的，有些是新挂的。许多新的条幅都是为此次比赛量身定做的，将尤尔根·克洛普的头像与德国三色国旗的颜色结合在一起。15年前，利物浦在多特蒙德参加欧联杯决赛时，虽然俱乐部里有克里斯蒂安·齐格、马库斯·巴贝尔和迪迪·哈曼，但人群中并没有黑、红、黄三色的德国国旗。现代盎格鲁人对德国、德国足球及其文化的这种欣赏，是一种因幻灭而产生的现象。每年有大批英国球迷到德国去，重新感受他们曾经熟悉的比赛：站着、唱歌和喝啤酒，但不会伤害别人。

克里斯·威廉姆斯对两支球队都很熟悉，他是利物浦的球迷，也是德甲撰稿人。他经常去多特蒙德，我们在广场相遇时的情境正是最适合他的时候。红色和黄色混合在一起，到处都是冷焰火和足球。"为什么英国人现在要来看德国足球？"我问。"相似性，这是有着同样激情的工人阶级的比赛。"他回答说，"我想我在德国看足球比赛时所能感受到的兴奋是在英国再也感受不到的。这不仅仅是一场90分钟的比赛，它开始于你醒来的那一刻，到酒吧去见朋友，然后走到球场去。这种情绪会被带入德国的足球场，但遗憾的是已经从英国的体育场里逐渐消散。德国仍然有球迷和俱乐部之间的亲密情感，还没有被对球迷的"资金榨取"需求所侵蚀，俱乐部仍然是这里社区的一部分。"

英国人对德国足球的欣赏之情日益兴盛，（用一个更好的词来形容）是因为他们这一运动的典型"英国特色"。利物浦和多特蒙德的"爱的聚会"，不仅是对两个相似球队的认可，也是欧洲社会进步的表现。在德国纳粹的闪电战中，利物浦有4000人丧生，仅次于伦敦。作为回击，盟军将多特蒙德的54%（以及近邻杜塞尔多夫的64%和科隆的61%）夷为平地，双方都发生了惨痛的伤亡情况。但是现在，在这个四月的早晨，利物浦和多特蒙德两个城市的球迷混在一起，一起喝着酒，唱着彼此的歌，穿着彼此的球服，没有仇外心理，没有对彼此的恐惧，没有想到和提及战争。这不仅是一个体育盛事，

17 黄色骑士：北莱茵－威斯特法伦

它还非常好地促进了和平。

多特蒙德是受英国人喜爱的具有象征性的俱乐部，对球迷的吸引力比德国任何球队都大。他们的颜色、支持者的狂热、有吸引力的比赛风格、啤酒，都可以被定义为"酷"。各个俱乐部都有一些别样的特质，如阿贾克斯有风格，贝西克塔斯有气氛，巴塞罗那有球员，但多特蒙德是一种奇妙的组合，各方面都很酷。他们的神秘感也使他们更具吸引力，这也是阿尔伯特·爱因斯坦所描述的"所有真正的艺术和科学的源泉"。由于多特蒙德的神秘感、难以分析的战术和被遗忘的战斗历史，英国球迷被他们吸引了过来。

第二天

在盖尔森基兴的奥尔加大街上有一个灰色的足球场，当地移民的孩子们都在这里玩儿。伊尔凯·京多安就是其中之一，梅苏特·厄齐尔也是，他们两人是这座城市和周边地区的典型代表。在北莱茵－威斯特法伦州的工业全盛时期，来自土耳其的移民被邀请到这里成为"外来工人"。但当矿山关闭、工业搬离时，这些外来工人留下来了，区域融合成了一个问题。通常情况下，足球可以成为社会统一的工具。厄齐尔个子小但很聪明，总是和比他大的孩子们一起踢球。厄齐尔曾代表社区俱乐部图图尼亚、法尔克和红白埃森队比赛，后来被当地豪门沙尔克04无所不在的球探选入青训学院。

沙尔克的青训学院（"矿工熔炉"）有着反乌托邦式的外观，看起来像是苏珊·柯林斯小说里的场景——一个白色的气泡式建筑，周围是林地和地平线上可见的工厂。这个基地充满历史感。沙尔克是20世纪30年代和40年代德国最好的俱乐部，他们没有忘记这一点。这里有他们的标准，一种对胜利的渴望，这也使"熔炉"成为德国最好的青训学院之一。德国赢得2014年世界杯冠军时，队里有厄齐尔、沙尔克青训学院毕业生曼努埃尔·诺伊尔（当届世界杯金手套得主），以及打满所有比赛的贝尼迪克·豪德斯。这3名球员都是通过

"人才振兴计划"模式培养出来的，而且他们很小的时候就一起代表德国参加比赛。

沙尔克04也反映着该地区的社会学历史。年轻球员们要经过的费尔廷斯体育场球员通道是一个以矿井为主题的走廊，两边是昏暗的灯光和煤墙。挖掘人才的时候，沙尔克也会利用那段历史吸引年轻人加入。他们的球队处于世界上竞争最激烈的地区之一，多特蒙德、格拉德巴赫和勒沃库森会参加所有的青少年联赛。但竞争是好的，竞争使他们培养了马克斯·梅耶、乔尔·马蒂普、勒鲁瓦·萨内、卡安·艾汗和朱利安·德拉克斯勒。正如在尤文图斯所发现的，没有定期的、激烈的竞争，对发展来说可能是一个障碍。

U19队教练诺伯特·埃尔格特告诉BBC世界服务电视台，5个支柱构成"熔炉"青训学院的哲学，他们以此对球员进行评判：

1. 球员有球技术、空间或时间。
2. 比赛智力和战术。
3. 运动能力，特别是动作速度。
4. 精神力量和意志力。
5. 在一线队踢球的能力或适应力。

随着当地工业的失败，"熔炉"青训学院与当地商业形成鲜明对比。欧洲俱乐部协会有超过200个会员俱乐部，每年会派代表到沙尔克学习，他们讨论的一个话题是"一队与青训学院合作的成功机制是什么？"青训学院每年要花费300万欧元维持，所以沙尔克必须通过为一队培养年轻球员或销售球员以证明其支出物有所值。勒鲁瓦·萨内到曼城的4000万欧元转会费可用于支付"熔炉"青训学院10年的成本，这位边锋是又一位通过"人才振兴计划"培养的技术型天才球员。小的时候，萨内参加了勒沃库森和沙尔克的青训学院，后来决定留在沙尔克。在那里，他的家人会开车送他去"熔炉"青训学院和当地的德国足协中心训练。

2015年，萨内首次代表国家队出场，这是意料之中的事。这不是因为他的父亲曾与乔基姆·勒夫（这位国家队教练是其亲密的世

17 黄色骑士：北莱茵-威斯特法伦

交）一起在弗莱堡踢球，而是因为德国足协掌握全国所有最优秀的年轻人，并把萨内塑造成一个在技术方面具有德国风格的球员。在成长的过程中，萨内和他未来的国家队队友一样接受着同样风格的训练，这也使他的过渡变得天衣无缝。勒夫在萨内首次出场前代表足协说："我们看到了他的巨大潜力。"萨内的故事开始在北莱茵-威斯特法伦州传开，但"人才振兴计划"的重点在于，如果是在勃兰登堡州或萨克森州，甚至是梅克伦堡佛波莫尔邦的一个小镇，像托尼·克罗斯所在的地方，都会有同样的结局，因为他们会全力以赴，不留死角。

18 金矿效应：鹿特丹的费耶诺德

从明显德语发音的黑措根拉特车站到典型荷兰口音的海尔伦车站只要12分钟，旅行穿越边境，根本看不到生活方面有任何的变化，货币还是同样的，人们看起来也一样，而且奇怪的是，虽然有语言障碍，但语音却很相似。在荷兰，天气晴朗的时候可以看到方圆几英里之外的地方。荷兰大部分地区都在海平面以下，如果没有巧妙设计的堤防和大坝，很容易遭受洪水侵袭。读者如果希望像笔者这样进行一次大范围的欧洲足球游，应该先从小型的荷兰开始。城际火车从马斯特里赫特出发，中途经过埃因霍温、布雷达、鹿特丹、海牙、阿姆斯特丹和阿尔克马尔。这些城市的俱乐部非常好客，整个赛季都会安排研讨班，介绍他们的方法。沿途有五颜六色的郁金香互相依偎着，牛群悠然地吃着草，河流蜿蜒地流淌着，无数的风车在微风中旋转着。最常见到的还是足球场地，甚至在本不属于它们的教堂和农场边都可以看到。

荷兰有3000多家业余足球俱乐部，很多家庭都属于他们当地的俱乐部，星期六全家会一起去看父子踢球，然后再骑车回家。与英国业余足球冰冷的更衣室和要求男子汉气概不同，荷兰的俱乐部通常有舒服的会所和人造草皮场地。他们踢球的风格也有所不同，荷兰业余球员主要踢地面球，争取创造空间；而英国业余球员则依靠男性化倾向、进攻性和高远球，通常是因为场地泥泞无法传球。荷兰风格的比

18 金矿效应：鹿特丹的费耶诺德

赛一般有较长时间的控球，而在英国则是球权的快速转换。在接下来关于费耶诺德和阿贾克斯的章节里，您会发现在荷兰足球发展的并行模式。为了荷兰足球的发展，两种截然不同的培养球员的模式被迫并行发展，两种方法都可以在英国或其他地方复制。

内在动机

丹麦人拉斯姆斯·安克森在被任命为布伦特福德俱乐部足球总监前写了《金矿效应》一书，这本书探寻了体育运动卓越表现背后的秘密。安克森用了7个月的时间遍访世界各地培养出人才的"金矿"，其中包括：贝科吉，产生世界上最好的中长跑选手的埃塞俄比亚小镇；牙买加金斯敦的MVP田径俱乐部，世界上最优秀的短跑选手之家；埃腾，培养出优秀长跑选手的肯尼亚小镇；巴西，那些冒出非凡足球明星的贫民窟。安克森观察并发现贫穷环境是产生和支撑天才的金矿，反驳了精英人才需要精英设施来达到最高水平的观点。相反，和很多其他的研究成果一样，《金矿效应》发现，运动员内心的愿望、内在动机比他所处的环境关系更大。

在安克森这本书之前，人们认为尤塞恩·博尔特、阿萨法·鲍威尔以及牙买加的其他世界级短跑选手拥有最好的现代运动科学，以使他们能实现高水平竞技。而安克森在金斯敦发现的是坚硬、干燥的场地，以及磨损严重的草跑道和棚屋外一些生锈的力量设备。田径俱乐部的创始人史蒂芬·弗朗西斯对安克森观点的解释非常生动，说明了金矿的哲学："卓越表现的环境设计不应是为了舒服而是为了努力提升，它需要让人们知道通往成功的路是漫长而且不舒服的。"[1]

---

[1] Ankersen, R (2012). The Goldmine Effect. London: Icon Books Ltd.

欧洲足球成功的秘密

为运动员提供最好的设施、赞助和称颂的危险在于运动员可能会依赖这些外部因素，而且可能会被诱导至自鸣得意的状态，因为豪华的环境有可能会消磨人的斗志。足球圈里年轻球员太快得到太多的案例比比皆是。安克森研究发现，只要能激发出运动员的信念，任何人都能创造金矿。他写道："这与你投资于已有天才的能力有更大关系。金矿不是偶尔发现的，而是要去挖掘的。"

费耶诺德在鹿特丹的一队和青训学院共用的体育中心给人的第一印象是一座破旧的金矿。去参观时，电车停在德奎普，那座隐约显现、令人生畏、古老的体育场建立在瓦楞铁和水泥中间。对漫不经心的旁观者来说可能会觉得碍眼，但对足球迷来说则是很美的。在一个大广告板上，德克·库伊特的头像面向下方笑着，旁边一块广告版上是乔凡尼·范布隆克霍斯特（俱乐部经理，生于鹿特丹）。走过体育场，穿过树丛，路前方是几片足球场。费耶诺德的瓦克诺德训练基地与一个停车场及一条遍布垃圾的小溪共用一个大门，显得很不起眼。训练基地对公众（和鸭子）是开放的，有些地方的铺路石板上长着青苔。最初，瓦克诺德基地看起来像是周末联赛的场地，只不过场上零星摆放着赞助商欧宝的广告板，那里实际上有19块不同大小的训练场地。

在一块场地上，一群穿着帽衫的十几岁的孩子随便踢着球，直到有一位安保人员催促他们离开。训练器材存放在生锈的箱子里，箱子上印着的费耶诺德队标还依稀可见，下面写的是"手拉手"，人们不会注意到这些。离入口处最远的场地是一队训练用的，场地上纵向画着5条线，使球员能看到场地上哪个区域形成的压力过大。即使是到一队的场地，也要经过长着青苔的水泥路。

"下雨时，到训练场的路就发大水了。我会看到穿着最好的西服和鞋子的爸爸们下班过来，他们不得不走泥地。是的，我们会笑，但正是这些使这个俱乐部很特别。"青少年发展阶段负责人和人才培养研究员格伦·范德克兰解释说："我们没有室内训练场地，我们会去海滩，在雨里迎着风跑，这会把他们培养成人。生活并不是一片坦

18 金矿效应：鹿特丹的费耶诺德

途，不是你想去哪儿就能去哪儿，你必须要努力奋斗。"费耶诺德相信瓦克诺德会培养有性格的人才。"我们的球迷不想要3000万欧元的前锋，他们想要青训学院培养出来的球员。这真的很棒！"

是的，他是对的。费耶诺德是由这个城市的人们所塑造的一个特殊的俱乐部，鹿特丹人大多是比较强壮的工人阶级。这里有欧洲最大的港口，在二战时曾经被炸为平地，这里有强烈的市民自豪感，一种多年形成的偏狭思想。人们常说，阿姆斯特丹还在做梦，鹿特丹却在工作。费耶诺德的球员强壮且坚韧不拔，而教练要培养的不仅仅是技术型球员。

范德克兰所表达的信息和安克森书中表述的相当一致："在世界其他地方，尤其是在英格兰，人们竭尽全力去培养人才，如果你去看看那儿的设施，简直是太不可思议了！我们会告诉孩子们，你必须迈出从这儿到一队的这一步，我们现在不能给你所有你想要的，需要你自己努力去获得。很多孩子15或16岁时就有经纪人和赞助，但真正重要的是他能否进入一队。"大卫·布鲁克斯的《社会动物》是范德克兰最喜欢的书之一。这本书是关于社会流动性和理想的，书中关于培养孩子强烈欲望的主题特别符合他的观点，书中写道："无论我们是否承认，生活中的大部分内容是关于失败的；如何有效地从失败中学习并适应失败将深刻地影响着你的命运。"在不经意中，费耶诺德积水的训练场比其他俱乐部改变了更多人的命运。

"我们"先于"我"

多数青训学院倾向于重点培养个人，并使他努力进入一队（阿贾克斯带的头），但费耶诺德和其他俱乐部不一样。在这里，目标是培养队伍（如U15），而不仅仅是某个球队中的个人。"如果你不能互相配合，你就不会进入一线队。我访问的每一个俱乐部都在谈四大基石——身体、心理、技术和战术，但没有人谈论互相配合的能力。"

范德克兰说:"例如苏亚雷斯,在利物浦他就是这样一个个体,人们怀疑他在巴塞罗那能否成功,但他很快就成为球队的一部分。我们也在这样培养我们的孩子,并希望一个组里最好的孩子能够互相配合。孩子们知道他们可以和谁配合,这也是为什么我们球队的战术设定很重要,培养技术是很有必要的,但最终你还是要在一个队里比赛。你必须为团队而努力,这就是费耶诺德的方法。"

费耶诺德青训学院的负责人、出生于鹿特丹的达米安·埃尔托格认为,以球队为中心是费耶诺德青训学院的特色,但他同时强调他们并没有忽视个体:"如果人们认为我们不注重个体发展,那就误解我们了。我们培养能够作为全队一部分进行比赛的个体,这是有所不同的,最有可能使自己融入球队的人是那些理解作为球队一部分的价值的人。"

1992年,曼联有一组从青训学院一起选拔进入一队的年轻球员,大卫·贝克汉姆、尼基·巴特、瑞恩·吉格斯、加里·内维尔、菲尔·内维尔和保罗·斯科尔斯都成为俱乐部重要的组成部分。1995年阿贾克斯赢得冠军联赛时也有类似的从同样的环境中成长起来的青训学院球员,埃德温·范德萨、埃德加·戴维斯、克拉伦斯·西多夫和米歇尔·雷齐格对彼此的情况都了如指掌,而欧洲其他球队则不是这样。足球历史上有很多青训学院成功的范例,从里斯本雄狮到2010年的巴塞罗那。然而,因为强调个体发展,现在从青训学院体系整体培养出一拨球员的可能性已经很小了。费耶诺德则是一个例外。格伦说:"我们希望球员都有着同样的梦想。在训练时,他们从左面就能看到体育场,而且知道他们都有机会成为费耶诺德球员,因为很多孩子已经通过这个模式取得了成功。"

在一个混凝土砖建筑房子里,费耶诺德所有的青训教练围坐在一个大桌子周围,分组讨论着他们的球员,即使有的球员和他们并没有关系。U16的教练会了解U6年龄组球员的情况,其他教练也一样。统一性和"我们对世界"的精神使整个屋子里的人非常团结。形成这种精神是很重要的,格伦解释说:"我们的口号是'没有废话,只有

18 金矿效应：鹿特丹的费耶诺德

行动'，我们要求在场上也是这样。我们希望你倾尽全力成为一流球员，你必须努力，不能让你的队友失望，这是我们的基础。所以我认为这是一个家庭俱乐部，我们所有人都在为此共同努力。"

2007年破产后，费耶诺德一直保持着格伦所说的这种精神。当时他们的理事会、教练和球迷一致决定重点发展青训学院而不是花大价钱从其他地方买球员。接下来费耶诺德培养出了约尔迪·克拉西、斯特凡·德弗伊、布鲁诺·马丁斯·因迪、勒罗伊·费尔、达里尔·扬马特和基尼·维纳尔杜姆。在2014年巴西世界杯上，费耶诺德比世界上任何青训学院培养的球员都多。达米安·埃尔托格连续5年为费耶诺德捧回里努斯·米歇尔斯奖（颁给荷兰最佳青训学院）。格伦解释说："这是我们的特征，是这里的人们使费耶诺德很特别，你简直无法描述，这是你一到那里就会有的一种感觉。每天的工作从早8：30的训练开始到晚8：30最后一堂训练结束。如果你问范佩西或约尔迪·克拉西，他们总会感觉这里很温暖，而这就是我们希望给运动员的。"事实也是如此。这里的员工创造了一种训练设施不会提供的温暖，这里没有室内场地，下雨或骤降冰雹时，年轻队员们仍然在外面训练。无论在场地上还是内心中，他们都需要勇气。

必胜信念

访客进入混凝土砖建筑就可以看到大相框里一系列青训学院毕业生的照片，年轻的一线队员斯文·范比克和托尼·维尔赫纳在最近的两个相框中，而罗伊斯顿·德伦特和乔纳森·德·古兹曼的在最远处。达米安·埃尔托格穿着一件黑色的帽衫，讲着费耶诺德青年队所拥有的必胜的心理。"在我们的青训学院，一直都在培养球员的适应力。在训练过程中，我们很少因犯规吹停比赛，我们告诉他们不要抱怨，只管继续，我们比赛就是去获胜的。训练中赏罚分明，惩罚措施取决于教练，有时会很有意思，可能会是做俯卧撑或跑步，有时他们可能要去打扫更衣室或收拾什么东西。"那天，在食堂里，3个训练中输球的孩子在为球队其他人服务，为他们端上饭菜和饮料。这3个孩子不愿意这样，所以下次训练他们会努力不输球。

在很多英国的青训学院，是不允许家长谈论的，年轻的球员在豪华的球场上享受着克鲁西布剧院般的氛围。也许这是他们成长的正确方式，没有任何外部压力，但从这样宁静的氛围到面临几千球迷大喊大叫的职业比赛会是较难的过程。球员会很自然地变得紧张，可能发挥不出他的水平，招致球迷的语言攻击，进而可能会被教练弃用，将来，教练也不太可能再去用他。

费耶诺德知道他们的年轻球员需要逐步面临一定程度的波动，使他们能逐渐学会如何应付。格伦解释说："无非就是错误和行为。孩子们的行为来自他们的内心，情绪是他们的想法，而他们必须要应对他们的想法。如果他们从来没有身处过他们所面临的情况，例如从业余俱乐部选出他们去和英国俱乐部进行比赛，他们肯定会感到颤抖。所以我们从来不会禁止家长观看。"事实上青训学院会鼓励父母成为孩子踢球经历的一部分。"孩子们要知道他们是在荷兰最好的足球俱乐部，有最好的教练在指导他们。周六，他必须能在场上充分发挥，不要担心有人在看，他必须要应对他所面临的各种情况。"

为了培养制胜文化，孩子们从2对2或3对3练习开始，输的队要受到惩罚。费耶诺德也理解孩子们会互相学习，所以决定不像尤文图斯、汉维特、本菲卡和其他青训学院那样在场地上对球员进行教育，而是把年轻球员送到为优秀运动员开办的学校。格伦说："他们和游泳运动员在一个班级，那些练游泳的孩子早晨4：45起床，6：00至9：00在泳池里进行训练，我们的孩子到学校时，他们已经训练3个小时了。这些小球员亲眼看到其他孩子要创造最佳成绩需要如何努力。"青训学院的孩子们不仅从其他不同运动项目中学习，也要从不同年龄的孩子身上学习。费耶诺德有一个伙伴系统，允许7岁、8岁和9岁的孩子和11岁、12岁的孩子一起训练。"我们将有一个六七岁的左边锋和一个U11或U12的孩子一起训练。年纪大点的球员展现出领导力，

18 金矿效应：鹿特丹的费耶诺德

而年纪小点的球员则观察，学习达到那样的水平需要进行的训练。"

努力

  1940年5月，德国军队入侵荷兰时空军轰炸了鹿特丹，逼迫荷兰投降，几千名无辜百姓死于战争。纳粹控制了港口后，当地人的苦难继续着。盟军部队在5年中持续对鹿特丹进行轰炸，鹿特丹被毁灭了，完全成为一片废墟。幸存者们重建城市，形成了强大的心态，传承了几代人。现代鹿特丹是一个建筑形式各异的城市，形成了得天独厚的未来派的设计。奇特的金属建筑将日光反射在穿梭而过的电车上，自行车手们追随着专门为他们准备的电车，这也形成了独特的荷兰风格。中间是一条运河，两边点缀着五颜六色的郁金香。市议会用这种方式使鹿特丹看起来像一个传统的荷兰城市，像海牙和乌特勒支一样，但在表面之下是灾难所孕育的坚韧，以及一种市民的自豪感和与众不同的感觉。当鹿特丹人一起来到德奎普球场时，那种氛围是不可战胜的，很少有这么令人生畏的地方。

  然而，费耶诺德球迷马克·列维斯·阿里安塞认为他们成为坚韧不拔的这一形象是最近的事。"从20世纪初到60年代早期，俱乐部因注重美感闻名全国，踢的是漂亮的进攻足球。70年代有所改变，球队成为工人阶级形象，注重努力工作而超过美感。"他发现球队近期的特点有些危险，球迷更喜欢那些吃苦耐劳型而不是优雅类型的球员，即使球队可能并未因这些球员而变得更强大。"鹿特丹本身也在快速变革，建筑很容易被拆掉，也很容易新建，周边环境一直在变化。港口已经从城里搬到了郊区，他们的工作也变得自动化了。当地大多数人的教育水平较低，但不再在港口工作了，而且整个城市的中产阶级化非常快，这肯定会改变俱乐部的形象定位。"

  鹿特丹人达米安·埃尔托格理解俱乐部当代的社会结构，正如俱乐部最受欢迎的恩斯特·哈佩尔教练曾经说过："没有足球的一天就是失去的一天。"这句话对这儿的人完全适用。埃尔托格知道费耶诺德球员必须是什么样子，无论个性方面还是品性方面，"我们的观众和生活在鹿特丹的人们知道努力工作获得收入意味着什么。如果你努力工作90分钟，在场上拼尽全力，这是最受观众喜爱的。如果你不努力，他们不会接受你的。球迷希望见到的是一支战斗的队伍，能够互相配合，而不是单打独斗，因此我们俱乐部主张'手拉手'。这是俱乐部的文化，我们必须把这种文化传递给我们的年轻球员，然后再去谈发展其他素质，包括技术、心理、身体和战术等。"

然而讽刺的是，最能代表这种价值的球员是德克·库伊特，他在荷兰南部多风的卡特韦克海边小镇长大，并非来自鹿特丹。但在卡特韦克长大使他很纯粹，这里的孩子从小吃的是鱼和牛奶。库伊特看到当地人民是如何努力工作的，如果不是足球，他可能也会成为渔民。库伊特回忆说："我11岁时爸爸说我应该留在陆地上，应该努力成为一名球员。"库伊特知道努力工作的价值，正因如此，他成了费耶诺德的队长，而且他还是荷兰足球金童，被誉为"回来拯救这一运动滑向毁灭的骑士"。看长相和技术，这都很具讽刺性，但荷兰人喜欢库伊特。在国家队，他比任何人都更努力，总是非常珍惜他的位置。从历史上看，足球是一项阳刚的运动，具备库伊特这种品质的球员总会受到球迷的喜爱。

曾经，荷兰球员会到国外踢球，通常是去米兰或巴塞罗那，但总会回来帮助培养年轻一代的球员。那曾是荷兰的文化，约翰·克鲁伊夫1983年带出了路德·古利特，1993年弗兰克·里杰卡尔德带出了丹尼斯·博格坎普，2006年埃德加·戴维斯也培养了威斯利·斯内德。但现在，随着荷兰足球甲级联赛的衰落，荷兰的国际球员不想回来。在格奥尔基·哈吉的鼓动下，威斯利·斯内德和他的邻居罗宾·范佩西去了土耳其，在苏里南长大，后来娶了巴西太太的克拉伦斯·西多夫在巴西退役，拉斐尔·范德法特因为家庭的西班牙血统而选择了皇家贝蒂斯。

库伊特回到家乡，激励了所有人。埃尔托格说："德克36岁，踢

18 金矿效应：鹿特丹的费耶诺德

过两届世界杯，一届进入决赛，他获得很多奖项，在职业生涯中取得了很多了不起的成就。没有人能给年轻球员说明他们为什么不能像库伊特那样努力训练，他是最好的榜样。"在费耶诺德，伙伴系统从库伊特开始。格伦·范德克兰意识到他们缺少全国公认的偶像："我们需要18岁的孩子能够成长起来，并能得到30岁事业有成的球员的建议。但这已经有所变化，对我们来说是很大的问题。我们的年轻球员不再那么具有自我批评意识。他们比赛不好不再会说'我需要提高'，他们很容易去责怪教练或其他外在因素。14岁的孩子就有经纪人不断地告诉这些小球员他们有多么优秀。这一代人需要持续不断的正向的关注。"因为这样，在纯净的环境下长大的职业球员德克·库伊特对费耶诺德的价值是不可衡量的。

楼上的游戏

格伦·范德克兰19岁时曾在（比利时）安德莱赫特当教练。一次在荷兰举行的锦标赛上，他们和费耶诺德同场比赛。斯坦利·布拉德（前青训学院主管）和杰拉德·鲁杰斯（前发展阶段主管）听到范德克兰讲话，并在赛后和他谈话。最初格伦受邀到费耶诺德工作时他是不愿意的，他的哥哥詹姆斯已经是那儿的青训选材主管，他们两兄弟曾商定即使有机会也不在一起工作。但布拉德说服了他，格伦成为青训学院的U10教练，那是6年前的事，现在他是U6到U12的主教练，并建立了俱乐部的足球实验室项目。

足球实验室项目是一个数据系统，由教练输入年轻球员的信息——他们训练和比赛的情况，通过这一系统，格伦可以安排训练计划。格伦与阿姆斯特丹大学和蒂尔堡大学进行的人才培养研究很有意思。"我发现决策是人才培养中非常重要的内容。最好的球员是最快做出决策的，现在世界上所有人都知道这一点，但我想做的是发现我们怎么能提高这种能力。与人体运动科学领域最好的一个教授进行合作，我们做了一个测试，研究如何才能发现球员踢球时在看什么。我们发现最好的球员在传球前两秒钟就能准确地了解球会传到哪儿。我的目标是获取所有这方面的数据并发现这些孩子是怎么做的以及我们如何让他们提高。例如，我们现在做的是进行3对3训练时不用分队背心，或者在某些练习中使用灯光来训练球员的感知能力。现在我们开始从4、5、6岁的孩子选材，这是我们所擅长的。我的职责就是尝试并发现正确的训练方法，使这些方法能够适合这些最小的孩子，并帮助他们在这些领域得到提高。"

格伦关于前额叶的研究发现了可以在五六岁时培养的一些特质。"我们发现孩子们不仅去上训练课，而训练后他们还会拿球再去玩，从中你可以看出那种获胜心理。我们对球探说他们所做的一切都是主观的，但他们应该看孩子比赛，观察他训练课前和训练课后的表现，因为那时他们会看到他是一个什么样的人。终究他不仅仅是个足球运动员而是一个人，你甚至可以在他四五岁时就看出他是否具有获胜心理。"

小时数和街头足球

在里昂时，我曾经坐在那儿观看不同年龄的孩子们在吉欧蒂耶尔大桥下到处是灰尘的场地上踢球。他们是年轻的都市艺术家，是附近的齐达内和里克尔梅。荷兰是英国，更准确地说是大多数西方国家的一面镜子，孩子们几乎成了社会的隐士。年轻人不像过去那样经常踢足球，职业俱乐部过去选人的源泉在逐渐干涸。费耶诺德（具体说是格伦）研究了他们的孩子训练之外踢球的小时数，这一数字仅为每周不到9小时，而在南美，这个数字是翻倍的。俱乐部决定给孩子们提供机会，增加他们非正式组织的踢足球的时间。如果训练课从下午5点开始，教练们会在4点时扔到场地上50个球，让孩子们随意玩。"这样，每周3次，有100多个孩子可以和不同年龄的孩子随意玩儿

18 金矿效应：鹿特丹的费耶诺德

一小时。这些时间加到一起就是每年150小时，我们希望这些时间会激发孩子回到家里还想踢足球的欲望。"格伦解释说。在他们的新基地里，费耶诺德想要建一个足球游乐场，在里面设置不同的游戏障碍，这样可以发挥孩子们的创造力并让他们玩儿得高兴。"他们可以进行2对2比赛或随心所欲地踢。"非正式组织的游戏可以使孩子们在提高技术的同时提高社交能力。在这里会出现领导者，教练们可以看出谁表现出了运动员风格，谁有一定的组织能力[①]。

埃尔托格也认为街头足球的衰落是一个问题。"这不是什么新鲜事，但我们也为此担心。如果你计算在这儿和在家里的训练时间，你会发现总体上有很大的下降，所以很多青训学院会在俱乐部弥补这些时间，他们想让孩子们更早到俱乐部进行全天的训练，或青训学院可以像拉玛西亚那样让孩子们寄宿。"

埃尔托格相信球员和他们的父母要对他们的理想承担一定的责任。他觉得有必要开诚布公地和球员沟通他们的问题并希望他们能找时间来解决问题："我们鼓励他们多比赛，自己安排训练，我们给他们解释说在青训学院里的时间是不够的。你不想在宝贵的训练时间还不得不去练习左右脚传球，那么你应该在家里做那些练习，尤其当你已经18或19岁时。那时的训练应该是决策和在场地上找到空间，而不是传球，如果你还需要练习那些内容，而且想要成功的话，你就必须自己安排时间训练。"

荷兰传奇球星约翰·克鲁伊夫和丹尼斯·博格坎普把街头足球当作他们最好的朋友。他们会和伙伴们进行非正式组织的比赛，当大家都回家后，他们还会独自对着墙踢球，判断球的方向，学习不同球速的来球要如何控制。这种独自花时间练球的全身心投入在成为职业球

[①] 费耶诺德在训练课的组织上与阿贾克斯不同。阿贾克斯进行小场地比赛，让孩子们尽量多触球，而费耶诺德在较大的区域比赛，复制正式的足球比赛。格伦解释说："我们想让孩子们在场地上有较广阔的视野，所以会进行较大场地的比赛，这样能更好地培养他们互相配合和看到整个场地深度的能力。这是不同的想法，但成为职业足球运动员的路并不是一成不变的。"

员时也不应该停止。

埃尔托格问我是否看过罗宾·范佩西谈论博格坎普的采访。我看过，采访中范佩西描述了博格坎普对足球的敬业精神："我没有足够的词来描述他。有一次结束训练较早，我就在按摩池中看着他，他受伤刚刚恢复，在用假人进行着传球和射门练习。我坐在那儿等着他犯错误，但他一直没犯错。我在浴缸里手都泡出褶了，他做那个练习超过45分钟，一个错都没出现。对我来说，这就是艺术。"[lxx]

埃尔托格笑着，思考着说："一些球员只是用他能力的70%来进行训练，这就是为什么我们要在15岁时判断一个球员，范佩西也是后来学习的。有些球员每次训练课都努力练习，而有些球员却比较闲散，只是喜欢控制球，但他们是具有天赋和创造性的，只是缺少时间投入。也许这些球员看到德克·库伊特训练就会意识到，就像范佩西看见博格坎普一样。"

时机

有这么多因素要考虑，埃尔托格怎么才能知道一个球员什么时候做好了上一队的准备呢？"你永远也不会确切地知道。你有期望，也有经验，有很多事情可以进行比较，有已经培养出来的年轻球员，如克拉西、德弗伊和维纳尔杜姆，所以我们很少会看错球员成熟的时机。"对埃尔托格来说，不能过早地将球员送上一线队这一点很重要，因为这有很大的风险会阻碍球员的发展。"但你知道他的特点和技术，你可以知道他什么时候准备好了。教练们经常谈论球员，有很多双眼睛在看着他们。我们青训学院也有踢过最高水平比赛的教练，这对于我们做决定也有所帮助。"

在费耶诺德，罗伊·马凯就是这些教练之一。同样，阿贾克斯有博格坎普和温斯顿·博加德训练他们的前锋和后卫。如果你访问埃因霍温城外那个安静的俱乐部森林胜地，可能会见到博洛·岑登、安德

18 金矿效应：鹿特丹的费耶诺德

雷·奥耶尔和马克·范博梅尔。这是荷兰人的计划，不仅提高年轻球员，同时也能提高教练，年轻球员可以和退役球员一起工作并向他们学习。埃尔托格说："我认为青训学院能有不同背景的教练很好。踢过最高水平比赛的教练的重要性在于他们知道要达到那个水平需要什么，所以他能够告诉我们的年轻球员世界级足球比赛中需要的各种细节，分享这种知识很重要。但我们也有从来没有踢过职业足球的教练，他们擅长与球员们相处，有耐心，能更好地激发球员的能力。他们已经工作多年，接受过教师培训，所以他们知道如何与孩子们沟通。要成为一个好教练，需要的不仅仅是高水平比赛的知识。"

19 了解阿姆斯特丹的阿贾克斯：文献

现代多数球队踢球的方式都可以追溯到阿贾克斯。阿里戈·萨基20岁出头时曾卖过鞋，后来他观看70年代阿贾克斯的录像并形成了改变意大利足球的战术打法。他说："只有一个真正的战术革命，那就是足球从个体行动向团队配合的转变。这发生在阿贾克斯。"[xxxvii] 萨基的米兰、瓜迪奥拉的巴萨、克洛普的多特蒙德，现代足球的先锋们都受到过阿贾克斯的影响。

阿姆斯特丹是世界创意中心之一，也是足球发展的沃土，它的俱乐部——阿贾克斯，是永恒的创新者，在有电视转播的年代，他们的方法经常被采用并被其他球队复制。因此，阿贾克斯不得不持续地自我创新，每隔几年就创造出新的培养足球人才的方法。不管怎样，他们一直保持领先。领先就是他们的DNA，踢有魅力的足球是他们的文化。在阿贾克斯的指导手册里有一段"艺术欣赏"：必须是4-3-3，必须包括出类拔萃的年轻球员，必须占据控球主动。然而，这是之前的球员和主管们给俱乐部带来的激情，作为一个国家级机构，它的价值巨大，关于俱乐部发展方向的歧义也和荷兰的黄郁金香一样常见。阿贾克斯近年来经历了很多，为了理解他们现在所用的方法，我们必须追踪他们的起源。

鹿特丹工作，阿姆斯特丹做梦。但去阿姆斯特丹游玩时必须注意

19 了解阿姆斯特丹的阿贾克斯：文献

不要梦想得太多。运河、咖啡馆、自行车和鞋盒似的房子，过一段时间，在朦胧的空气中，它们看起来都会是一样的。阿姆斯特丹是荷兰的文化之都，海牙是政治之都。60年前，那时的城市和今天这个嘈杂而又理智的阿姆斯特丹截然不同。在黑白时代，人们多年看着同样的雨落在同一条运河上。那污水如今在罪孽的阴影中发着光，根据感觉，有点介于自由主义和原始天然之间。然而，与俗气的旅游业同在，这里还跳动着一颗深刻的哲学的心脏。离开中央火车站，那些较安静的街道发展水平更高。大麻旅游业给市政府带来的钱捐给了博物馆、美术馆、剧院和音乐厅。

上世纪60年代，荷兰开始形成他们的现代特征，摆脱了德国占领时期的麻木状态，一种被剥夺权利的青年文化觉醒。战后一代的嬉皮士因战争而悲伤疲惫，遍布西方世界，成为最初的全球性的意识。生活在阿姆斯特丹的学生们把这个城市变成了旅行的嬉皮士、"垮掉的一代"和青年无政府主义者的麦加圣地。虽然这个文化中心逐渐变成了一个宽容的大都市，但这个国家的大多数人一直保持着保守（其实他们还是如此）。

通常情况下，足球是社会的一面镜子。阿贾克斯，作为这个城市较大的球队之一，虽然不是特别成功，却成为那个具有前瞻思维的阿姆斯特丹时代的延伸。英国人维克·白金汉认为足球应该在队友之间传递（在当时很前卫），他将传统的WM阵型和他的这一理念进行了结合。他在《绚丽的橙》一书中告诉大卫·温纳说："关键的是控制球，不是踢和跑。"[1]在离开当时还是业余俱乐部的阿贾克斯前，白金汉让阿姆斯特丹东部的一个精瘦的小伙子完成了他的首秀。约翰·克鲁伊夫的妈妈是美亚球场的清洁工，克鲁伊夫10岁就加入了俱乐部，他留着长头发、举止骄傲自大、烟瘾严重，看起来像一个青年无政府主义者。但他不是，他叛逆，他相信这个世界会改变的，而

---

[1] Winner, D (2001). Brilliant Orange: The Neurotic Genius of Dutch Football. London: Bloomsbury.

且和大家一样,他也想改变世界。克鲁伊夫流畅的比赛风格使人耳目一新,加上他外向的性格,使他成为他那一代的象征。虽然他很有天分,但直到学校教师里努斯·米歇尔斯被任命为教练时阿贾克斯才真正爆发。克鲁伊夫和其他一些来自这个城市的天才球员们在10年内将阿贾克斯从半职业社区俱乐部推到欧洲冠军。

里努斯·米歇尔斯主义

阿姆斯特丹的JC安曼学校于1912年成立的时候是最早的聋人学校之一。学校的愿景是尽早发现并教育失聪儿童,最小的学生只有3岁,学生在学校努力克服着他们的困难。接下来的一个世纪,在进入这所学校大门的无数员工中,没有一位像里努斯·米歇尔斯这样有名。在学校执教期间,这位未来的阿贾克斯、巴塞罗那和荷兰的教练学会了如何有效沟通。当他给小组做手势并演示体操技术时,他会让孩子们全神贯注。后来,作为一名国际级教练,米歇尔斯会站在球员面前提出他的要求,这也是他获得"将军"这一昵称的部分原因。

通常,很多成功的教练(穆里尼奥、温格、贝尼特斯)在球员时代并没有非常突出,但约翰·克鲁伊夫是个例外[1]。米歇尔斯也符合这个规则,他是那个身体强壮但技术一般的9号。他的头球能力帮助阿贾克斯在1947年和1957年获得冠军。伤病使他在30岁时就早早退役,因此,在进入职业足球时代之前,米歇尔斯在学校开始了他的工作。

1965年,米歇尔斯回到阿贾克斯担任主教练。之前阿贾克斯看到他在业余俱乐部JOS作为兼职教练所做的现代化的工作,迅速行动,把他请了回来。他到阿贾克斯时,俱乐部面临降级,但第二年他们获

---

[1] 也许这个规律又在发生变化。现在很多最好的教练,如西蒙尼、瓜迪奥拉、安切洛蒂、齐达内,都曾有辉煌的球员经历。

19 了解阿姆斯特丹的阿贾克斯：文献

得了联赛冠军。俱乐部训练强度逐渐加大而且开始真正关注战术。米歇尔斯将老式的英国WM阵型转换成4-2-4阵型以适应阿贾克斯，尤其是约翰·克鲁伊夫。那个年代给球员足够的自由度是极具创新的想法。当时的两个比赛原则至今仍保留在青训学院教学大纲上：当阿贾克斯无球的时候，压缩空间尽量使场地感觉小；而有球时则散开，尽量使用场地的长度和宽度。

通过指导球队得球和失球时的反应，米歇尔斯成为最早有意识培养球队进行攻防转换的教练之一。他写道："要在现代足球中提高转换能力，绝对有必要进行快速的转换，无论是从防守到进攻还是从进攻转防守。"[1]阿贾克斯首发上场的11人也可以自由交换位置，只要有队友来补充空位。在训练中，他们常常在阵型中用手掷球和接球，而不是用脚传球，这使大家清楚地看到应该什么时候跑动。"如果你把球传给A，怎么才能传到B？"米歇尔斯教他的球队"假"传给错误的队友，这样他会被逼抢，而原来想要传球的目标则被拉开空间可以从容接球。现在这被称作"跳板"，通常由6号从中后卫接球，在场地中间拉开空间。阿贾克斯的每个球员都是比赛的组织者，需要提前考虑三次传球。

在大卫·温纳的《绚丽的橙》一书中，技术全面的后卫路德·克洛尔解释了米歇尔斯"全攻全守足球"体系背后的基本原理，他和他的队友十分信服："我们以很实际的方式谈论空间，防守时，我们之间的空当必须很小；进攻时，我们要散开使用两个边路。我们的体系也是解决身体问题的办法。体能必须达到100%，但你怎么才能踢90分钟一直保持较强的体能呢？作为一个左边卫，如果我沿着边路跑70米，之后要马上跑回到我原来的位置是很困难的。所以如果左中卫能取代我的位置，我跑动的距离就会减少。"[2]

---

[1] Michels, R (2001). Team-building: The Road to Success. The Netherlands: Uitgeverij Eisma bv. 107.

[2] Winner, D (2001). Brilliant Orange – The Neurotic Genius of Dutch Football. London: Bloomsbury.

欧洲足球成功的秘密

温纳写到荷兰人比任何国家都更专心地分析空间，因为这个国家的空间很小。空间是很有价值的商品，荷兰议会经常会考虑并争论应如何使用空间。米歇尔斯在60年代和70年代初带领的球队不仅体现了那个时代的自由心态，也体现了荷兰人对空间的理解。与现代费耶诺德和毕尔巴鄂竞技一样，他们都受他们所在社会的影响。

在米歇尔斯的带领下，阿贾克斯形成了压迫式打法的根基，并一直持续至今，这种打法"与维克多·马斯洛夫在基辅迪纳摩实施的压迫式打法有着同样的形成过程但又各自独立。"[lxxii]乔纳森·威尔森解释说。米歇尔斯则解释说："失去控球权时，迅速上抢，立即对有球队员进行紧逼。防守时你要尽快地使球远离自己的球门，组织阶段意味着重新得球后要创造反击机会。"米歇尔斯经常说全攻全守足球是必要的，他在对手使用深度防守政策时才使用这种方式。在盯人防守盛行的年代，经常变换各条战线的位置会是对手意想不到的。阿贾克斯的每名球员都能参与到进攻中，而他们在防守阶段也能无私地承担责任。

2001年，72岁的里努斯·米歇尔斯在他的《团队建设：成功之路》一书中分享了他一生积累的足球教练知识。书的前几页有一个非常有趣的比喻，将团队建设过程比作古典音乐。他写道：

在我收集的比赛分析以及阿贾克斯、巴塞罗那和荷兰国家队比赛等的录像中，有一盘录像描述了世界著名指挥家伯恩斯坦的方法，展示了伯恩斯坦是如何与来自美国的爱乐管弦乐团一起排练的。这位指挥家让乐队所有成员按照他们的安排表演一曲，他聚精会神地听着，只是偶尔点点头。几分钟后，伯恩斯坦字斟句酌地开始分析他所听到的。"从个体来讲，你们都很有造诣，但作为乐团，你们还需要走很长、很困难的路。你们觉得已经达到了终极水平，但一个乐团的完美程度可以从95%提高到100%。"指挥家的任务不仅仅是保证每一位音乐家能够表现出水平，他还必须保证结果是和谐的。

米歇尔斯在阿贾克斯创造的就是和谐，他们的风格近似于艺术。

19 了解阿姆斯特丹的阿贾克斯：文献

他们能在希望进球的时候进球，但那太明显了，相反，他们不断传球、调动对手、创造空间。进球最终是会发生的，但进球前的进攻过程和破网得分具有同样的美感。从美学角度来看这是非常绚丽的，荷兰人非常喜欢。米歇尔斯多年的团队建设随着1971欧洲冠军杯对费伦茨·普斯卡什执教的希腊帕纳辛奈科斯队比赛的胜利而大获全胜，因为他打下的基础，阿贾克斯也赢得了接下来的两届欧洲冠军杯。阿贾克斯是继20世纪50年代皇家马德里之后第一个主宰这一奖项的俱乐部。那时，米歇尔斯还在巴塞罗那和约翰·克鲁伊夫一同结束了他们对西甲冠军14年的等待。1974年，他们一起把荷兰带入了世界杯决赛。阿贾克斯曾经是一个名不见经传的半职业俱乐部，米歇尔斯曾依靠周末卖报纸为生，但他打造的阿贾克斯逐渐与他们的希腊神名字匹配——拥有力量和声望的杰出的勇士。

当代阿贾克斯仍然坚持着米歇尔斯关于如何踢球的观点。在丹尼斯·博格坎普的自传《静止和速度》（也是大卫·温纳所著）中，他经常谈到执教阿贾克斯青年队球员，他会描述俱乐部如何将这些信息传递给年轻球员，因此，全攻全守足球对空间、距离和动作时机的理解也成为全书的主题。这本书写于2013年，博格坎普解释说："这是关于测量的。克鲁伊夫现在会与阿贾克斯的年轻球员谈论这点。进攻时要衡量，防守时也要衡量，重要的是距离。我知道哪有空当，我知道帕特里克（维埃拉，接过博格坎普的传球）的速度，所以我知道两三秒后哪里会有空间。"[1]米歇尔斯教会克鲁伊夫助攻之美，克鲁伊夫又教给了博格坎普，我访问俱乐部时，博格坎普又在指导着阿贾克斯那些尚不知名的未来一代。

米歇尔斯如果知道他的思想路线依然影响着他的俱乐部，一定会感到很骄傲。他曾经说过："我特别高兴我能帮助荷兰使他们的踢球风格闻名于全球。"如果他知道他的比赛风格如今定义着这一现代运

---

[1] Bergkamp, D. & Winner, D (2013). Stillness and Speed: My Story. Great Britain: Simon & Schuster.

动，他一定会感到欣喜若狂。

克鲁伊夫主义

习俗是一种可以违抗的思维方式，真正的阿姆斯特丹人知道这一点，克鲁伊夫也教过他这点[1]。作为教练，克鲁伊夫的队伍分享着他球员时期的流畅与才华。从本质上说，这是"米歇尔斯主义"，但更加注重控球。他常说的是："只有一个球，所以你要控制它。"在他的自传（他去世后被译成英文）里，克鲁伊夫说明了他的球队典型的位置打法：

"球往哪里传不是拿球的人决定的，而是无球队员决定的，他们的跑动决定了下一个传球。这就是为什么当我看到球员们在球场上站着不动的时候，我会发疯。对我来说，这样踢球是绝对不行的。拿球时，11个人必须都要动起来，调整他们的距离。重要的不是你跑了多少，而是你要跑到哪里。持续地创造三角位置意味着球的运转不会被打断。"[2]

在训练中，克鲁伊夫会叫停球员或纠正球员的位置。"向右移1米，传球角度会好很多。"在他的脑海里，从守门员门佐到前锋范巴斯滕，他几乎计划好了每一点。作为一名球员，克鲁伊夫会把他的队友组织在他周围，他会指着场上的空位，像移动棋盘上的棋子一样

---

[1] 克鲁伊夫是来自上帝的礼物。有些人有很多想法但因害怕虚荣而躲避；有些人有天生的技能，但因他们的天赋太少见以至于别人不能理解。克鲁伊夫不是那种人。他的足球能力出神入化、美妙绝伦，使他成为世界上最伟大的球员之一。不仅如此，他理解为什么是这样，只有他知道如何踢出克鲁伊夫特点。他的转身显示了事前思考的程度，他对比赛中每一个问题都有解决的方案。结束球员生涯后，他又成为一位具有远见卓识的教练。马拉多纳、普斯卡什、贝利、迪·斯蒂法诺或其他著名球星都没有这样的影响力。一个本地英雄获得成功，一个超越他巨大潜能的天才。对很多人来说，约翰是足球界最伟大的人物。

[2] Cruyff, J. (2016) My Turn: The Autobiography. Pan Macmillan. London.

19 了解阿姆斯特丹的阿贾克斯：文献

让他们移动。他比任何人都更深入地思考过足球，所以当他成为主教练时，他早已有了自己的哲学。他执教的阿贾克斯踢的是3-4-3阵型，有3名后卫、4名中场球员、2名边锋和1名前锋。当时4-4-2阵型在欧洲大陆非常流行，可以纵向和横向拉开，所以克鲁伊夫尝试应对。"如果你用4个后卫防守2名前锋，那么在球场中间就只有6对8，你基本不可能赢得这场战斗。我们必须把其中一个后卫的位置前移。"lxiii 保持控球是克鲁伊夫80年代后期全攻全守足球的核心①。

在70年代，约翰和其他阿姆斯特丹当地人一起踢球，他们很看重青训学院年轻球员的潜力。在他的愿景下建立的阿贾克斯将会为学院提供一切保障。阿隆·温特被提升到一队代替罗纳德·科曼（他被争议性地签约到埃因霍温，成为他们夺取欧洲冠军的支柱），而其他青训学院毕业生包括门将斯坦利·门佐、十几岁的边锋丹尼斯·博格坎普、理查德、罗比·维茨格、约翰·博斯曼，另外还有才华横溢的双雄弗兰克·里杰卡尔德及范巴斯滕，他们后来在米兰共同取得事业上的成功。

为了实现更高的目标，克鲁伊夫的阿贾克斯也有一个年轻的苏格兰籍"未来大人物"，名叫艾力·迪克（他目前在指导斯特灵·阿尔比恩的在校学生苏格兰版的全攻全守足球）。迪克多年后告诉《先驱报》说，克鲁伊夫的训练是他在英国所遇到的无法相比的："那时英国足球和荷兰足球有很大的不同，荷兰的球员们努力得多。赛季前我们上午和下午都训练，每天晚上都和当地的对手打一场比赛。"迪克曾是苏格兰跑得最快的球员，但是他回忆说，和范巴斯滕在一起他只能吃尘土了。lxxiv

"克鲁伊夫"足球是米歇尔斯足球踢球方式的必然进化。虽然全攻全守足球最初的不同版本都考虑体能因素，这种踢球方式需要大量的跑动、套边和跟随跑，但克鲁伊夫的版本更侧重于定位，更重视传

---

① 不必说，现代阿贾克斯仍然精通于控制球。2015/16赛季，阿贾克斯在荷甲联赛的平均控球率为61.2%。在青训学院，我看到年轻的球员们围着假人进行组合传球，他们的动作配合天衣无缝。"你瞧，克鲁伊夫想要的就是这个"，一个青年教练这样告诉我。

球和跑动的时机、创造人数优势、以及在什么时候把球传给谁等方面做出正确的决定。"要用你的头脑踢球，你的腿是帮你的。"克鲁伊夫这样告诉球员们，并强调他们的眼睛是最重要的，"他们应该看到场上发生的情况，要让比赛很漂亮。"通过在整个球场上创造一对一情形，并（通过传球或运球，或者在其他队员身后站在一个很聪明的位置上）赢得比赛，克鲁伊夫认为他们会使对手乱作一团。

如今阿贾克斯的哲学是以一对一的训练开始，特别强调个体的发展。克鲁伊夫给巴塞罗那青训学院带来革命性变化的工作经常受到人们的赞赏，但在阿贾克斯，人们也能感觉到他的神来之笔。在1987赛季结束时，阿贾克斯赢得了欧洲优胜者杯决赛，对手是东德冠军莱比锡火车头队。第二年，克鲁伊夫回到巴塞罗那担任主教练。在他回归之前（在加泰罗尼亚的公历上，他开玩笑地称"BC"为"BeforeCruyff"，即在克鲁伊夫之前），巴塞罗那在30年里只赢得了3次联赛冠军（其中一个是他作为球员时获得的），而且他们从未赢得过欧洲冠军杯。巴塞罗那现场观众很少、债务缠身，还有恶毒的诽谤。在克鲁伊夫思想的影响下，俱乐部连续4次获得联赛冠军，并形成了巴萨-阿贾克斯的思想流派。

范加尔主义

西蒙·库珀在巴黎为"现代"荷兰足球提供了一个很好的参考。他在荷兰长大，对橙色军团有很深的感情。和其他国民一样，他被希丁克所带领的球队在2016年欧洲杯资格赛中的糟糕表现所伤害，最终冰岛取代他们参加了欧洲杯。当被问及阿贾克斯或埃因霍温是否会再次赢得欧洲冠军杯时，西蒙回答说："不会，因为现在有两个不同的问题。联盟在经济上无法竞争，因为他们的电视转播权协议金额很小，这种情况已经有20年了，但这并没有阻止我们培养出真正优秀的球员。原来我们的俱乐部不行，但却有一支优秀的国家队，想想罗

19 了解阿姆斯特丹的阿贾克斯：文献

本、范尼斯特鲁伊、斯内德。现在我们的俱乐部和国家队都很糟糕，这是一个新问题，以前从未发生过。"但1995年，在路易斯·范加尔的带领下，在足球还未过度依赖金钱之前，荷兰拥有优秀的球员和优秀的球队。

与米歇尔斯和克鲁伊夫一样，范加尔小时候也在阿姆斯特丹的街头踢球。十几岁的时候，他会去德梅尔中心，从看台上看里努斯训练约翰和阿贾克斯。几年后他被球队签约，但从来没有为一线队效力过。范加尔是一名攻击型中场，但阿贾克斯已经拥有了克鲁伊夫这个最好的球员。事实上，范加尔的整个职业生涯都受到了约翰·克鲁伊夫的激励，也经常被与克鲁伊夫比较。据说在开放的60年代，虔诚的天主教徒范加尔是被浪费了。如果克鲁伊夫的长发和没完没了的吸烟代表了这个时代，那么他的对立面就是洁身自好的范加尔。范加尔兼职做着教学，显然是一个优雅、自信的足球运动员。他的教练催促他多射门时，他会与之争论，因为他更愿意传球。退役后，范加尔被任命为阿贾克斯的青年协调人，并计划回归俱乐部成就自己的伟大。但是，阿姆斯特丹似乎只容得下约翰·克鲁伊夫。这两个人像科学家争论研究的具体细节一样，他们被自己的价值蒙蔽了双眼，常常看不到他们二人有着共同的哲学路线，他们都诠释着共同的英雄——里努斯·米歇尔斯。

路易斯·范加尔是一个专注、执着、自信且对年轻球员充满激情的人，他是一个典型的荷兰教练。克鲁伊夫和米歇尔斯喜欢在训练中用任意球制造对抗使球员更加投入，而范加尔只想创造和谐。克鲁伊夫离开的地方，就会有范加尔出现，或者事实是恰恰相反的。范加尔式的足球在控球方面大大超过了米歇尔斯或克鲁伊夫的球队，但在克鲁伊夫看来却更机械、不够流畅，过于组织化和依赖演练。像米歇尔斯一样，球会被运到密集防守阵型前面去打开空间。如果一个球员被对方两名球员压制，这意味着在球场的其他地方会产生人数优势。

安德烈·维拉斯·博阿斯（何塞·穆里尼奥的学徒）是范加尔的第二代学生，他解释了荷兰人的方法："路易斯·范加尔的想法是一个不断的循环，从一边传到另一边，直到你改变方向时，在内部打开了空间，然后进行突破。所以，范加尔是以横向传球的方式激怒对手，等对手在绝望中开始上抢时再发动进攻。"[lxxv]

这种比赛风格的危险在于如果球员没有在正确的位置（在斜线角度）接球，在进行水平传球时，他们会面临反击的空当。足球运动员要斜线角度接球的原因是，他们要在垂直和水平线中间，在对方后卫不知道应由谁防守的区域里。

克鲁伊夫看重自由，但范加尔强调纪律。"足球是一项团队运动，团队成员会相互依赖。如果某些球员在球场上没能很好地完成任务，他的队友就会受累。"范加尔这样对考姆林克和希弗林斯说[1]。因为曾经当过教师，所以范加尔知道什么时候该提建议，什么时候该保持安静。他的球员会练习每个细节：射门、传球、运球。他会和年轻的职业球员聊很多，希望他们尽快融入："在阿贾克斯接受过教育、现在在一线队的球员是阿贾克斯风格的守护者。外来的球员必须做出调整。"[2]范加尔列出他的计划，球员们都会买账。

从战术角度来看，范加尔与克鲁伊夫有许多共同的基本原则。两个人都认为控球阶段应该由守门员开始组织进攻，以及阿贾克斯在控球时会更强大。克鲁伊夫允许他的球队有一定的灵活度，而范加尔会对所有的行动和反击进行训练。对他来说，体系是至高无上的。他从来没有在训练计划中做过B计划，从头到尾坚持一个体系。如果他的球员能把这个体系做好，那就不需要其他选择。博格坎普曾评价范加尔："路易斯是学究型的。他给球员们下指令使整个系统运转起来，这个系统是神圣的。所有球员在范加尔面前一律平等，那些大牌在他这里根本不存在，每个人都要服从于球队和系统，服从于他的系统。"

作为一名青少年球员协调人，范加尔被西多夫、戴维斯和雷齐格

---

[1] Kormelink, H. & Seeverens, T (1997). The Coaching Philosophies of Louis van Gaal and the Ajax Coaches. The Netherlands: Reedswain Inc.
[2] Ibid.

19 了解阿姆斯特丹的阿贾克斯：文献

的天赋所吸引，他要求这些球员尽可能早地被提升到一线队。这成了一个小小的讽刺：当范加尔成为一线队教练时，最能体现上世纪90年代他所带领的阿贾克斯球队风格的是一个痴迷于足球的芬兰男孩，而不是当地的阿姆斯特丹人。加里·利特曼宁在芬兰的米帕队踢球时，被球探唐·普朗克发现，他很快就脱颖而出。他的朋友们都称他为"迭戈"，因为他有又黑又长的南美风格的头发和与马拉多纳一样的能力。但最初范加尔对利特曼宁并不感兴趣。在博格坎普1993年转会到国际米兰之前，他一直是场上的10号。范加尔不会在场上安排两个10号球员，因为这不是阿贾克斯的方式，所以利特曼宁必须等待。

随着博格坎普的离去，利特曼宁迅速成长，随球队于1994年赢得了荷兰联赛冠军，他以26粒进球的成绩被评为年度最佳球员。范德萨对这个芬兰球员的成绩感到惊讶，他会说服利特曼宁、奥维马斯和戴维斯在训练后留下来做额外的练习。而在去比赛的大巴车上，利特曼宁会与这位瘦高的守门员进行长时间深刻的交谈，他们的想法被主教练听到并予以高度评价。范加尔经常和他的队员们交谈，并从他的记事本中摘取要点讲给球员，他特别重视这位芬兰人对球队的贡献。在阿贾克斯也逐渐形成了这样一种学术环境。

在训练中，范加尔提倡沟通，他鼓励队员们不断地向他提出问题，也鼓励他们互相提问。球队获得了足球中最伟大的胜利之一——战胜AC米兰赢得1995年欧洲冠军杯。在维也纳取得的这场胜利让考姆林克和希弗林斯重新审视范加尔在阿贾克斯实施的战术和团队建设哲学，这一理念涵盖了米歇尔斯和克鲁伊夫的各个方面，并且仍然适用于俱乐部现代战术的很多方面：

1. 他创造了一个比赛模式，并鼓励球员积极投入。
2. 他坚持高水平的训练，也要求个人的高标准。
3. 阵型可以根据对手进行调整，但风格保持不变。
4. 在整个结构中，每个球员都有自己要扮演的角色。
5. 这种结构要创造出三角形的传球组合，可以保持循环控球。
6. 球员在前场迅速逼抢，使对手不能成功地进行攻防转换。

7. 球员要很有耐心，等待合适的传球时机。
8. 重视青训学院年轻球员的无形价值。

丝绒革命

阿贾克斯的衰落是缓慢而痛苦的。从1995年到2010年，阿贾克斯在15个赛季中只赢得了4个联赛冠军。随着足球越来越依赖财富，荷兰的职业联赛被赞助商忽视，不可避免地落在后面。如果阿贾克斯能与其他地方的工资水平相匹配，他们可能会在1995年欧洲冠军联赛夺冠后，在未来数年内继续称霸欧洲。但现实情况是，别的地方有钱，阿贾克斯年轻的球星都离开了。埃德加·戴维斯、帕特里克·克鲁伊维特和迈克尔·雷齐格（AC米兰）、克拉伦斯·西多夫（桑普多利亚）、菲尼迪·乔治（贝蒂斯）、卡努（国米）、马克·奥维马斯（阿森纳）、范德萨（尤文图斯），以及利特曼宁、弗兰克和罗纳德·德波尔（巴塞罗那）都在新千年到来时离开了，而且他们大多数是自由转会的。

对阿贾克斯更有破坏性的不是人员的流失，而是个性的丧失。他们的风格是至关重要的，以位置打法为基础。因此，如果有球员离开俱乐部（近年来在每个转会窗口都会发生），那么他们就从青训学院里选拔一个球员来接替离开球员的位置。俱乐部会有计划地把自己的球员卖出去，为青训学院的年轻毕业生腾出空间，这是他们持续发展计划的一部分。后来成为市场开发主任的范德萨说："我们希望拥有欧洲最好的年轻球队。"对于每一个位置，阿贾克斯都有可以接替上阵的年轻球员名单。每一个球员都会被评分，教练们会判断他什么时候可以进入一线队。一旦一名成熟的一线队球员被出售，一部分收入会被重新投入到青训学院，从而维持涌现更多人才的良性循环。阿贾克斯在青训学院的各年龄段球队都使用自上而下相同的系统进行教学，这也使得球衣比穿它的球员有更大的价值。阿贾克斯于2009年

19 了解阿姆斯特丹的阿贾克斯：文献

任命了来自海牙的马丁·约尔，在这位外来教练的领导下，情况有了很大变化。阿贾克斯开始依赖于个人而不是团队，结果也失去了他们的个性。

阿贾克斯不再具有系统性，最终成为了一个根据财务能力发展的普通俱乐部。克鲁伊夫变得很沮丧。"这是我见过的最糟糕的阿贾克斯。"他在加泰罗尼亚的家中说①。他厌恶那些为俱乐部工作但却根本不懂阿贾克斯的人，于是他组织了一场革命。弗兰克·德波尔担任总教练，维姆·杨克担任青年协调员，丹尼斯·博格坎普负责青训学院与一线队的衔接，布莱恩·罗伊任青训教练，范德萨取代了那些西服革履的人成为营销总监，马克·奥维马斯担任技术总监，雅普·斯塔姆和罗纳德·德波尔后来重新回到青训学院执教。2012年4月的一份俱乐部声明称："克鲁伊夫将继续在阿贾克斯实现他的足球愿景。"[lxxvi]

丹尼斯·博格坎普是克鲁伊夫这场革命中的第一员大将，他描述当时的阿贾克斯青训学院时说："如果你能看到我们现在的教练，你会觉得他们很不一样。他们都有自己的证书、很富有同情心、知道该如何踢足球，以及了解应该做什么样的训练、要练多少分钟、两个球门之间的距离、应该在哪摆放标志物等。也许这就是问题所在。我们（年轻时）从来没有关注那些问题，我们更多的是靠自学。"②

博格坎普觉得阿贾克斯一线队球员在遇到困难时没有解决问题的办法，他们会去看替补席并问："我们现在该怎么办？"在克鲁伊夫执教时期，球员们都比较有个性，可以克服困难，他们在青训学院时，教练会给予更多的自由，要自学成才，因此他们能够独立思考。范加尔1995年的阵容在某种意义上也得益于此。在即将到来的内战中，博格坎普将成为克鲁伊夫最亲密的盟友之一。克鲁伊夫革命的结果是，年轻人会从退役球员那里学会适应能力和技术等具体

---

① Born, E (2014). Blizzard: The Velvet Revolution. 14th ed. Sunderland: Blizzard Media Ltd.
② Bergkamp, D. & Winner, D (2013). Stillness and Speed: My Story. Great Britain: Simon & Schuster.

细节。阿贾克斯不再像工厂一样生产千人一面的球员，这里的球员都拥有大脑。

克鲁伊夫知道，阿贾克斯无法与现代足球的金融大鳄们竞争，因此想要在金钱游戏中战胜他们是徒劳的。他曾打趣道："我从来没见过一袋钱能进球。"他认为，阿贾克斯必须以不同的方式处理事情，要用适合他们的方式，而不是适合那些资本大鳄的方式。克鲁伊夫决定，青训学院应该停止生产"机器人"，而是要培养像他这样的有个性的球员。阿贾克斯尤其应该停止购买没有阿贾克斯情节的外来者，这一点范加尔可能也会同意。与典型的政治革命不同，这一革命取得了成功。在弗兰克·德波尔的带领下，阿贾克斯在2010/11至2013/14赛季连续4次获得联赛冠军，在这一过程中他们重新形成了自己的特征，并在青训学院中打造了与一线队风格一致的后备队伍。

但是，繁荣背后有时会暗藏危机。荷兰语中有一个词"plankenkoorts"，形容事情进展顺利时可能很快会土崩瓦解。这个词曾经被用在剧院，形容演员在观众面前忘记台词，现在讨论足球时会经常用到。随着革命成果开始丧失，埃因霍温赢得了两个联赛冠军。维姆·杨克与技术和管理团队的关系彻底破裂，所以他离开了。克鲁伊夫愤怒地做出回应，他辞去了他的顾问身份。看来克鲁伊夫的变革似乎将被取消。但是2016年克鲁伊夫不幸离世之后，阿姆斯特丹人很快意识到他的天赋，很多阿贾克斯人决意坚持他的教导。"我们这儿的工作方式都是约翰遗产的一部分"。青少年教练彼得·范德维恩在我访问期间肯定地说。克鲁伊夫的创新精神将永远与阿姆斯特丹的阿贾克斯交织在一起。

20 可口可乐的配方

阿贾克斯的方法论是三次演变的结果：里努斯·米歇尔斯的创造性自由、约翰·克鲁伊夫的位置打法和路易斯·范加尔的控球打法。这就是进化的过程，成功的特征被保留下来，其他方面逐渐发展或被取代。在这里，阿贾克斯在40年的时间中不断发明并改进他们的发展模式，保持着先驱者的身份。阿贾克斯在培养青少年方面非常成功，是其他俱乐部的标杆（也经常被抄袭）。作为足球思想的中心，这里恰巧也是我旅程的完美终点。

达米安·埃尔托格听了我的问题忍不住大笑出来，我们在阿贾克斯闻名于世的学院设施"德托克姆斯特"（DeToekomst，意为未来）旁边的一个高尔夫球场上继续聊着我们的足球。埃尔托格到这里观看费耶诺德U17球队，几个小时之后，这支队伍打败了阿贾克斯U17球队。"彼得是怎么回答的？"他反问道，眼睛中仍然露着微笑。他说的彼得是彼得·范德维恩，是阿贾克斯最著名的青训教练之一，也是他的好朋友，他们90年代一起在鹿特丹精英队踢球[1]。我告诉达米安我第二天才去见彼得，所以他是第一个回答"足球未来会是

---

[1] 和这本书中很多人一样，彼得在本书出版时已换了一个新工作，目前在荷兰足协U16球队工作。

什么样子"这一问题的人。他说:"我们面临的挑战是要有创造力,要做一些让世界其他地方感到惊讶的事情。当然,我可以很容易地说未来会是这样——更紧凑、空间更小,而且每个人的身体都更强壮,但我们都知道会是这样的。在荷兰,我们一直保持创造力,在未来,我们会创造性地发现机会,会比其他人做得更好。"

费耶诺德开发青少年的认知功能以让他们做出最优的决定。埃尔托格的灵感来自于安德烈斯·伊涅斯塔和托尼·克鲁斯等球员的思维速度。"我喜欢那些小个子、聪明、善作决策的球员,不是因为他们个子小,我也喜欢高个子!你可以身体强壮,但头脑一定要更快,所以我认为足球会朝着那个方向发展,有更多能够更快做出决定的球员。"

第二天,阿贾克斯的彼得·范德维恩从青少年发展的角度回答了这个问题,而不是针对足球进行的总体思考。"在欧洲顶级水平的足球中,球员每个赛季打60场比赛。火花消失了,热情也会被消磨掉。所以从身体方面讲,未来会非常有趣。我们认为,高水平的人才永远不会受伤。"他举例提到了老男孩苏亚雷斯和伊布拉希莫维奇。"如果他没有受伤,就一定有更多的机会进入一线队,这样他就能有所发展。进入欧洲高水平比赛有不同的方式,梅西和罗纳尔多为什么会那么好?答案就是内在动力。罗纳尔多家中的泳池里有一辆健身车,以帮助他保持巅峰状态。球员一定要问自己'我比其他人有更大的动力吗?'这是最重要的事情。我们的青训学院有几个球员,他们的动力令人难以置信。在战术方面?我们(青训学院的教练)必须关注比赛,预测五年后会是什么样子。"

未来

我到的时候,彼得正在进行3个住校男孩的射门练习,练习包括在禁区边缘计时绕假人传球和传中给前锋。我在那儿看的时候,小

20 可口可乐的配方

个子9号接各种传球，射门进球约20次。这是克鲁伊夫遗产的一部分，他坚持通过孤立的练习使个体提高，通过重复形成肌肉记忆、固化技术。彼得自始至终都在大声喊着，鼓励着队员们，庆祝着每一个进球。

德托克姆斯特（DeToekomst）翻译为"未来"。这个青训学院和阿贾克斯拥有53000个座位的阿姆斯特丹竞技场只有一桥之隔[①]。这种设置可以看作是从青少年足球到高级别足球的一种隐喻："你和你的梦想只有一桥之隔。"曼城的阿布扎比集团很喜欢这个想法，他们选择在伊蒂哈德球场附近一桥之隔处建造他们最先进的青少年设施。在比赛日，曼城和阿贾克斯都让他们的年轻人从桥上走过到赛场去当球童，俱乐部相信听到球迷的欢呼声可以帮助年轻人理解俱乐部的重要性。

彼得工作的时候我在训练中心四处看了看，和费耶诺德一样，一条狭窄的小溪穿过德托克姆斯特，给人宁静的感觉。在我闲逛的时候，一群金发碧眼的北欧男孩和他们的父亲来到这里准备参加比赛，他们似乎都是阿贾克斯球迷。当他们看到俱乐部队长戴维·克拉森走进接待中心，开始围着他进行自拍（父亲们排在队伍的前面，已顾不上自己的孩子）。

U18队正在远处的一个球场上进行训练。当我走过一排小桥到他们那儿的时候，训练已经结束了，球员们迫不及待地进到室内躲避寒冷。训练结束后，雅普·斯塔姆花了十分钟的时间向一名年轻的后卫展示防守动作。这个十几岁的孩子站在细雨中点着头，他们似乎都忘记了场上仅剩他们两人了。埃尔托格认为一些世界级足球运动员所拥有的知识是无价的。斯塔姆俯下身子做着手势，移动着、指点着，向这个孩子解释着如何防守那些优秀的前锋，就像他当年防守罗纳尔多和维埃里一样。几个月后，斯塔姆进入了雷丁足球俱乐部

[①]体育场外到处悬挂着约翰·克鲁伊夫足球生涯重要时刻的巨型条幅。悲伤的阿姆斯特丹人站在下面静静地看着，没有人照相，大家都在哀悼。

管理层。

受到这种环境的启发，回到室内，我问彼得·范德维恩："与斯塔姆和博格坎普这样的明星一起工作是什么感觉。"范德维恩认可他们与年轻球员分享的知识，也指出了他们会传授给其他教练专业知识。"我看斯坦姆组织了一个防守大师班，之后我可以问他一些要点是什么意思。"除此之外，阿贾克斯还很关心他们的教练和价值观教育服务，"我们有机会在约翰·克鲁伊夫学院获得大师级教练证书。这里的每个人都上过大学，每个星期五我们会去学院参加媒体培训之类的讲座。"阿贾克斯在他们的团队中保留了学习知识的氛围，而德托克姆斯特则成为足球的"圣殿"——一个讨论哲学的场所。

阿贾克斯的秘密

有些地方有灵气，给人一种实在和有信誉的感觉，德托克姆斯特就是这样一个地方。阿贾克斯青训学院的各种标准是世界上最高水平的。范·巴斯滕、里杰卡尔德、西多夫、博格坎普，每个球场上都会出现他们的名字，他们潜移默化地激励着球员。球员们相信自己属于荷兰最好的俱乐部，由此而信心十足。对这里的教练来说，要坚持俱乐部的传统和历史是有压力的。"我很开心"，彼得·范德维恩说，"我每天早上都能看到他们所拥有的漂亮的技能。你在这里工作时，会见到你在世界各地都遇不到的情况。三年前，我在圣乔治公园参加一个锦标赛，其他的教练要求从比赛中挑出一些战术内容分析，我不得不做介绍并向他们解释。"这就是阿贾克斯在同行（和竞争对手）心目中的地位，他们的每一种方法都会被研究和剖析。

多年来，那种发展的哲学已经进化了。对于阿贾克斯来说，像费

20 可口可乐的配方

耶诺德一样，每个个体天生内在的驱动力是必不可少的，可以被发掘和培养，使教练能够创造出一个有感染力的获胜环境。"这是各方面的融合，最重要的是内在动力。如果球员没有这种驱动力，那我们就什么都做不了。他们的内心需要拥有一团火，你也可以在训练过程中创造环境来助燃这团火。在今天的比赛中，你看到了两个得分最高的孩子，优胜者将得到我奖励的一杯饮料。我记录了比分，结果是12比8。在球队训练中，失败者总是要做一些冲刺跑之类的事情，而胜利者则可以休息和喝水。"彼得接着说，胜利不是冒犯别人，而是球员发展的关键部分。在青少年球队中培养一种对竞争的热爱，他们最终进入一线队时也会具有对成功的渴望。在所有的运动中，即使是国际象棋，也有赢家和输家。

像阿贾克斯这样培养球员是一种独特的方法。然而，和所有绝妙的想法一样，其实也没有什么神秘之处，这需要从青少年队的第一场训练开始就为进入一线队而进行准备，争取群星荟萃。这里的阵型是1-4-3-3，阿贾克斯将"1"包含其中，因为守门员是组织比赛的第一个进攻者。克鲁伊夫在担任巴萨主教练的时候，就希望他的守门员能成为一名场上球员，这样他们就能有11名进攻球员。守门员的角色已经发展成为场上球员，在阿贾克斯，年轻的守门员已经与场上队友一起进行传球训练好多年了。

对于彼得来说，打造一个阿贾克斯球员的秘诀始于教孩子如何赢得1对1。例如，左边卫对阵右后卫，然后，孩子们在小场地进行2对2和3对3比赛，这样他们可以有很多次触球。随着孩子年龄的增长，1-4-3-3阵型的原理也变得越来越复杂。彼得解释了他是如何培养中间年龄（U13-U16）球员的："对于U13球员，我们要建立他们对11人制比赛的理解，因为他们这个年龄还不能踢11人制比赛，但是需要了解战术原则，所以教练员会让他们从守门员和防守球员开始组织进攻。在U14年龄组，我们让中场球员和拖后的3名进攻球员一起配合。到U16时，就开始整个团队的配合及相关的移动。如果你进行专门的训练，那么在U14就要更多地进行每一个人相关的训练，所以我们进行三条线的训练。在U13只进行两条线的训练，这个年龄组更多的关注个人技战术。"

在U13的训练中，他们会从基础位置（守门员和后卫）那里开始组织进攻，允许前锋发挥其本能。"我们会创造一些训练，向他们展示机会在哪里。当然，我们让他们自己去发现，但我们会问他们问题，比如'你为什么认为你要去那里？'在比赛中你会感觉到一切都是相关的，从一线队到青少年队，每个人按一个方式踢球，都有同样的特点。这就是我们的可口可乐配方。"

"但是，当每个人都想复制你的配方时，阿贾克斯是如何保持创新的呢？"彼得想了想说："我们看到最顶尖的球队5年后想实施的方案，我们努力成为第一个做到的。我们必须要创新，尝试新事物。如果我们认为有更好的方案，我们就会去尝试，不会坐视不理。我们想成为第一，成为与众不同的俱乐部。我们俱乐部在这方面超过荷兰任何一支球队。"彼得喝了一口水，这时范德萨和一群客户从我们桌旁走过，丹尼斯·博格坎普就在对面，离我们仅两张桌子的距离，我后悔没有带签名本。也许这方面阿贾克斯也超过世界上任何一个俱乐部。

"你有什么创新的例子吗？""举个例子，拜仁慕尼黑的左后卫和左边锋在比赛中是怎么做的（阿瓦拉在两名后卫前面占据着'中间空当'，就在中场核心旁边的通道上，道格拉斯·科斯塔在边路横向拉开），我们在U13的训练中就是怎么做的。"后来，我看到阿贾克斯的右后卫向内带球、纵向突破"中间空当"和中场位置，而右边锋则向外拉开，把对方的防守球员吸引到他的位置上。"我们知道这是新生事物，因此我们正在实施。我们看到这很有用，球员进入到我们以前从未想过的空间。对手会想'什么情况？'所以他们会面临压力。我们在标着方格线的特定空间进行7对7的练习，右后卫和右边锋不能在同一条垂直线上，我坐在教练席上，只要对球员说：'边锋！'他们就会这样做。有时他们做的时机很好，他们会说'哦，我有空间'，作为教练，看到这些我感到很满意。"

彼得描述的将场地分成区域进行的训练证明了一个理论：足球比以往任何时候都更像象棋比赛。想想棋盘和兵卒只能按对角线吃掉对手，而球员更多考虑的是他们的横向和纵向位置。现代足球已经从米歇尔斯的"全攻全守足球"中吸收了很多内容，包括对创造空间的理解，并将进一步发展为一项更快、变换更多的运动。亚当·威尔斯在《足球与国际象棋：战术、战略、美丽》一书中写道，两项运动都具有基本的简单特性，因为运动员有做出决定的自由，而这又使它们变得非常复杂，"每一步或每一个行动都会影响它周围的一切，可能会出现一着不慎满盘皆输的情况。"[1]来自挪威的马格努斯·卡尔森是世界上最好的棋手，他是阿贾克斯球迷，曾与阿贾克斯的中卫乔尔·维特曼讨论过足球战术。在提供理智的解决方案之前，要认真分析和考虑问题，这是荷兰的文化。

我是阿姆斯特丹

由于荷兰的人才培养水平很高，欧洲较富裕的俱乐部在球员很小的时候就从这里将其挑选走。但是，在真正的阿姆斯特丹精神中，没有问题，只有解决办法。阿贾克斯试图解决这一问题，并决定从培养年轻球员的情感纽带着手。费耶诺德有球员伙伴系统，而阿贾克斯则实行导师制。彼得解释说："我是10名球员的导师，和球队其他球员相比，我尽量给予他们更多的关注。我有3名球员在U16队、2名在U15队、3名在U14队、2名在U13队。每周五，我们都会和这10名球

---

[1] Wells, A (2007). Football & Chess: Tactics, Strategy, Beauty. Devon: Hardinge Simpole. 7.

欧洲足球成功的秘密

员进行视频分析，我会提前准备视频剪辑，然后再去他们的学校和家中，而这只是为了和他们建立一种联系，使他们的发展比在任何俱乐部都更好。他们会得到更多的关注，每个教练都有10个孩子。我们已经这样做了两三年了。"

阿贾克斯觉得他们必须与孩子们建立更紧密的联系，让他们相信德托克姆斯特对他们来说是最好的地方。教练们会到家里去看望孩子，走进他们的房间，和他们一起玩游戏。孩子们会在家里向教练展示他们的业余爱好，不知不觉中将他们与熟悉的家庭生活（以及一个充满爱的环境）联系起来。没有人能完全离开一个充满爱的家，因为家总是离人们的心很近。通过与指导的孩子们建立起联系，阿贾克斯的教练在青训学院也创造了一种家庭氛围。

午饭后，一群当地人进入迷你体育场观看阿贾克斯和费耶诺德的U17比赛。两队的教练像老兄弟一样互相拥抱，他们都互相认识，经常碰面讨论提高荷兰足球水平的方法。没能晋级2016年欧锦赛也使类似的对话变得更多，那些大俱乐部决定，为了提高人才培养的质量，他们应该更经常地进行高水平的比赛。现在，阿贾克斯和费耶诺德会在一季中进行3次比赛，埃因霍温和特温特也是如此。

"优秀人才培养人才，最好的年轻球员需要挑战"，埃尔托格在前一天这样介绍，"在荷兰我们有一个好处，那就是我们是一个拥有很多球员的小国，从一端到另一端只有两个小时的车程，所以你可以经常踢球。竞争是至关重要的，我们经常与其他球队讨论如何提高我们的竞争水平。与去年16支球队的联赛不同，我们现在分两级联赛，每个联赛有8支球队。我们的青少年队现在经常与费耶诺德和埃因霍温比赛。"

那天下午的比赛展示了费耶诺德的坚定和充满激情的进攻，以及阿贾克斯灵活、快速的传球。费耶诺德的最佳球员是一名左边卫，他留着古利特一样的头发，动作敏捷、技术娴熟，而且直截了当。我在秩序册上找到了他的名字：塔希斯·钟。看台上的阿贾克斯球迷也为

20 可口可乐的配方

他的表演鼓掌，因为他的速度很快，阿贾克斯的右后卫不能像往常那样纵向深入。这个小古利特贡献了4次助攻。三个月后，他被曼联签下。对阿贾克斯来说，同样给人留下深刻印象的是他们的右边锋，他使得这一侧有着技术流派的高质量的进攻。进球后，这位阿贾克斯的边锋就会向场边他的父亲招手，他的父亲是帕特里克·克鲁伊维特。贾斯汀·克鲁伊维特是球队的队长，也是阿贾克斯最好的球员之一。我前面两个戴着鸭舌帽的老先生点头表示赞赏，他们的意思不言而喻——有这样的球员，荷兰的未来令人振奋。

参考书目

i The Guardian.（2008）Fans' faux pas ensures that PSG lose even when they manage to win. ii QSI. Who we are.

iii ESPN.（2016）The dominance of established 'superclubs' shows no sign of ending.

iv The Guardian.（2015）1860 Munich, the city's other club.

v Financial Times.（2014）Can Paris Saint-Germain become the world's richest sports club?

vi Le Monde.（2016）En 1995, le PSG est passé à côté de David Trézéguet à cause d'une simple formalité.

vii Ahram.（2011）PSG hires Leonardo as new sporting director.

viii Harvard Business Review.（2014）Overcoming the Peter Principle.

ix The Telegraph.（2016）Crystal Palace's Yohan Cabaye：'I left PSG for first-team football. Now I'm determined to win the FA Cup'.

x The Guardian.（2016）Carlo Ancelotti：the arch firefighter who always pays his way.

xi BBC.（2011）Qatari takeover heralds new dawn for Paris Saint-Germain.

xii New York Times.（2016）When Even Soccer Divides the French.

xiii The Telegraph.（2008）Karim Benzema keeps feet on the Lyon ground.

xiv ESPN.（2012）President delighted with Lyon cost-cutting.

xv Ligue1.（2015）Aulas：The Architect of Lyon's Success.

参考书目

xvi Building. (2016) Grande Stade de Lyon: Stadium Franglais.

xvii Ligue1. (2015) Aulas: The Architect of Lyon's Success.

xviii New York Times. (2015) Using Only Local Talent, Athletic Bilbao Goes a Long Way.

xix Euskalkultura. (2013) Mariann Vaczi, anthropologist, Athletic goes against the tendencies of competition; they are the Asterix and Obelix of world soccer.

xx Telegraph. (2013) Catalonia and Basque Country reignite call for independent national football identities.

xxi Inside Spanish Football. (2014) Rubén Pardo extends contract with Real Sociedad until 2018.

xxii Bleacher Report. (2013) Sir Bobby Robson and His Gifts to Football.

xxiii Sky Sports. (2016) Eddie Jones admits his admiration for 'rugby fan' Pep Guardiola.

xxiv Marti Perarnau. (2012) Vitor Frade, el padre de la Periodización Táctica.

xxv Juan Luis Delgado-Bordonau. (Date unknown) Tactical Periodization: Mourinho's best-kept secret?

xxvi International Business Times. (2016) Andre Villas-Boas admits working with Jose Mourinho was the best time of his life.

xxvii The Guardian. (2014) Premier League clubs can learn from Portugal's profit centres.

xxviii Mais Futebol. (2016) Jesus, Vítor Pereira ou Mourinho: o legado de Cruijff em Portugal.

xxix Give me Sport. (2016) Cristiano Ronaldo hailed by Aurelio Pereira.

xxx PortuGoal. (2016) Portugal, united through adversity, aim to rewrite history.

xxxi OBV. (2014) Richard Williams: The Tenacity of a Black Father.

xxxii La Region. (2015) Hasta a Toshack le hubiese gustado.

xxxiii FIFA. (2008) Van Gaal: My football philosophy.

xxxiv Spielverlagerung.de. (2013) Juego de Posición under Pep Guardiola.

xxxv FourFourTwo. (2015) How Johan Cruyff reinvented modern football at Barcelona.

xxxvi Mundo Deportivo. (2013) Laureano Ruiz presenta 'El auténtico método Barça'.

xxxvii The Telegraph. (2016) An emotional return for Pep Guardiola?

xxxviii Marca. (2016) Barcelona's new model leaving La Masia behind.

xxxix Independent. (2010) The day Eric Cantona failed to bring down the French banks.

xl The Set Pieces. (2016) Transfer Window Myth-Busting.

xli Juventus.com. (2016) Mission.

xlii The Guardian. (2016) The secret behind Sevilla's success? Meet Monchi, the transfer wizard.

xliii Italian Football Daily. (2014) 'We fell in love with Vidal while Scouting Giuseppe Rossi'.

xliv Independent. (2015) Massimiliano Allegri interview: Juventus coach confident in his methods.

xlv Corriere dello Sport. (2016) Milan con 11 italiani giovani il sogno di Berlusconi.

xlvi La Gazzetta Dello Sport. (2016) Milan, casa Donnarumma: due giganti, le lasagne e un sogno rossonero.

xlvii BBC. (2013) German football model is a league apart.

xlviii The Guardian. (2016) Want to understand Pep Guardiola's football? Look at Joshua Kimmich.

xlix The Guardian. (2016) Pep Guardiola is a radical who will perfect his ideas at Manchester City.

l The Guardian. (2013) How Germany went from bust to boom on the talent production line.

li The Telegraph. (2010) Spanish reap rewards for 10-year investment in youth football.

lii The Telegraph. (2006) Salzburg goes wild for Wolfgang.

liii Faz. (2005) Zwischen mir und Abramowitsch liegen Lichtjahre.

liv Profil. (2015) Red-Bull-Chef Dietrich Mateschitz über Fu?ball und die Formel 1.

lv LeftWingSoccer. (2011) The Myth of Moneyball: Financial Investment in Potential Growth.

lvi The Telegraph. (2008) Portsmouth accept ?20m Real Madrid offer for Lassana Diarra.

lvii ESPN. (2015) Atlético president Enrique Cerezo defends club's transfer policy.

lviii Sapo de Sport. (2015) Luís Filipe Vieira: 'O novo modelo é apostar nos jovens e reduzir endividamento'.

lix Watford Observer. (2014) The mastermind of the scouting network behind Udinese, Watford and Granada.

lx The Guardian. (2015) Ajax are the most prolific producers of talent as English clubs lag behind.

lxi Consultancy.uk. (2014) Ajax hires BCG to review its youth football academy.

lxii Z News. (2013) Ajax most productive academy in European football.

lxiii Equaliser. (2010) Crucibles and Coffee Houses.

lxiv Squawka. (2015) Guardiola: David Alaba is Bayern's 'God'.

lxv De Telegraaf. (2014) Johan Cruijff looft Dirk Kuyt.

lxvi Goal. (2013) Guardiola: Lahm cleverest I've coached. lxvii The Guardian. (2016) David Alaba: 'I didn't know I could play as a central defender'.

lxviii Cosmopublic. (2014) Orbán builds Occupation Memorial – and his 'personal' Football Stadium.

lxix Yahoo. (2015) Hungary's Orban seeks football glory days again.

lxx FourFourTwo. (2014) Year Zero: How Germany restructured itself – and why it couldn't work elsewhere.

lxxi ECA. (2014) ECA visits FC Schalke 04 Youth Academy.

lxxii The Daily Mail. (2009) On almost shunning football for fishing, graft over glory, respect for Rafa.

lxxiii The Mirror. (2007) Van Persie reveals the bizarre moment he realised Dennis Bergkamp's genius.

lxxiv World Soccer. (2011) Interview with Arrigo Sacchi.

lxxv The Guardian. (2013) The great European Cup teams: Ajax 1971–73.

lxxvi FourFourTwo. (2015) How Johan Cruyff reinvented modern football at Barcelona.

lxxvii The Herald. (2001) Scot who played with Ajax greats.

lxxviii The Telegraph. (2011) Chelsea manager Andre Villas-Boas's footballing philosophy.

lxxix Independent. (2012) Johan Cruyff set to implement 'technical revolution' at Ajax.

版权声明

书名：The European Game: The Secrets of European Football Success

作者：Daniel Fieldsend

Copyright: ®2017By Daniel Fieldsend

This edition arranged with Birlinn Ltd

through BIG APPLE AGENCY, INC., LABUAN, MALAYSIA

Simplified Chinese edition copyright:

2018 PEOPLE'S SPORTS PUBLISHING HOUSE

All rights reserved.

版权合同登记号：01-2018-5497